当代儒学

当代儒学

四川思想家研究中心　主办

主　编　杨永明
执行主编　郭　萍

DANGDAI RUXUE

第六辑

广西师范大学出版社
GUANGXI NORMAL UNIVERSITY PRESS
·桂林·

图书在版编目（CIP）数据

当代儒学．第6辑／杨永明主编．—桂林：广西师范大学出版社，2014.11
ISBN 978-7-5495-5996-1

Ⅰ．①当…　Ⅱ．①杨…　Ⅲ．①儒学—研究—中国
Ⅳ．①B222.05

中国版本图书馆CIP数据核字（2014）第258565号

广西师范大学出版社出版发行
（广西桂林市中华路22号　邮政编码：541001
网址：http://www.bbtpress.com）
出版人：何林夏
全国新华书店经销
广西大华印刷有限公司印刷
（广西南宁市高新区科园大道62号　邮政编码：530007）
开本：880 mm × 1 240 mm　1/32
印张：9.5　　字数：260千字
2014年11月第1版　2014年11月第1次印刷
定价：30.00元

目　录

当代儒家理论建构

当代儒家学派评介

当代儒家文献研究

当代儒学观察家

当代名儒访谈录

Contents

Research of Chinese Theory of Justice

Explorations of the Thoughts in Contemporary Confucianism

情感与存在及正义问题
——生活儒学及中国正义论的情感观念

□黄玉顺[1]

【内容摘要】汉语之“情”既指情感，也指事情，是一回事。儒学史上，最初是“情→性”观念，后来是“性→情”观念，近代至今，以情感为本源的观念逐渐复兴。生活儒学以作为存在、先在于任何存在者的情感为本源，由此出发，重建形而上学、形而下学。具体到生活儒学的伦理学层级，作为制度伦理学的中国正义论的建构，是以仁爱情感阐明一切，重在说明差等之爱的情感如何导致利益冲突，一体之仁的情感如何通过确立正义原则（义）并据此建构制度规范（礼）来解决利益冲突问题。

【关键词】儒学；情感；正义；生活儒学；中国正义论

西方哲学在理智主义或理性主义传统之外，还有一个情感主义的传统。最近通过美国著名伦理学家斯洛特（Michael Slote）的

① 作者简介：黄玉顺，成都人，山东大学儒学高等研究院教授、博士生导师。

情感主义德性伦理学这个中介，笔者对西方情感主义传统有了更多的了解。情感主义在西方哲学传统中并不占据主导地位；相形之下，情感在中国哲学传统中的地位更为凸显，当然，这里面也有许多曲折。本文打算简要叙述儒学史上的情感观念，以及这种观念在生活儒学及中国正义论中的意义，作为对斯洛特教授的情感主义德性伦理学的一种来自东方的呼应。

一、儒学历史上的情感观念

这里主要围绕“情”这个概念的用法，简要地叙述儒学历史上的情感观念。

（一）原创时代儒学的情感观念

在汉语中，“情”字出现得很早；而且，几乎从一开始，“情”就兼有两种含义：情感、事情。一方面，“情”字就其构造“从心”来说，是指人的情感，如《礼记·礼运》说：“何谓人情？喜怒哀惧爱恶欲七者，弗学而能。”[①]另一方面，“情”也指事情，如《周易·系辞下传》说：“情伪相感而利害生。”[②]孔颖达疏：“情，谓实情。”

儒家继承了这种“情”观念。例如孟子说：“牛山之木尝美矣，以其郊于大国也，斧斤伐之，可以为美乎？……人见其濯濯也，以为未尝有材焉，此岂山之性也哉！虽存乎人者，岂无仁义之心哉？其所以放其良心者，亦犹斧斤之于木也，旦旦而伐之，可以为美乎？……人见其禽兽也，而以为未尝有才焉者，是岂人之情也哉！”（《孟子·告子上》[③]）这里以“山之性”譬喻“人之情”，明显是

① 《礼记》：《十三经注疏·礼记正义》，北京：中华书局，1980年影印本。

② 《周易》：《十三经注疏·周易正义》，北京：中华书局，1980年影印本。

③ 《孟子》：《十三经注疏·孟子注疏》，北京：中华书局，1980年影印本。

“性”“情”同用:不仅“情”即是“性”,而且兼指情感和实情。

汉语“情”兼指情感和实情,这与西语截然不同。这种语用现象,意味深长。庄子有“事之情”与“人之情”之分(《庄子·人间世》),主张“有人之形,无人之情”(《德充符》)。[①] “人之情”指的是主体之情,即情感;“事之情”指的是本源之情,即事情。庄子意在解构主体性而回归本源存在;但庄子并不是“无情”,而是回归本源情感,也就是说,前主体性的本源情感就是实情。

这就是说,存在着两种不同意义的情感:一种是人的主体性的情感,被后来的儒家理解为“性”之所发;另一种则是本源情感,同时也是“实情”、“事情本身”,这是早期儒家的观念,近年出土简帛的“道始于情”等观念已证明了这一点。[②] 在孟子那里,还保存着这种观念:

> 公都子曰:“告子曰:‘性无善无不善也。’或曰:‘性可以为善,可以为不善。’……或曰:‘有性善,有性不善。’……今曰‘性善’,然则彼皆非与?”孟子曰:“乃若其情,则可以为善矣,乃所谓‘善’也;若夫为不善,非才之罪也。……仁义礼智,非由外铄我也,我固有之也,弗思耳矣!”(《孟子·告子上》)

这里的“乃若其情”,就是既指人之性,又指人之情,并且也指实情。所以,笔者曾指出,儒家的“情”观念实际上是:情→性→情。[③] 其中“情→性”结构是早期儒家的观念,所以先秦时期常见“情性”的说法,而罕见“性情”说法;“性→情”结构则是秦汉以后的儒家观念。

---

① 《庄子》:王先谦《庄子集解》,《诸子集成》本,北京:中华书局,1957年。

② 荆门市博物馆编:《郭店楚墓竹简》,北京:文物出版社,1998年。

③ 黄玉顺:《爱与思——生活儒学的观念》,成都:四川大学出版社,2006年,第64页。

（二）儒家形而上学的情感观念

经过中国社会第一次大转型，进入帝国时代以后，儒家的情感观念发生了一次转折，即从“情→性”观念转向“性→情”观念。儒家这种后起的情感观念具有两个基本的特征：其一，“情”不再指“事之情”，而是专指“人之情”；其二，“情”与“性”相联系，即“情”只是“性”之所发。不仅如此，这种“性→情”结构有了形而上学的意义，即与“本→末”、“体→用”的观念联系起来，成为从形而上者到形而下者的落实：性是本、体，情是末、用。在《礼记·中庸》里，还看得出这种转向的痕迹：

> 喜怒哀乐之未发，谓之中；发而皆中节，谓之和。中也者，天下之大本也；和也者，天下之达道也。致中和，天地位焉，万物育焉。

本来，“喜怒哀乐”显然是情感；但当其被理解为“未发”之“中”的时候，它显然是在说“性”。此“性”发而为“情”，可善可恶，唯在是否“中节”。所谓“中节”说的是“合礼”，亦即合乎社会规范。这也就是毛亨《诗大序》所说的“发乎情，止乎礼义”[①]。此“性”或“中”是“大本”，即形而上的“本体”；此“中节”或“合礼”之“情”是“达道”，即形而下的“大用”。天地位于此，万物育于此，这就是其形而上学的意义。

后来的儒家哲学，从汉代儒学到宋明理学，都对这种形而上学意义的“性→情”观念大加发挥，这是众所周知的，这里无须赘述。

在帝国时代的儒学中，上述“性→情”观念成为主流意识，但是，“情→性”的观念在儒学中从未绝迹。这里尤须提到作为宋代

---

① 毛亨：《诗序》，见《十三经注疏·毛诗正义》，北京：中华书局，1980年影印本。

儒学一派的蜀学。苏轼指出："儒者之患，患在于论性。"(《韩愈论》[①])例如他诠释《系辞上传》"一阴一阳之谓道，继之者善也，成之者性也"说："善者道之继，而指以为善则不可。今不识其人而识其子，因之以见其人则可，以为其人则不可。故曰'继之者善也'。学道而自其继者始，则道不全。昔者孟子以善为性，以为至矣，读《易》而后知其非也。孟子之于性，盖见其继者而已，夫善性之效也。孟子不及见性而见夫性之效，因以所见者为性。性之于善，犹火之能熟物也。吾未尝见火，而指天下之熟物以为火，可乎？夫熟物则火之效也。"(《东坡易传》卷七[②])这就是说，善性并不是"道"本身。那么，什么是"道"？他说："夫六经之道，自本而观之，则皆出于人情。"(《中庸论》[③])"夫六经之道，惟其近于人情，是以久传而不废。"(《诗论》[④])

(三)原初情感观念的复兴

从"性→情"观念到"情→性"观念的转向与复归，最显著地发轫于中国社会第二次大转型之中，特别是在明清之际的儒学之中。要解构"性→情"观念，首先须解构先验的"性"观念。王夫之便是如此，他否定先验的人性，而肯定《尚书·太甲上》中的"习与性成"，主张"性日生而日成"(《尚书引义·太甲上》[⑤])。在这个基础上，戴震进一步张扬"情"，矛头直指宋明理学之"理"。他说："理也者，情之不爽失也，未有情不得而理得者也。""在己与人皆谓之情，无过情无不及情之谓理。"[⑥]为此，梁启超称戴震哲学为

---

① 苏轼：《苏轼文集》，孔凡礼点校，北京：中华书局，1986年，卷三，第113页。

② 苏轼：《东坡易传》，影印文渊阁四库全书本。

③ 苏轼：《苏轼文集》，卷二，第60页。

④ 苏轼：《苏轼文集》，卷二，第55页。

⑤ 王夫之：《尚书引义》，北京：中华书局，1962年。

⑥ 戴震：《孟子字义疏证》，"理"，北京：中华书局，1961年。

“情感主义”[①]、“情感哲学”[②]。

进入20世纪,中国曾经出现一种“反智”、“重情”思潮。其中值得提到的,有朱谦之的“唯情论”[③]和袁家骅的“唯情哲学”[④],不过,都与儒学没有多大关系。倒是当时的梁启超的情感说,一方面固然受到柏格森意志主义的影响,另一方面也确有儒学的思想资源。他认为“情感是人类一切动作的原动力”,因而主张“把情感教育放在第一位”。[⑤] 他说:“只要从生活中看出自己的生命,自然会与宇宙融合为一。《易传》说的‘穷理尽性以至于命’,《中庸》说的‘能尽其性,则能尽人之性,可以与天地参’,就是这个道理。”“怎么才能看出自己的生命呢? 这要引宋儒的话,说是‘体验’得来。”[⑥]但这仍然不能算是儒学本身的情感转向。儒学的情感转向发生于一部分“现代新儒家”。

梁漱溟是一个典型。他的情感理论虽然也受到柏格森的影响,但更具儒学底蕴。在其早期的《东西文化及其哲学》中,他说“西洋人是用理智的,中国人要用直觉的—情感的”[⑦];而在其中期的《中国文化要义》中,他的观念仍然是“中/西—情感/理智”的二分,“周孔教化自亦不出于理知,而以情感为其根本”、“孔子学派

① 梁启超:《梁启超论清学史二种》,朱维铮校注,上海:复旦大学出版社,1985年,第34—35页。

② 梁启超:《戴东原生日二百年纪念会缘起》,见《戴东原二百年生日纪念论文集》,北京:晨报社出版部,1924年。

③ 朱谦之:《无元哲学》、《一个唯情论者的宇宙观及人生观》,见《朱谦之文集》,福州:福建教育出版社,2002年。

④ 袁家骅:《唯情哲学》,上海:泰东图书局,1924年。

⑤ 梁启超:《中国韵文所表现的情感》,《饮冰室合集》,第4册,北京:中华书局,1989年影印本。

⑥ 梁启超:《评胡适之中国哲学史大纲》,《饮冰室合集》,第5册。

⑦ 梁漱溟:《梁漱溟全集》,第一卷,济南:山东人民出版社,2005年第2版,第479页。

以敦勉孝悌和一切仁厚肫挚之情为其最大特色”[①]，只不过他此时的情感观念是用他个人的独特概念“理性”来表达的。[②] 在他看来，中国社会是伦理本位的，而“伦理关系，即是情谊关系……伦理之‘理’盖即于此情与义上见之”[③]。

儒家的情感观念再一次被充分凸显出来，这与当代著名哲学家蒙培元的工作密切相关。他这方面的代表作《情感与理性》(2002年)以及一系列文章，都在强调情感对于儒学、中国哲学的根本意义，认为儒家哲学就是“情感哲学”。[④] 他有一个著名的命题：“人是情感的存在。”[⑤]在他看来，“人的存在亦即心灵存在的最基本的方式是什么呢？不是别的，就是生命情感”[⑥]。他的思想因此被称为“情感儒学”。[⑦] 就儒学从“性→情”到“情→性”的转向来说，蒙培元的工作显然是具有划时代的意义的。

蒙培元之所以如此重视情感，我个人的理解，主要是由于两个方面的因素：一个是他的秉性，注重情义；另一个则是他的师承。他的导师就是冯友兰。人们通常有一种印象，似乎冯友兰的“新理学”是不大讲情感的，其实不然。2008年，蒙培元先生七十寿辰的时候，笔者曾主编过一个集子《情与理：“情感儒学”与“新理学”研究》，并在该书的序中指出：“在现当代儒学或者所谓‘现

---

① 梁漱溟：《中国文化要义》，上海：学林出版社，1987年，第119页。

② 王末一：《情感与理智的冲突与融合——梁漱溟哲学思想初探》，吉林大学硕士论文，未刊，第24页。

③ 梁漱溟：《梁漱溟全集》，第三卷，第82页。

④ 蒙培元：《情感与理性》，北京：中国社会科学出版社，2002年，第310页。

⑤ 蒙培元：《人是情感的存在——儒家哲学再阐释》，《社会科学战线》，2003年第2期。

⑥ 蒙培元：《我的中国哲学研究之路》，《中国哲学与文化》第2辑，刘笑敢主编，桂林：广西师范大学出版社，2007年。

⑦ 崔发展：《儒家形而上学的颠覆——评蒙培元的“情感儒学”》，载《中国传统哲学与现代化》，易小明主编，北京：中国文史出版社，2007年。

代新儒家'中,如果说,熊牟一系或可称之为'心性派'(熊多言心,牟多言性),那么,冯蒙一系则可称之为'情理派'(冯重理而亦论情,蒙重情而亦论理)"①;序言还援引了陈来的一种观点,认为在冯友兰看来,中国哲学在很大程度上就是"应付情感的方法"②。蒙培元更是这样理解冯友兰的思想的:"情感与理性各有其地位与作用,并不构成矛盾。就其终极理念而言,情感具有更加重要的意义,这就是最终实现对万物有深厚同情、与万物痛痒相关的'万物一体'亦即'自同于大全'的境界。"③

当时有一件事推动了学界对于儒学与情感之关系问题的思考:2008年,为祝贺蒙培元先生七十寿辰,中华孔子学会、中国社科院中国哲学研究室、四川思想家研究中心在北京大学哲学系联合举行了一次研讨会,题为"儒学中的情感与理性",许多著名学者与会发言,肯定了冯友兰—蒙培元一系儒学的情感特质。例如,陈战国说:"熊牟一系的儒者和冯蒙一系儒者之间区别的关键所在就是'情感',这个我是认可的,觉得说得很深刻、很恰当。"④而陈来则认为蒙培元的思想应该概括为"生命—情感儒学"。⑤ 这次会议之后,学界谈论儒家情感观念问题的文章就明显地多了起来。

笔者本人这十年来的"生活儒学"及"中国正义论"思想,就是这种"情感转向"的表现,近继蒙培元的"情感儒学",远绍中国哲

① 黄玉顺、彭华、任文利主编:《情与理:"情感儒学"与"新理学"研究——蒙培元先生70寿辰学术研讨集》,北京:中央文献出版社,2008年,序言,第5页。

② 陈来:《有情与无情——冯友兰论情感》,见陈来《现代中国哲学的追寻》,北京:人民出版社,2001年。

③ 蒙培元:《理性与情感——重读〈贞元六书〉、〈南渡集〉》,《读书》,2007年第11期。

④ 黄玉顺、任文利、杨永明主编:《儒学中的情感与理性——蒙培元先生70寿辰学术研讨会》,北京:现代教育出版社,2008年,第49页。

⑤ 黄玉顺等主编:《儒学中的情感与理性》,第43—44页。

学尤其是原典儒学的情感传统。与此同时，特别值得一提的则是李泽厚最近提出的“情感本体论”。李泽厚自上个世纪以来的一系列思想推进都具有浓烈的情感色彩，乃至新近明确提出了“情本论”，主张“‘情本体’是以‘情’为人生的最终实在、根本”；“不是‘性’（‘理’），而是情，不是‘性（理）本体’，而是情本体，不是道德的形而上学，而是审美的形而上学，才是今日改弦更张的方向”。[①] 不过，关于李泽厚的“情本论”，可以讨论三点：(1)它出自美学思考。有趣的是，著名美学家陈望衡的新著《20 世纪中国美学本体论问题》，第二章“情感本体论”下面所列的是吕澂、范寿康、朱光潜三家，而李泽厚则被列入第八章“实践本体论”。[②] 这是颇有道理的，因为李泽厚的思想根基其实是上个世纪 80 年代马克思主义哲学领域的“实践本体论”。所以，(2)这种“情本论”归属于“人类学历史本体论”，具有强烈的马克思主义历史唯物论色彩，即将一切建立“在人类实践基础上”。[③] (3)尽管李泽厚强调“所谓‘本体’不是 Kant 所说与现象界相区别的 noumenon，而只是‘本根’、‘根本’、‘最后实在’的意思”[④]，但这种“情本论”仍然属于传统形而上学思想视域，所以他批评海德格尔，说：“岂能一味斥责传统只专注于存在者而遗忘了存在？岂能一味否定价值、排斥伦理和形而上学？回归古典，重提本体，此其时矣。”[⑤]这与“生活儒学”的思想视域截然不同。

① 李泽厚：《人类学历史本体论》，天津：天津社会科学院出版社，2010 年，第 200、21 页。

② 陈望衡：《20 世纪中国美学本体论问题》，武汉：武汉大学出版社，2007 年。

③ 李泽厚：《人类学历史本体论》，第 199 页。

④ 李泽厚：《人类学历史本体论》，第 200 页。

⑤ 李泽厚：《人类学历史本体论》，第 139 页。

二、生活儒学的情感观念

生活儒学不以任何意义的形而上学“本体”为出发点，恰恰相反，生活儒学追问形而上学“本体”本身何以可能，从而追溯到“前形而上学”、“前本体论”、“前存在者”的存在——生活。这样一来，生活儒学也就打破了两千年来哲学的基本思维模式——“形而上者—形而下者”或者“形而上学—形而下学”的两级架构，揭示了观念的三个层级：

观念的生成关系：①生活感悟→②相对存在者→③绝对存在者

观念的奠基关系：①生活本源→②形而上学→③形而下学[①]

这里的“绝对存在者”也就是传统哲学所谓“本体”，而“形而上学”就是对这个本体的思考。“奠基”(foundation-laying)是一个西方哲学概念，它是对观念的实际“生成”序列的一种颠倒，就是用一个唯一绝对的形而上者来说明众多相对的形而下者何以可能，或者说是用形而上学来为形而下学(伦理学、知识论)奠定基础。但不论形而上者还是形而下者，都是存在者，而非作为本源的存在。

真正的本源乃是作为存在的生活。然而，存在之谓生活，并非海德格尔意义上的那种与“生存”(existenz)相对的“存在”(sein)，亦即不是“此在”(dasein)的存在。生活即是存在，即是生存。不仅如此，“生活”既非形而下的“我的生活”、“你的生活”之类的范畴，也非形而上的梁漱溟式的“生活”范畴。[②] 生活不是存在者，而是给出一切存在者的存在。

所谓“生活感悟”，说的是“生活情感—生活领悟”。生活感悟

① 黄玉顺：《爱与思——生活儒学的观念》，第150页。

② 黄玉顺：《当代儒学“生活论转向”的先声——梁漱溟的“生活”观念》，《河北大学学报》，2008年第4期。

绝不是一种认识，恰恰相反，一切认识都渊源于生活感悟。[①] 换句话说，生活与生活感悟的关系并非所谓“存在（其实指存在者）与意识”的“客体—主体”关系，因为客体和主体都是由生活所生成的存在者，而生活感悟是先在于存在者的事情，是与生活浑然共在的事情。

这里首要的就是生活情感。上文曾经谈到，在儒学历史上有两种“情”观念，即情→性→情。前一种“情”指本源情感、事情本身，后一种“情”指主体性的人的情感。所谓“生活情感”说的并不是主体性的人的情感，亦即不是“人之情”，而是“事之情”（《庄子·德充符》[②]）。但“事之情”正是“情”字的原初意义：既是事情的实情，也是人的最本真的情感。因此，就“情”的本源意义而论，也可以说：情感即是生活，生活即是情感，亦即存在本身，是一回事。所以，笔者在比较儒学与笛卡尔哲学的时候提出一个命题：“爱，所以在。”[③]在这个意义上，“生活儒学”也可叫做“生活情感儒学”（Life-Emotion Confucianism）。[④]

在情感中，儒家最重视的是“仁爱”或“爱”的情感，这是众所

---

① 黄玉顺：《面向生活本身的儒学——“生活儒学”问答》，见《面向生活本身的儒学——黄玉顺“生活儒学”自选集》，成都：四川大学出版社，2006 年。

② 《庄子》：王先谦《庄子集解》本，上海：商务印书馆，1934 年。

③ 黄玉顺：《爱，所以在：儒学与笛卡尔哲学的比较》，见《儒家思想与当代生活——“生活儒学”论集》，北京：光明日报出版社，2009 年。

④ 上文提到，陈来认为，蒙培元的思想应当概括为“生命—情感儒学”。笔者当时曾回应：“‘生命’这个概念，不足以将蒙先生的思想特色与现代新儒家的其他学者的思想特色区别开来，因为不少现代新儒家学者都讲‘生命’、‘生命存在’。”（黄玉顺等主编：《儒学中的情感与理性——蒙培元先生 70 寿辰学术研讨会》，后记，第 138 页）现代新儒家的“生命存在”其实是一个形而上学的本体范畴，这与西方“生命哲学”（philosophy of life）相通。这个“生命”与生活儒学的“生活”在英文中虽是同一个词 life，但大异其趣。

周知的,毋庸赘言。须注意的是,儒家之所谓"仁",在不同语境中具有不同的用法,不可混淆:有时指的是形而上存在者的存在(作为本体的"仁"或"诚")[①],有时指的是形而下存在者的存在(作为"性"之所"发"的道德情感)[②],但首要的是原初的生活情感(本真的"爱"或"诚"),亦指"事情"的实情,所以,这种"仁"、"爱"不同于基督教所讲的上帝之爱。[③] 这种仁爱情感在情绪层面上就是孟子所讲的"恻隐之心"(compassion)、"不忍之心"(《孟子·公孙丑上》),而在感情层面上就是孔子所讲的"爱"。[④] 儒家视这种本真的仁爱为"大本大源",即以之来阐明一切。

以上就是生活儒学所理解的情感。生活儒学正是以这种情感观念来阐明一切的,例如重建"中国正义论"。

三、中国正义论的情感观念

中国正义论(Chinese Theory of Justice)是生活儒学在伦理学层级上的具体展开,侧重于制度伦理学问题,即探索社会规范建构及其制度安排的一般原理。[⑤] 限于篇幅,这里只讨论中国正义论的最核心的理论结构:仁→义→礼。

我们这里所关注的问题乃是:情感在中国正义论中占有怎样的地位?这需要进行"礼→义→仁"的倒溯,由此揭示仁爱情感的

① 程颢《识仁篇》说:"仁者浑然与物同体,义、礼、智、信皆仁也。"见《二程遗书》,卷二上,上海:上海古籍出版社,2000年。

② 《礼记·中庸》讲情感应当"发而皆中节",即指道德情感。

③ 参见黄玉顺关于"儒学与情感现象学比较研究"的系列论文:《论"仁"与"爱"》,《东岳论丛》,2007年第6期;《论"恻隐"与"同情"》,《中国社科院研究生院学报》,2007年第3期;《论"一体之仁"与"爱的共同体"》,《社会科学研究》,2007年第6期。

④ 《论语·阳货》:"予(宰予)也有三年之爱于其父母乎?"

⑤ 黄玉顺:《中国正义论纲要》,《四川大学学报》,2009年第5期,人大复印资料《伦理学》2010年第1期全文转载。

根本意义。

正义论的基本论题是：如何进行社会规范建构及其制度安排？社会共同体的社会规范及其制度，中国古代话语谓之"礼"。所谓"礼"并不仅仅指"礼仪"，而是包含三层含义：礼义→礼制→礼仪。所谓社会规范及其制度，就是礼制；礼仪是其外在的表现形式；而礼义则是其背后的价值根据，或者叫做"正义原则"。这种正义原则，中国话语就叫做"义"。由此可知：中国正义论最基本的理论结构就是"义→礼"，亦即"正义原则→制度规范"，孔子的表述就是"义以为质，礼以行之"（《论语·卫灵公》）。由此可见，正义论的中心问题是正义原则问题，也就是"义"的问题。根据正义原则来建构制度规范，此乃是中西共同的理论结构。

中西正义论之间的根本区别，在于对"义"即正义原则的理解不同。[①] 儒家的正义论有一个基本结构"仁→义"，即仁爱情感为正义原则奠基；而西方正义论没有这个结构，他们通常将作为理性的正义原则与作为情感的仁爱对立起来。这涉及汉语"义"的两个基本语义：正当、适宜。"义"之谓"正"，如孟子说："义，人之正路也。"（《离娄上》）"义"之谓"宜"，如《中庸》说："义者，宜也。"我们由此可以引出中国正义论的两条基本原则，一条是作为动机论原则的正当性原则，另一条是作为效果论原则的适宜性原则。与我们这里的情感话题密切相关的是正当性原则。

正当性原则可表述为：就立法者的动机而论，社会规范建构及其制度安排，应当超越差等之爱，追求一体之仁。这就涉及如何全面正确地理解儒家"仁爱"观念的问题。有一种很常见的误解，以为儒家只讲"爱有差等"（《孟子·滕文公上》），爱的强度表现为递减序列"亲亲→仁民→爱物"（《孟子·尽心上》）。那么，一

---

① 黄玉顺：《作为基础伦理学的正义论——罗尔斯正义论批判》，《社会科学战线》，2013年第8期。

个立法者若将这种立场贯彻到社会规范建构及其制度安排之中，其制度规范怎么可能公正？许多反对儒家者正是从这个角度进行攻击的。[①] 殊不知，儒家的“仁爱”观念还有另外一方面“一体之仁”，或成语说的“一视同仁”。儒家一方面尊重“爱有差等”的生活情感的实情，另一方面却并不认为这是建构制度规范的正义原则，恰恰相反，儒家主张“推扩”、“推己及人”，例如“己欲立而立人，己欲达而达人”(《论语·雍也》)，“老吾老以及人之老，幼吾幼以及人之幼”(《孟子·梁惠王上》)等等，这才是儒家的正当性原则的精神。

儒家“仁爱”观念中的“爱有差等”与“一体之仁”这两个方面，对于正义论甚至整个儒家思想系统来说具有非常深刻的意义。这里笔者想谈谈荀子所带给笔者的强烈震撼：导致利益冲突的缘由，竟然是爱的情感。[②] 这个结论是从荀子的下述思想中推导出来的：仁爱是由“自爱”开始的(《荀子·子道》[③])(其实“推己及人”的逻辑起点亦然)；“爱利”(爱则利之)(《儒效》《彊国》)，这就是说，爱一个人，就想为他或她谋取利益；这样一来，爱己必欲利己，爱亲必欲利亲，爱人必欲利人，“差等之爱”势必引发利益冲突。唯其如此，用以调节利益冲突的礼义才是必要的。这就是荀子的基本思路。我们不难看出，荀子这种思路与西方启蒙思想家的思

① 郭齐勇主编：《儒家伦理争鸣集》，武汉：湖北教育出版社，2004年。

② 黄玉顺：《荀子的社会正义理论》，《社会科学研究》，2012年第3期，《中国社会科学文摘》2012年第8期全文转载。

③ 《荀子》：王先谦《荀子集解》，《新编诸子集成》本，北京：中华书局，1988年。《子道》记载：“子路入，子曰：‘由，知者若何？仁者若何？’子路对曰：‘知者使人知己，仁者使人爱己。’子曰：‘可谓士矣！’子贡入，子曰：‘赐，知者若何？仁者若何？’子贡对曰：‘知者知人，仁者爱人。’子曰：‘可谓士君子矣！’颜渊入，子曰：‘回，知者若何？仁者若何？’颜渊对曰：‘知者自知，仁者自爱。’子曰：‘可谓明君子矣！’”

路何其相似乃尔！然而儒家思想并没有停留于此，而是进一步推展：爱不仅是导致利益冲突的原因，更是解决利益冲突问题的根本保证，这就是仁爱中的"一体之仁"，也就是正义原则中的正当性原则。

于是，儒家做到了任何一元论哲学所要求的一以贯之：用仁爱情感来阐明一切。

城邦、人与正义：亚里士多德与荀子之间的对话[①]

□陈治国[②]

【内容摘要】围绕正义问题，通过重构亚里士多德与荀子之间的适当对话，揭示了两位思想家在城邦的自然性、正义的城邦以及它们与人的自然本性关系等问题上的基本思路，表明前者对广泛意义上"正义"的两种规定——正义就是"守法"和"与他人相关的德性之总体"——很大程度上也有助于刻画荀子儒学中的"礼义"这一核心观念，而且，亚里士多德的正义观念和荀子的礼义观念与它们各自形而上学的理论基础或理论预设之间都存在着某些张力和冲突。不过，这并不意味着我们对伦理—政治性实践哲学的探究可以或应该摆脱形而上学的奠基。

---

① 本文系山东大学自主创新基金青年团队项目"经典诠释与哲学创新"(项目号:IFYT1213)暨山东大学儒学高等研究院重大项目"中国正义论:中国古典制度伦理学系列研究"(项目号:12RXZD5)阶段性成果。

② 作者简介:陈治国，河南灵宝人，哲学博士，山东大学哲学与社会发展学院暨中国诠释学研究中心副教授，现任韩国首尔大学哲学系客座研究员，主要研究现象学与诠释学、古希腊哲学和中西比较哲学。

【关键词】亚里士多德;荀子;正义;礼义;形而上学

正义(dikaiosune)虽然在亚里士多德实践哲学中似乎并没有像在柏拉图《国家篇》中那样成为十分显赫的主题,但仍然被看作保障个体幸福、促进城邦繁荣的两种支柱性力量之一(另一种被称作“友爱”),并且广泛意义上的正义先后被规定为“守法”和“与他人相关的德性之总体”。值得关注的是,在先秦时期荀子儒学中,“礼义”也被认为是保障个人享有值得向往之生活的必由之路,同时它必须置于城邦或国家范围内来予以考虑。不过,荀子以“礼义”为中心的伦理—政治性儒学由于其“人性恶”的基本预设以及在阐明“礼义”之源泉等问题上的诸多困难,常常招致儒学内外的种种责难和批评。基于这种情形,围绕正义问题,本项研究拟通过亚里士多德与荀子之间的某种适当对话①,一方面力求更加清晰地重构荀子对于城邦或国家范围内社会正义问题的创造性思索,另一方面也尝试进一步展现中西古典社会正义论之间互诠的空间与方式。而且,研究将按照三个步骤依次展开:(1)通过对亚里士多德和荀子相关基本文献的系统性分析和考察,具体展示两位哲学家在城邦的自然性、正义的城邦以及它们与人的自然本性之间关系等问题上的基本思路。(2)将努力论证,亚里士多德对广泛意义上“正义”的两种规定——正义就是“守法”和“与他人相关的德性之总体”——很大程度上也有助于刻画在荀子儒学中具有核心地位的“礼义”这一基本观念。(3)通过对亚里士多德的“正义”观念和荀子儒学中“礼义”观念背后形而上学基础或

① 有些评论者甚至明确指出,基于荀子创构了先秦时期最具综合性的哲学系统,他在中国哲学发展史上具有亚里士多德在西方哲学传统中所占据的类似地位。参见 Kurtis Hagen, “Artifice and Virtue in *Xunzi*”, *Dao: A Journal of Comparative Philosophy*, Vol III, No. 1, 2003, pp. 85-107.

预设的考察，尝试进一步促动对伦理—政治性实践哲学与形而上学适当关系的思考。

一、城邦的自然性与正义的城邦

在近现代西方政治哲学中，城邦或国家这种政治共同体作为社会契约的产物，往往被看作是纯粹建构性的。不过，在古希腊哲学中，尤其在亚里士多德实践哲学中，城邦作为一种典型政治共同体虽然也具有一个逐步发展和形成的过程，但也被明确看作"自然的产物"[①]，所谓"城邦的自然性"。而在先秦时期荀子儒学中，城邦或国家虽然也被理解为一种人为的建构，即"伪"，不过，我们会看到，如果亚里士多德关于城邦之自然性的论证是站得住脚的，那么荀子也将可能认同"城邦的自然性"，因为，总体而言，两者都深信，城邦的创立是不可避免的过程，并且这种不可避免性在根本上源于人类内在自然冲动中的诸多社会性因素。

就亚里士多德而言，他着重考察了人类三种自然禀赋(natural endowment)中的社会性因素。第一，满足生活必需品和繁殖后代的欲望。按照亚里士多德的观点，满足这些一般生理欲望促使单个的男人和女人结对组合为家庭，因为在家庭中男人和女人的不同功能相互补充和协调，从而使得生理欲望的满足比较容易和稳定。进一步，家庭逐渐组合为村落以及更大、更复杂的政治共同体即城邦。在城邦中，人类的生存及其欲望的实现得到更好保障。所以，"如果早期的社会形式是自然的，那么城邦也是

---

① Aristotle, Politics, *Nicomachean Ethics*, 1253a3. 本文所引亚里士多德文献主要依据英译版本：Aristotle, *The Complete Works of Aristotle*. Revised Oxford Translation, ed. Jonathan Barnes, Princeton, N. J.: Princeton University Press, 1991. 其中，部分引文参照、对勘中译本的《尼各马可伦理学》(廖申白译注，北京：商务印书馆，2003年)和《政治学》(颜一、秦典华译，北京：中国人民大学出版社，2003年)。

自然的。因为这就是它们的目的，事物的自然就是它的目的……一个事物的终极因和目的因是至善，自足便是目的和至善。由此可见，城邦显然是自然的产物，人自然是一种政治动物”①。根据这种解释，城邦之所以是“自然的产物”，理由就在于，作为最自足的政治共同体，城邦乃是人类生理欲望得以实现的最佳方式，或者说城邦是这些内在生理冲动必然要求导向的最终阶段。

第二，人类具有语言(logos)天赋。在亚里士多德那里，具有群居的或政治的(politikon)能力之物种并非仅仅局限于人类，蜜蜂、蚂蚁等非人类的物种也可过一种群居的或政治的生活，但人类比其他群居物种“更是一种政治动物”②并且因而能够建立“城邦”(polis)，一个重要理由就在于，其他一些群居动物虽然也能使用可传递信息和表达情感的声音，但只有人类才拥有独一无二的“语言”，后者能够“表达利和弊以及诸如正义和不正义等”③。这就是说，语言天赋使得人类可以就利益、道德等问题公开表达自己的主张和观点，并且在一种引申意义上可以不仅仅限于暴力来解决利益和道德上的可能分歧与冲突，而更是可以通过理性——logos 的另一含义就是“理性”。

第三，自然的道德直觉或道德感。亚里士多德写道：“人的独特之处就在于，他独自具有善与恶、正义和不正义以及诸如此类的感觉；拥有这种感觉的生命物的结合产生了家庭和城邦。”④这就意味着，在自然状态中，人类已经具备某种自然德性以及某种形式的实践理性——同上述第二种因素即 logos 这种禀赋结合起来，我们可以说这是一种可以计算、辨识和计划的理性能力。更重要的是，这些自然能力或特性都必须在城邦共同体来进一步训练和改善：“对人而言，一旦趋于完善就是最优秀的动物，而一旦

① Aristotle, *Politics*, 1252b31-1253a2.

② Aristotle, *Politics*, 1252a7-8.

③ Aristotle, *Politics*, 1253a15-16.

④ Aristotle, *Politics*, 1253a16-18.

脱离了法律和正义，就会成为最恶劣的动物；不正义地被武装起来就会造成更大的风险，人一出生便装备有武器，这就是理智和德性(excellence)，人们为达到最邪恶的目的有可能使用这些武器。这就是为什么要说，一旦他毫无德性，那么他就会成为最邪恶残暴的动物，就会充满无尽的淫欲和贪婪。”①

综上所述，正是由于在人类三种生而具有的自然禀赋中就内蕴着过政治社会生活的潜在需要，城邦这种历史地形成的最大政治共同体也是“自然的产物”，其建立和发展的动力恰恰就在于真正促进人的自然秉性的实现和完善。在这个意义上，“不能在社会中生存的东西或因为自足而无此需要的东西，它要么只是禽兽，要么是个神，而不是城邦的一部分。一切人在本性上就注入了社会本能，最先缔造城邦的人乃是给人们最大恩泽的人”②。更重要的是，能够真正促进人的自然秉性充分完善和实现的城邦，必须是正义的城邦，恰恰是正义构成了一种优秀城邦秩序的基础。《政治学》第1卷第2章讲道：“正义是城邦中众人的纽带，因为实施正义——确定什么是正义的——是政治社会中秩序的原理。”③在《尼各马可伦理学》里，他再次将正义看作保障公民个体幸福、促进城邦社会繁荣的主要力量之一，并且作为“最权威的科学”④，政治学就是要考察“高尚与正义的行为”⑤。

现在转入对荀子儒学的考察。在荀子那里，广为人知而又极富争议的一个哲学命题就是“人性恶”。按照荀子的说法，“生之

---

① Aristotle, *Politics*, 1253a31-37.

② Aristotle, *Politics*, 1253a28-31.

③ Aristotle, *Politics*, 1253a38-40.

④ Aristotle, *Nicomachean Ethics*, 1094b28.

⑤ Aristotle, *Nicomachean Ethics*, 1094b14.

所以然者谓之性。性之和所生，精合感应，不事而自然谓之性”[①]。依据这种定义，人类生而具有并且无需奋身追求就已经获取的东西及其趋向都可以涵括于“性”的范围之内。不过，当荀子提出“人性恶”的命题时，他似乎仅仅把“人性”定位于“欲望”：“人之性恶，其善者伪也……今人之性，生而有好利焉……生而有疾恶焉……生而有耳目之欲，有好声色焉。”[②]正是各种形式的生理欲望和对财物等的欲求以及与之伴随的各种情感构成了人的“本性”。直接将荀子这里所说的原始“欲望”本身判断为“性恶”之实指，向来构成了荀子之后诸多评论的主流观点。[③] 譬如，朱熹就是这种解读路向的著名代表之一，并且由此在《战国汉唐诸子》中强烈质

① 《荀子集解》,《正名篇》,第 399 页。本文所引《荀子》文献主要依据[清]王先谦撰:《荀子集解》,沈啸寰、王星贤整理,北京:中华书局,2012 年。以下引文仅标注书名、篇名和页码。

② 《荀子集解》,《性恶篇》,第 420 页。

③ 日本学者 Kanaya Osamu(金谷治)考证说,《荀子》中《性恶篇》第一章很有可能是由荀子的晚期弟子受到法家学派韩非子的影响后添窜而成,参见氏著:《〈荀子〉的文献学研究》,《日本大学院纪要》(*Nihon Gakushin Kiyo*),卷四,第 1 期,1951 年 3 月;亦可参见[美]孟旦:《早期中国“人”的观念》,丁栋、张兴东译,北京:北京大学出版社,2009 年,第 85 页。对于这种解释,我们认为,无论这种考证能在多大程度上站得住脚以及是否有助于缓和《荀子》文本中的诸多张力,它都可能大大削弱荀子儒学在中国儒学史乃至世界哲学史上的独特地位。所以,我们仍然把《荀子》看作一个整体性的文本予以解读。

疑荀子的儒家资格。[①] 不过,综合分析荀子的人性论和礼义论,将会发现,与其说荀子把“人欲”看作恶,不如说他实质上把“人欲”的自然实现方式看作恶之源泉,并由此证成了礼义与城邦政治的必要性。

荀子的“人性恶”命题无疑是对前辈儒家孟子“人性善”立场的一种反动和批判。按照他的批判逻辑,如果人性的确是善的,这种“善性”应该很难轻易丧失,现在既然孟子要求“返性”“归本”,那么人性必然并非为“善”。[②] 荀子这种推论的一个重要预设就是人性乃是恒常、持久的。如果人性是恒常、持久的,那么作为人性的欲望就是不容革新或改变的。进一步,如果人性即“人欲”是不容革新或改变的,并且这种“人欲”本恶,如何解释圣人品格中的“欲望”?按照荀子的一贯主张,即使在圣人那里也仍然保持着这种“欲望”之“性”:“故圣人之所以同于众,其不异于众者,性也。”[③]所以,“欲望”本身很难说就是“恶”。

“养欲”说也进一步表明“欲望”本身不是恶,尽管它的某些方面可能是成问题的。《礼论篇》第一章讲道:“人生而有欲,欲而不

① [宋]朱熹:《朱子语类》,卷一百三十七,上海:上海古籍出版社,1992年。今人主张荀子儒学的“性恶”在于“欲望”的文献仍然十分常见,譬如 Yu Jiyuan, “Human Nature and Virtue in Mencius and Xunzi: An Aristotelian Interpretation”, *Dao: A Journal of Comparative Philosophy*, Vol. V, No. 1, 2005, 11-30.另外,即使有如唐君毅先生之当代新儒家,虽然否认性恶论构成了荀子儒学的思想中心,但是似乎并不排斥“性恶”在于“欲望”这种基本的传统立论(参见唐君毅:《中国哲学原论:导论篇》,台北:台湾学生书局,1984年,第111页);劳思光先生更是认为,由于荀子对“人性”之理解的浅拙,导致人类社会的价值根源无所着附,转而以“外在权威秩序”替代“内在道德秩序”,最终导致中国文化精神日渐衰微,儒学也不得不走上歧途(参见劳思光:《新编中国哲学史》,第1册,台北:三民书局,1997年,第343—344页)。

② 《荀子集解》,《性恶篇》,第422页。

③ 《荀子集解》,《性恶篇》,第424页。

得,则不能无求;求而无度量分界,则不能不争;争则乱,乱则穷。先王恶其乱也,故制礼义以分之,以养人之欲,给人之求。使欲必不穷于物,物必不屈于欲,两者相持而长,是礼之所起也。”从这里至少可以看到两点。

其一,即使自然性的“欲望”是成问题的,解决问题的主要出路仍然在于“养欲”。何为“养欲”？学界对此多有争论。一种代表性解释是“克制”(restraint)说,即欲望为恶,“化性起伪”必然就要求尽可能地采取一切手段压制之、消除之。另外一种代表性解释是“满足”(satisfaction)说。[①] 对于前者,我们认为,这与荀子那里“人性”的恒常性与持久性这一基本观点严重冲突;而后者也不足够准确,“满足”欲望或者说“恰当地”“满足”欲望,过于宽泛而笼统。《荀子》一书多次写道:“人伦并处,同求而异道,同欲而异知”,“欲恶同物,欲多而物寡,寡则必争矣”[②];“然则从人之性,顺人之情,必出于争夺,合于犯分乱理而归于暴”[③]。从这些论断可看出,在前社会状态中,人类欲望的自然实现方式很容易引发冲突和纷争,所以解决问题的关键在于调整和改善人类欲望的实现方式。亦即,欠缺—需求—满足这种人类欲望本身的活动机制是无法改变的[④],所能够改变的是满足欲望的形式、欲望所指向的对象种类、不同欲望类型之间的关系结构等等。在此意义上,“养欲”应该更准确地理解为调节(moderate)或疏导(channel)欲望从而完善之,而不是彻底地压制或消除欲望,或者简单地满足欲望,

① 支持“克制”说这一解释进路的相关文献屡见不鲜,兹不一一列举。关于“满足”说的解释进路,参见 Kurtis Hagen, “Xunzi and the Prudence of Dao: Desire as the Motive to Become Good”, *Dao: a Journal of Comparative Philosophy*, Vol. 10, 2011, pp. 53-70.

② 《荀子集解》,《富国篇》,第 173—174 页。

③ 《荀子集解》,《性恶篇》,第 420—421 页。

④ 《荣辱篇》曰:“凡人有所一同:饥而欲食,寒而欲暖,劳而欲息,好利而恶害,是人之所生而有也,是无待而然者也,是禹、桀之所同也。”

所谓“古者圣王以人之性恶，以为偏险而不正，悖乱而不治，是以为之起礼义，制法度，以矫饰人之情性而正之，以扰化人之情性而导之也”[①]。

其二，解决容易引发纷争和冲突的人类欲望自然实现方式之出路在于“养欲”，而“养欲”的途径在于“大一统”条件下的“分”。《王制篇》曰：“力不若牛，走不若马，而牛马为用，何也？曰：人能群，彼不能群也。人何以能群？曰：分。分何以能行？曰：义。故义以分则和，和则一，一则多力，多力则强，强则胜物，故宫室可得而具也……故人生不能无群，群而无分则争，争则乱，乱则离，离则弱，弱则不能胜物，故宫室不可得而具也，不可少顷舍礼义之谓也。”[②]按照荀子的思路，人类之所以能够区别于非人类的动物而过一种群居生活，要义在于“分”，即能够确立不同的社会身份和地位并由之行动[③]，而“分”的原则或基础在于“义”或“礼义”。换言之，“养欲”的展开必须在某种具有良好秩序的政治社会共同体中进行，而一个优秀、稳定的政治共同体是由具有不同社会身份和地位的个体、阶层构成的，并且这些个体或阶层的不同社会身份或地位以及他们的活动方式是根据“礼义”来确定的。从另一角度，也可以说，当自然状态中的人类认识到他们必须组成一个政治共同体以及在共同体中的适当位置，满足于同这种位置相伴随的包括责任、报酬、行为方式等在内的诸多安排，并且获得一种被承认的可能成就，城邦政治或者社会秩序就得以产生。据此，荀子经常把“礼义”在这种政治共同体中的角色看作社会秩序的端始，甚至直接等同于秩序性社会本身：“礼义者，治之始也”[④]，

① 《荀子集解》,《性恶篇》，第421页。

② 《荀子集解》,《王制篇》，第162—163页。

③ 关于荀子乃至一般早期儒家传统中“分”的研究，亦可参见梁家荣：《仁礼之辨：孔子之道的再释与重估》，北京：北京大学出版社，2010年，第151—153页，157—159页。

④ 《荀子集解》,《王制篇》，第161页。

“礼义之谓治，非礼义之谓乱也”[1]。

至此，我们可以综合性地重新审视亚里士多德和荀子在城邦的自然性、正义的城邦以及它们与人的自然本性之间关系等问题上的思路。第一，他们都明确认识到，城邦这种政治社会共同体作为后天逐步形成和发展起来的人类组织形式，是人为建构的结果，但他们也都深知这种建构绝非任意、偶然的，而是源于人类自然秉性中深潜着的社会性因素。在此意义上，亚里士多德把城邦看作“自然的产物”，尽管荀子仍然声称它完全是一种“伪”。

第二，荀子坚持城邦乃“伪”这一基本立场部分地与他对“义”的双重性理解有关。在亚里士多德那里，人类的天然能力或属性包括生理欲望和繁殖后代、运用语言和理性以及道德直觉三种因素，但真正构成人性的东西（the characteristic feature of being human）被看作是“理性”，所谓人的“功能”（ergon），即只有人类具有并能够发挥好的那种东西。[2] 并且，他还深信，只要具备适当的条件，人类的这种功能性活动都可以充分实现出来，从而获得属于人自身的幸福（eudaimonia）。而在荀子那里，人类天生禀赋也包括诸多要素，即感官知觉、生理欲望、对财物的渴求和占有以及某种形式的理性能力。这里特别需要澄清的是“某种形式的理性能力”，即“义”。

如上所述，荀子在《性恶篇》中看起来把人之“性”主要定位于“欲望”，或严格来说，定位于“欲望”的自然实现方式，而“欲望”乃是人类与非人类的动物皆具的东西，可在《王制篇》中，他又讲道：“水火有气而无生，草木有生而无知，禽兽有知而无义；人有气、有生、有知亦且有义，故最为天下贵也。”在此，恰恰是“义”构成了人类与非人类生命的本质性区分，是人类所专属的东西，并且它应是前社会状态的“人”已经具备的东西。这种能够在特定语境中进行计划、辨别和选择的“思虑”之“义”，实际上也被称作人“心”

① 《荀子集解》，《不苟篇》，第 44 页。

② Aristotle, *Meteorology*, 390a10-12.

的一种自然能力，所谓“性之好、恶、喜、怒、哀、乐谓之情。情然而心为之择谓之虑。心虑而能为之动谓之伪”[①]。也许，在这个意义上，荀子才断然认为：“今使涂之人者以其可以知之质、可以能之具，本夫礼义之可知之理、可能之具，然则其可以为禹明矣。今使涂之人伏术为学，专心一志，思索孰察，加日县久，积善而不息，则通于神明、参与天地矣。”[②]不过，另一方面，他又明确将“义”看作一种后天的“伪”：“感而自然，不待事而后生之者也。夫感而不能然，必且待事而后然者，谓之生于伪。是性、伪之所生，其不同之征也。故圣人化性而起伪，伪起而生礼义，礼义生而制法度。”[③]这就是说，同“礼”一起维护着城邦社会之优良秩序的“义”乃是“圣人”之“伪”。

如何理解“义”在荀子儒学中的二重性规定？我们认为，一方面，荀子确实像亚里士多德一样，发现人类天生自然秉性中具有特定语境中展开恰当计划、辨别和选择的理性推理能力，另一方面，他也对作为实践推理能力的“义”之优秀发挥在普罗众生那里的自觉实现缺乏信心，进而将它的优秀发挥或展现归之于少数“圣贤”。正是这些少数圣贤能以无论何种原因所获得的完美、完善之“义”施与众生，从而促进每一个体的生活与城邦国家的繁荣。[④]

第三，基于人类的自然能力与属性中的社会性因素而形成的城邦政治共同体是促进个体生命完善的重要方式，而共同体本身的繁荣和发展都必须依据某种类似的原理或力量。这种主导性的原理或力量在亚里士多德那里是“正义”，在荀子儒学中则被称作“礼义”。

① 《荀子集解》,《正名篇》,第399页。
② 《荀子集解》,《性恶篇》,第428—429页。
③ 《荀子集解》,《性恶篇》,第423—424页。
④ 《荀子集解》,《性恶篇》,第429页。

二、城邦正义的两种规定：法\礼与关系化德性

如上所述，在亚里士多德与荀子那里，城邦或国家政治共同体的使命在于促进个体生命的发展与完善，造就并支配着一种优良、稳定的城邦社会秩序的主导性原理或力量分别被称作"正义"或"礼义"。而这种原理或力量的内涵及其具体形成的方式和发挥功能的方式是接下来要着重考察的问题。

对于亚里士多德而言，"正义"这一概念是在两种意义上来使用的：广泛意义上的正义和狭窄的或特殊意义上的正义即作为平等的正义。基于这里的言说语境，我们主要考察前一种正义。就广泛的正义而言，他给出了两个规定："守法"和"与他人相关的德性的总体"①。先看第一种规定。《尼各马可伦理学》第五卷第一章讲道："由于不守法的人被看作不正义的，而守法的人是正义的，很显然，所有合法的行为在某种意义上都是正义的行为。由立法技艺所确定的行为都是合法的，而且我们说它们每一个都是正义的。"②为什么"守法"就是正义？这涉及古希腊人对"法"的特殊理解："法"(nomoi)是从 nomos 演变而来的，而 nomos 就意味着"约定俗成的"、"具有规范性的"等，所以，"法"在某种意义上就是一个社群或社会所认同、信奉、遵循的东西，不仅包含成文的条例法规和法庭判决裁定，而且包含一般意义上的社会约定与风俗习惯。③ 重要的是，对亚里士多德而言，这种意义上的"法"具有两种基本功能。其一，法鼓励和褒扬德性，惩罚和禁止邪恶行为。④

---

① 关于亚里士多德对广泛意义上正义的这两种规定之探究，亦可参见[美]余纪元：《亚里士多德伦理学》，北京：中国人民大学出版社，2011年，第131—137页。

② Aristotle, *Nicomachean Ethics*, 1129b11-14.

③ [美]余纪元：《亚里士多德伦理学》，第132页。

④ Aristotle, *Nicomachean Ethics*, 1130b24.

换言之，法要求我们努力成为勇敢的、节制的、友善的人，禁止去做怯懦的、挥霍的、敌意的行为。其二，只有充分遵循法的行为，尤其是那些关注和促进社会公共利益与福祉之法的行为，才能促动德性的产生和完善。

如果"守法"就是正义，很容易引发的一个争论就是，"法"是否全善以及是否有必要遵守"恶法"？按照亚里士多德的理解，作为最权威的、最高的科学，政治学的基本功能之一就是关注社会风俗与立法，而立法作为一种系统的活动，必须对人类的幸福以及现实的政治生活有着充分的理解和系统研究。不过，由于政治学所运用的实践理性自身的特性以及人类伦理—政治行为的相对不确定性，现实社会中的法律并非尽善尽美，换言之，"恶法"有其存在的可能性。但是，即使对于这种"恶法"，也有遵守的必要性。理由有二。其一，法总是作为一个系统发挥作用，并且一般说来，大多数法律系统都能在某种程度上产生和保存某一政治共同体的繁荣与发展①，所以某一具体法律款项即使是糟糕的，也不能因此就完全废除法律系统本身。这多少意味着，"由法而治"的社会整体上总是胜过于"无法的"或"非法的"社会状态。其二，法虽然在理论上应致力于促进每一个体的正当利益，但它更关注共同体成员的公共性利益。所以，一个愿意追求自身幸福的人需要尽可能根据自身的特殊境况通过实践理性和实践智慧做出灵活调整以便适应一般性的法律要求。

再看正义的第二种规定，即正义就是同他人相关的德性之总体。我们知道，在柏拉图那里，正义就已经被看作德性的总体。不过，作为"德性的总体"，正义并不是指各种具体德性的组合或

① Aristotle, *Nicomachean Ethics*, 1129b18-19.

总和，而是说正义贯穿于其他德性之中。[1] 当我们说一个城邦是正义的，这就意味着其中的统治者要具有智慧的德性，保卫者要具有勇敢的德性，生产者要具有节制的德性。亚里士多德虽然在德性的形成问题上，相对于柏拉图，更加重视不同个体之间或个体与社会之间的紧密联系，但他也认为，正义乃是贯穿于所有具体德性尤其是与他人相关的德性之中的东西。在他那里，按照伦理德性所涉及的领域，欲望和情感范围内的德性包括勇敢和节制等，外在善事务范围内的德性包括慷慨、大方、大气等，社会生活内的德性包括温和、诚实、机智、友善等，并且大略看来，勇敢、节制、慷慨等主要属于一种自向性的（self-regarded）德性，而温和、诚实、友善等似乎主要属于他向性的（other-regarded）德性，即涉及他人之善。实际上，根据亚里士多德的理论，那些出于勇敢、节制和慷慨等德性的行为，只要它们的应用指向或涉及他人之善、社会之善，它们就不仅仅是一种自向性德性，而且也是正义的行为。在这个意义上，“它们[德性与正义]是一样的，可是它们的‘是什么’（being them）又不相同；就德性这种状态与他人相关而言，是正义；而同一种状态，如不加限制，便是德性”[2]。例如，一个善于游泳并且克服了对湍急水流之恐惧而将他人救至岸上的人，就他与自身的关系而言，他是勇敢的人；同时就这种行为涉及他人而言，他是正义的人。

亚里士多德对促进个体幸福、维护城邦秩序之“正义”的两种上述规定是否有助于澄清或更好理解荀子儒学中“礼义”概念呢？回到《荀子》一书，我们在多处读到：“礼义者，圣人之所生也，人之

---

① 关于柏拉图的正义观念，参见陈治国：《好好地活与活得好：孔子和柏拉图哲学中正义的层级问题及其根本动力》，“中西哲学经典的诠释”——国际诠释学学术研讨会论文集，美国夏威夷大学马诺亚分校哲学系，2013 年 2 月。

② Aristotle, *Nicomachean Ethics*, 1130a12-13.

所学而能、所事而成者也。”[①]“无君子则天地不理，礼义无统，上无君师，下无父子，夫是之谓至乱。”[②]“凡用血气、志意、知虑，由礼则治通，不由礼则勃乱提僈；食饮、衣服、居处、动静，由礼则和节，不由礼则触陷生疾；容貌、态度、进退、趋行，由礼则雅，不由礼则夷固僻违，庸众而野。故人无礼则不生，事无礼则不成，国家无礼则不宁。”[③]

依据这些论述，我们可以说：(1)虽然从表面上看，圣人或先王构成了“礼义”的源泉，可从实际内容上看，“礼义”仍然主要是指周代以来儒家所推崇的优良社会礼仪和风俗习惯，所谓“君君、臣臣、父父、子子、兄兄、弟弟”，“农农、士士、工工、商商”等。(2)从礼义的现实功能来看，它主要通过对每一个体或阶层的社会角色与身份的划分，全方位调节和规范他们在政治社会生活中的行为方式，不仅由此促进其德性(如恭、敬、忠、信、端、悌、逊、敏等[④])的增长和发展，而且充分保障个体之间、个体与社会之间的和谐关系。如《天论篇》所云：“礼义不修，内外无别，男女淫乱，则父子相疑，上下乖离，寇难并至，夫是之谓人袄。”(3)从礼义的实现方式来看，“礼义”之有效性的核心在于“遵礼”或“从礼”，但这种过程也不完全是被动、机械地遵照一般性的外在规范，而是要求道德主体逐渐自觉、恰当地根据具体情境来进行选择和行动。《王霸篇》曰：“君臣上下，贵贱长幼，至于庶人，莫不以是为隆正。然后皆内自省以谨于分，是百王之所以同也，而礼法之枢要也。”

不仅如此，在一定意义上，“礼义”也可说是同他人有关的德性之总体，或贯穿于一切与他人相关的德性之中。首先，就礼义

---

① 《荀子集解》,《性恶篇》,第421页。

② 《荀子集解》,《王制篇》,第162页。

③ 《荀子集解》,《修身篇》,第23—24页。

④ 《修身篇》多处有云：“体恭敬而心忠信，术礼义而情爱人，横行天下，虽困四夷，人莫不贵。”“端悫顺弟，悌可谓善少者矣；加好学逊敏焉，则有钧无上，可以为君子者也。”

之形成的基本动力来说，它最初出自调节人们原始欲望的自然实现方式。原始欲望的自然实现方式不仅可能损害一个人自身的利益，而且可能会挑战他人的利益。譬如，个体内部不同欲望之间的冲突以及欲望实现过程中所伴随的不恰当情感（如丧葬事务中的过度悲伤和忧郁），个体占有和使用财物过程中的无度或贪婪，都可能既损伤个体的健全与福祉，也可能引发个体或群体之间的分歧和斗争。[①] 所以，承担着调节和改善人类自然欲望实现方式的"礼义"必然要渗透于或隐含于一切具体德性之中。所谓"礼义不行，教化不成"[②]。

其次，就礼义所要培养的各种德性的具体形成过程而言，它们也普遍地涉及个体同他人、社会之间的密切关联。

(1)每一伦理德性的形成不是自然而然的过程，而是深刻地受到来自个体已经生活于其中的社会风俗礼仪的塑造和影响。"故木受绳则直，金就砺则利，君子博学而日参省乎己，则知明而行无过矣。"[③]"礼者，所以正身也；师者，所以正礼也……礼然而然，则是情安礼也；师云而云，则是知若师也。情安礼，知若师，则是圣人也……不是师法而好自用，譬之是犹以盲辨色、以聋辨声也，舍乱妄无为也。故学也者，礼法也。夫师，以身为正仪而贵自安者也。"[④]一个人养欲、修己的过程就是要在衣食住行等领域反复学习和践行典籍记载的尤其是伟大圣贤和典范人物所教导与体现的优良社会礼仪和风俗习惯，并努力把其承载的道德价值内化于自身。由此，荀子才说："彼学者，行之，曰士也；敦慕焉，君子也。"[⑤]

(2)道德主体形成伦理德性虽然并不总是完全被动的过程，

① 《荀子集解》,《礼论篇》,第 340 页。

② 《荀子集解》,《尧问篇》,第 536 页。

③ 《荀子集解》,《劝学篇》,第 2 页。

④ 《荀子集解》,《修身篇》,第 34 页。

⑤ 《荀子集解》,《儒效篇》,第 125 页。

而是有其自身的理智自觉[①],但这种理智能力的发挥方式仍然需要不断提升和改善,后者同样需要学习和模仿圣人与典范人物计划、选择和思虑的经验与模式。如前所述,“义”作为人类天生具有的一种计划、辨别和选择的理性推理能力——按照亚里士多德的术语,可称作“实践理性”(practical reason),它在自然状态中的发挥方式是有限的,甚至是有害的,而要达到一种优秀、正确的发挥——实践理性的优秀活动在亚里士多德那里被称作“实践智慧”(practical wisdom,phronesis),需要社会共同体条件下各种具体境况中的不断训练和磨砺。磨砺和训练的主要途径就是学习和参照圣贤或典范人物考虑、谋划和决断社会实践事务的那些方式及其特征。按照荀子的一贯主张,“礼义”源于圣贤之“伪”,这种“伪”既要“习伪故”,亦要“积思虑”。“积思虑”的一项重要内容就是创造性地编纂、评估和解释典籍文献与社会习俗,并能够在一切具体境况中恰如其分地施展于具体事务的解决上。进一步,圣人的形象才被刻画为:“夫微者,至人也。”[②]“恢恢广广,孰知其极!睪睪广广,孰知其德!涫涫纷纷,孰知其形!明参日月,大满八极,夫是谓之大人。”[③]在此意义上,勉力“修己”、“成己”的个体不能局限于单纯机械地模仿或遵守圣人所认同或确立的抽象行为标准,而是要逐步自觉参照或借鉴圣人这些典范人物对典籍文献与社会习俗和标准的创造性解释,从而在不同语境中能自如采取应对方式。[④] 荀子在描述君子的一般标准时一再强调:“德操然

① 《劝学篇》曰:“故学数有终,若其义则不可须臾舍也。为之,人也;舍之;禽兽也。”

② 《荀子集解》,《解蔽篇》,第391页。

③ 《荀子集解》,《解蔽篇》,第385页。

④ 有关这方面的讨论参见 Kurtis Hagen, “Artifice and Virtue in Xunzi”, pp. 98-107; Nicholas Gier, “The Dancing Ru: Confucian Aesthetics of Virtue”, *Philosophy East and West*, Vol. 51, No, 2, 2001, pp. 280-305;

后能定，能定然后能应，能定能应，夫是之谓成人。天见其明，地见其光，君子贵其全也。”[①]“以义应变，知当曲直故也。”[②]“诚心行义则理，理则明，明则能变矣。”[③]

(3)礼义所培养的各种德性虽然起初主要定位于更恰当调节和满足个体的一般性原始欲望，但在这种培养过程中也会逐步形成新的、更加积极和高尚的欲望趣味以及相应的情感感受方式，进而形成指向他人之善的某些德性。[④] 譬如，自然状态下的人可能会为了“事利”、“货财”“果敢而振”，勇于进取，可在思虑之“义”的良好指导下，可能会发展出对“荣誉”的全新欲求和愉悦感受，从而勇于赴死而成“盛名”。[⑤]

基于上述论证，有理由认为，亚里士多德对“正义”的两种规定很大程度上也有助于刻画荀子儒学中具有核心地位的“礼义”这一基本观念，具体来说：(1)在亚里士多德那里，“正义”作为促进个体幸福、维持城邦繁荣的基本原理，首要含义就是要求一切公民个体“守法”，这里的“法”不仅包括成文的法律条例和代表性判例，而且包含诸多良善的社会风俗习惯。在荀子那里，对于个体的健全生活与城邦国家的和谐秩序具有决定性意义的力量被称作“礼义”，这种被归于圣人之“伪”的“礼义”主要内容也是一些被儒家高度推崇的社会礼仪与风俗习惯。而且，对于“法”或“礼”的遵守和服从，都需要城邦共同体成员不断努力地自觉根据具体

① 《荀子集解》,《劝学篇》，第 19 页。

② 《荀子集解》,《不苟篇》，第 41 页。

③ 《荀子集解》,《不苟篇》，第 46 页。

④ 在此，必须指出的是，新的、更加高尚和积极的欲望以及相应德性的形成虽然与原始欲望具有某种关系，但是并不意味着可以还原为原始欲望。相关讨论可以参见 Kim Sungmoon, “From Desire to Civility: Is Xunzi a Hobbesian”, *Dao: A Journal of Comparative Philosophy*, Vol. 10, No. 3, 2011, pp. 291-309. Kurtis Hagen, “Xunzi and the Prudence of Dao: Desire as the Motive to Become Good”, pp. 58-62.

⑤ 《荀子集解》,《荣辱篇》，第 56—57 页。

语境来恰当理解和行动。不过，就狭窄意义上的“法律”而言，由于亚里士多德更加强调其正面鼓励和指导公民德性的作用，荀子更关注其强制惩戒和处罚之功能，因此，那种以肉体强制为手段的刑罚规则——宽泛地说，即“法”或“法度”——常常被荀子置于“礼义”之后、之外。所谓“尚法而无法”①，“故有君子则法虽省，足以遍也；无君子法虽具，足以乱矣”②。（2）亚里士多德认为，“正义”乃是“与他人有关的德性之总体”，贯穿于一切同他人相关的德性之中。同样，在荀子那里，起始着眼于调节和改善人类原始欲望的自然实现方式之“礼义”隐含于各种具体的伦理德性之中。换言之，无论两位哲学家在人性论的基本预设方面有何交叉或分野，他们都坚信，人类个体健全生活的展开与实现都需要诸多伦理德性来维系，并且这些德性或多或少都涉及个体与他人、社会的紧密关系，或者更明确地说，涉及他人之善、社会之善。

三、正义/礼义的形而上学基础

尽管关于伦理学——或更宽泛地说，实践哲学——与形而上学关系的当代一般争论十分激烈，然而对亚里士多德和荀子这样的古代哲学家而言，他们的“正义”或“礼义”观念是否渗透着某种形而上学基础？这种基础是统一而可靠的吗？这是接下来要考察的一个难题。

在亚里士多德那里，西方哲学历史上首次出现了一种明确的人类知识体系的学科划分。按照划分，数学、物理学（自然学）和形而上学（神学）属于理论科学，伦理学、政治学和家政学（经济学）属于实践科学或实践哲学，诗歌、艺术、建筑、机械等属于创制科学。乍看之下，由于实践哲学主要关注人的行为（具有某种不确定性）而非自然或神，因而有可能独立于理论科学或形而上学

① 《荀子集解》，《非十二子篇》，第92页。

② 《荀子集解》，《君道篇》，第226页。

之外。不过，毋庸置疑，形而上学在亚里士多德的正义理论中具有奠基性地位。

形而上学的核心主题是“存在”（on，being）问题。亚里士多德在《形而上学》、《物理学》等理论科学著述中主要探究了两类意义上的“存在”：一者是形式/质料意义上的存在，一者是潜能/现实意义上的存在。重要的是，关于“存在”的这两种探究在其伦理—政治性的实践哲学中都有不同程度的应用。按照他的基本观点，人是“理性的动物”。这就意味着，“理性”而不是情感或欲望等被看作人的“形式”（form），因为“形式”使得一个事物成其为自身并区分于他物，即“形式”规定着任一事物的“是什么”。在此意义上，尽管人类的自然禀赋（natural endowment）或天生特性（inborn feature）包含多种要素，如生理欲望、运用语言或理性的能力以及道德感等，但只有“理性”或“理性的活动”才真正构成一个人的“是什么”或“形式”，即人性（humanity）。这种“人性”在《尼各马可伦理学》中也被称作人的“功能”（ergon）。[①] 作为人的功能或形式的“理性”虽然构成了人的本性，但从动态的角度来看，对于任一正常个体而言，它最初是以“潜能”的方式存在于人那里，它的充分发挥并真正使得一个人成其为自身，必须经历一个从“潜能”到“现实”的运动过程。而这种运动过程必须在一个城邦政治共同体中才能有效展开。在这个意义上，亚里士多德才明确断言：“人本性上就是一种政治动物。在本性上而非偶然地脱离城邦的人，他要么是一个鄙夫，要么是一位超人。”[②]

不过，进一步的分析将会导致两个疑难。首先，人的理性被亚里士多德区分为两个部分。一者是理论理性（epistemonikon），主要思辨或沉思那些生成和运动的源泉与始基（arche）在其自身中的东西，或者说它主要关注不变的、必然性的东西。一者是实践理性（logistikon），主要探究可以变动的东西，即人的行为。前

① Aristotle, *Nicomachean Ethics*, 1097a33-1098a3.

② Aristotle, *Politics*, 1053a3-4.

者的优秀活动被称作理论智慧(sophia),后者的充分发挥被称作实践智慧(phronesis)。这样一来,在人类的伦理政治活动领域,主要起作用的部分就是实践理性及其优秀活动即实践智慧。换言之,在攸关个体现实幸福和城邦繁荣秩序的正义问题上,都将涉及的是实践理性和实践智慧的活动。而这种活动的一个主要特性就是具有某种不确定性或者说相对的确定性。①

尽管如此,令人困惑的是,亚里士多德在谈论正义的类型之际,又区分了自然的正义和法律的正义。所谓自然的正义,“在任何时候都有同样效力,不管人们的思想是这样还是那样”②。而法律的正义出于人们的约定,是可变动的。譬如,献祭时究竟是要献一只山羊还是两只绵羊,就可能出于某种社会风俗习惯或者较早时候的共同约定。当然,这种约定的正义“最初[如何确定]并不重要,但一旦定下就变得十分重要了”③。这种基于约定或社会风俗习惯而形成的“法律的正义”显然基本上就属于前面所讨论的那种一般意义上的正义,即维护着现实城邦的安定秩序并促进个体幸福之实现的那种社会正义或政治正义。问题在于,亚里士多德现在又提出一种“自然的正义”,并要求把自然的正义纳入这种支配着现实城邦的“正义”范畴中来:“在我们这个世界,所有的正义都是可变的,尽管其中有自然的正义。”④让我们明确展示一下这里的“冲突”。一方面,自然的正义具有普遍的效力,另一方面,在现实世界的城邦正义中,仍然具有自然的正义,并且后者是“可变的”。亚里士多德随后给出的一个事例是,一般来说,右手比左手更有力,但也有可能两只手同样有力。⑤ 对于这一“例证”,我们认为并不十分“有力”。一方面,一般来说,“两只手同样有

① Aristotle, *Nicomachean Ethics*, 1094b15-25.
② Aristotle, *Nicomachean Ethics*, 1094b18-19.
③ Aristotle, *Nicomachean Ethics*, 1094b20-21.
④ Aristotle, *Nicomachean Ethics*, 1134b28-29.
⑤ Aristotle, *Nicomachean Ethics*, 1134b35.

力"这种情形更多是后天训练的结果，而不是出自"自然"；另一方面，即使这种情形出自"自然"，它也具有严重的偶然性，而"偶性意义上的存在"尽管也被看作事物的存在方式之一，但不是形而上学甚至也不是政治学或伦理学所着意考察的题材。

其次，亚里士多德在区分自然的正义和法律的正义之同一章节，提到了永恒不变的自然的正义，并将之归于"神的世界"。他说："正义是变化的这个说法在某种意义上是真实的，并非无条件的真实。毋宁说，在神的世界这个说法也许就完全不对。"[①]什么是神？按照潜能/现实意义上的存在之探究，每一个体自然物都内在地追求从潜能到现实的运动，而最高的、最终的现实(energeia)或实现活动(entelechia)就是"神"。神是完全的现实或纯粹的形式，没有任何欠缺，它是一切有生命的个体物所欲求的最终目的(telos)，所谓"不动的动者"[②]。这种"神"也被看作思辨活动本身，它不以别的东西为思考对象，而是以自身为思考对象，并且构成了一切有生命个体物所思考的对象。在这个意义上，"欲求的首要对象和思考的首要对象是同样的事物"[③]。更重要的是，就人这种特殊的存在物而言，我们身上也具有这种神性的东西，即努斯(nous)或理论理性，并且这个部分虽小，却极其重要。[④]

前面我们已经讲过，根据亚里士多德对人类理智能力的区分，理论理性主要思考原因或本原在其自身之内的不变事物，获得的知识具有普遍性和高度确定性，实践理性主要关注变动不居的人类事务。所以说，无论人身上的努斯或理论理性的发挥能否达到神的状态，或者说，能否完全拥有理论智慧(sophia)，这都无关乎人类的实践事务，并且神本身也与人类的实践事务没有多少干系，与正义问题没有直接关联。正如亚里士多德所言："我们认

---

① Aristotle, *Nicomachean Ethics*, 1134b26-27.

② Aristotle, *Metaphysics*, 1072b14.

③ Aristotle, *Metaphysics*, 1072a28.

④ Aristotle, *Nicomachean Ethics*, 1177b31-1178a1.

为神是最为享有福祉的、幸福的。但是，我们可以把哪种行为归于他们呢？正义的行为？但是，如果众神也相互交易、还钱等岂不荒唐？勇敢的——为高尚而经受危险和冒险的行为？……如果我们一条一条地看，就可以看到，所有的行为状况都失之琐细、不值一提。”①

由此可以看出，亚里士多德的正义观念明显具有其根深蒂固的形而上学基础，可当他在作为“守法”和“与他人相关的德性之总体”的正义观念之外设定现实城邦正义中可变的“自然的正义”以及“神的世界”中不变的“自然的正义”时，这种形而上学基础就被严重地动摇了。② 换言之，在亚里士多德正义理论背后所发现的并非一个足够充分、全备而坚实的形而上学基础。那么，荀子“礼义”观念背后是否存在一种统一而可靠的形而上学基础？

关于《荀子》文本中本身是否存在一种形而上学的兴趣及其探索，素来是争执不息的一个难题，并且已经涌现了一些代表性观点。举其要者，(1)追问形而上学原理是全盛期稷下学宫理智活动的主要特征之一，作为稷下学宫的成员，荀子也必须处理形而上学的关切，并且荀子的“天”和“道”这样一些概念都体现了一

---

① Aristotle, *Nicomachean Ethics*, 1178b9-17.

② 亚里士多德对于这种“神的世界”中“自然的正义”的设定，很容易使我们联想到柏拉图那里对高于个体德性的正义和城邦的社会正义的“存在论正义”的追求。关于后者，参见陈治国:《好好地活与活得好：孔子和柏拉图哲学中正义的层级问题及其根本动力》。另外，埃德尔也指出，虽然由于在法学、道德和神学中复兴自然法的尝试绵延不绝，亚里士多德有关自然和自然政治正义的学说可能反复被援用，但是，在后者那里，“把自然理论应用于政治正义的努力没有增添多少新的光彩，毋宁说，实际上这为总体理论带来了负担”，参见：Abraham Edel, *Aristotle and His Philosophy*, Chapel Hill: University of North Carolina Press, 1982, pp. 300-301.

种形而上学向度，尽管这种向度服从于他对社会秩序的兴趣。[①](2)荀子儒学的"天"这一概念具有二重性含义，一方面多少意指没有目的和价值的自然之天，因而可看作一种原初科学的(proto-scientific)自然观，另一方面，它也是具有伦理意涵的"自然"，后者为人类心理学规范性成分中的"礼"提供了基础，并且是必须效仿的一种规定性模式。原因在于，对于创造价值以及名为"天官"的"人心"(heart-mind)的描述，意味着"天"正在作为一种规范性的术语来使用。不过，无论描述的、自然的，还是规定性的和形而上学的，"天"都不是关键点，因为《荀子》"主要关切的不是表述一贯的形而上学理论之哲学任务"[②]。(3)荀子根本没有图示宇宙的任何兴趣，而是运用了那个时代的一些惯例性宇宙论思考以服务于他的伦理目的，并且专注于一种"价值的形而上学"，后者在协调"价值秩序的保证者之天与世俗之人的混乱生活"[③]方面具有更重要的意义。(4)荀子那里没有任何神秘的道德形而上学，他的儒学不过是对有德之人如何能够从纯粹自私、自然性的、富有特色的人类欲望出发而协同发展的常识性说明。[④] 鉴于上述种种争论，我们拟采取的探究策略是，无论荀子那里是否存在着某种形式的形而上学，在其"礼义"概念为核心的伦理—政治性儒学背后必然具有某些不可避免的形而上学预设，问题在于，这些预设是否一贯以及能否完全支撑"礼义"观念？大致可从四个方面来予

---

① Masayuki Sato, *The Confucian Quest for Order: the origin and formation of the political thought of Xunzi*, Leiden: Brill, 2003, pp. 230, 335-336.

② Robert Eno, *The Confucian Creation of Heaven*, Albany: SUNY Press, 1990, p. 155.

③ Edward Machle, *Nature and Heaven in the Xunzi*, Albany: State University of New York Press, 1993, p. 37.

④ Kurtis Hagen, "Xunzi and the Prudence of Dao: Desire as the Motive to Become Good", p. 67.

以考察。

第一,就“礼义”仍然包含着欲望因素而不是摧毁或消解欲望而言,“礼义”与“天”之间具有不容否认的重要关联。正如《天论篇》一开始就表明的那种坚定立场,“天行有常,不为尧存,不为桀亡”,荀子儒学中的“天”这一概念的基本特性就是时间上的永恒性和道德上的中立性。与此相一致,由“天”而“生”之人性,即欲望本身,也不可改变,所能够改变的乃是欲望的那种自然实现方式,后者恰恰是“礼义”的基本功能之一。

第二,就“礼义”的形成需要圣人“参天地”而不“愿其所参”来说,礼义没有超越的规范性源泉。在《礼论篇》中,荀子清楚地给出了“礼”或“礼义”的三重根源,“礼有三本:天地者,生之本也;先祖者,类之本也;君师者,治之本也。无天地恶生?无先祖恶出?无君师恶治?三者偏亡焉,无安人。故礼上事天,下事地,尊先祖而隆君师,是礼之三本也”。“天地”或者说“天”是“礼”或“礼义”的“生之本”,这不过再一次表明了“天”与“礼义”之间那种有限的关系,即“天”仅仅为礼义活动的展开提供了一种先天性材质,所谓中立性的“欲望”——也许应附加上作为尚未获得提升和充分发展意义上的计划、辨识和思虑之能力的“义”。换言之,“天”并不为人类欲望的具体实现方式和人类事务的具体构划提供有意义的标准和源泉。“礼义”形成的关键在于“先祖”和“君师”,或更简单地说,“圣贤”。圣贤根据什么标准制定“礼义”?(1)“天”本身并不为“礼义”的制定提供有意义的标准和源泉,但是为了人类生命的保存和伦理政治的发展,“礼义”之兴部分地需要研究和利用“天”的规则特性。“天有其时,地有其财,人有其治,夫是之谓能参。”[①]不过,这丝毫不意味着“天”为“礼义”提供了有意义的秩序模式,也不意味着人类可以达到“天”的状态,所谓“舍其所以参,而愿其所参,则惑矣”[②]。在这种情形下,也可以说,荀子对于

① 《荀子集解》,《天论篇》,第302页。

② 《荀子集解》,《天论篇》,第302页。

"天"的主要关切之焦点在于,基于人类实践事务目标如何有效利用"天"的功效或后果,而不是"天"本身的存在方式:"不见其事而见其功,夫是之谓神。皆知其所以成,莫知其无形,夫是之谓天。"[①]"先王之道,仁之隆也,比中而行之。曷谓中?曰:礼义是也。道者,非天之道,非地之道,人之所以道也,君子之所道也。"[②](2)圣人制定"礼义"的主要途径在于自觉地努力培养和发挥自己那种能够计划、辨识和思虑的"义"之德性,并在对典籍文献的创造性解释和应用中归类事物、制定规范,以及持续不断地亲身积累、表率和示范。"圣人积思虑,习伪故,以生礼义而起法度。"[③]"故多言而类,圣人也。"[④]"圣人何以不欺?曰:圣人者,以己度者也。"[⑤]"彼求之而后得,为之而后成,积之而后高,尽之而后圣。故圣人也者,人之所积也。"[⑥]

第三,就"礼义"主要出于圣贤的不断解释和建构来说,对普遍的"礼义之邦"的设定是可疑的。如前所述,在荀子那里,"礼义"的主要内涵乃是儒家所推崇之周代以来的庆典、仪式、乡俗、朝制、情绪举止的分寸与模式等社会礼仪与风俗习惯,"礼义"的主要源泉在于圣贤对于记载这些礼仪与规范的典籍文献的不断整理、解释和调整。不同圣贤的整理、解释和调整固然具有一定连续性和传承性,但也有其自身的内心体验以及对新环境、新问题的创造性回应。"欲观圣王之迹,则于其粲然者矣,后王是也。彼后王者,天下之君也;舍后王而道上古,譬之是犹舍己之君而事

① 《荀子集解》,《天论篇》,第 302 页。
② 《荀子集解》,《儒效篇》,第 123—124 页。
③ 《荀子集解》,《性恶篇》,第 423 页。
④ 《荀子集解》,《非十二子篇》,第 97 页。
⑤ 《荀子集解》,《非相篇》,第 81 页。
⑥ 《荀子集解》,《儒效篇》,第 143 页。

人之君也。"①"宗原应变,曲得其宜,然后圣人也。"②不过,令人困惑的是,荀子在《礼论篇》似乎又设定了一种超越这种经验建构的普遍性"礼义之邦",并且这种礼义秩序与其说出自圣人的"发展"和"建构",不如说主要是圣人的"发现"和"揭示":"天地以合,日月以明,四时以序,星辰以行,江河以流,万物以昌,好恶以节,喜怒以当。以为下则顺,以为上则明,万物变而不乱。礼岂不至矣哉!"③对于这种明显突兀之说,有评论者甚至认为,关于圣人所制礼义,"它也许并不是个体中与生俱来的东西,但似乎潜存于宇宙的客观秩序之中……在使得社会秩序得以生成的时候,古代圣人们所做的不是'发明'一套主观的'礼'的体系,而是通过艰巨的反思过程来'发现'它"④。

第四,基于"天"与"人"不同的存在方式,圣人"知天"的设定是不合理的。根据早些时候的探究,荀子在《天论篇》中已经厘定了"天"与"人"在存在方式上的根本区分。简单地重述一下就是,"天"是永恒持存并且道德上中立的,"人"的"欲望"出自"天","欲望"亦是不可改变的,但是欲望的自然实现方式是可以完善的,完善的途径在于"义"的发挥以及圣人基于超群绝伦的个人之"义"所制定的"礼"。但是,必须指出,无论凡夫俗子之"义"还是圣人之"义",都是针对特定语境而进行的计划、辨识和思虑之能力——如果按照亚里士多德的术语,这种"实践理性"的主要对象是变动不居的人类实践活动,并且这种理智能力需要艰苦卓绝的不断训练和发挥,才可能达到一种优秀的状态。荀子自己在多个地方也都表达了这一基本立场。不过,他在《解蔽篇》也曾经构想了一种了然顿悟的"知天"状态:"虚一而静,谓之大清明。万物莫

① 《荀子集解》,《非相篇》,第79—80页。

② 《荀子集解》,《非十二子篇》,第104页。

③ 《荀子集解》,《礼论篇》,第346页。

④ [美]本杰明·史华兹:《古代中国的思想世界》,程钢译,南京:江苏人民出版社,2004年,第311页。

形而不见，莫见而不论，莫论而失位。坐于室而见四海，处于今而论久远，疏观万物而知其情，参稽治乱而通其度，经纬天地而材官万物，制割大理，而宇宙里矣。”[①]

至此，我们可以总结说，(1)亚里士多德的正义观念具有十分明确的形而上学基础，这种基础对于建立和发展他的正义理论不可或缺，但并没有能够充分完备地论证其正义理论内部各种观念之间的一致性或协调性，尤其是当他在作为“守法”和“与他人相关的德性之总体”的正义观念之外，设定现实城邦正义中可变的“自然的正义”以及“神的世界”中不变的“自然的正义”时，这种形而上学基础就被严重地动摇了。(2)在荀子儒学中，很难发现亚里士多德那样浓厚而明确的形而上学兴趣以及相应清晰的理论探索，可在荀子的礼义观念背后也隐含着诸多形而上学的预设。不过这些预设之间也并不能总是协调一致，譬如圣人制定礼义的经验性、建构性与普遍礼义之邦的可能性各自所预设的形而上学观念之间的冲突：前者预设了天人之分和天道与人道的别异性、独立性，后者则预设了人道或礼义在天道或“天行”中的深刻基础以及“知天”的可能性。(3)亚里士多德的正义观念和荀子的礼义观念与其形而上学的理论基础或理论预设之间的这些困境，是否昭示我们对伦理—政治性的实践哲学的探究或筹划可以或应该摆脱形而上学的奠基？基于篇幅所限，我们的基本立场是：一方面，没有形而上学基础或预设的伦理学或政治学将大大阻碍具有不同伦理和政治语境的人们对于异域伦理学或政治学的理解与

① 《荀子集解》,《解蔽篇》,第 385 页。

接受；①另一方面，一种富有成效的、有意义的伦理—政治上的交往，必将引导我们走向对各自伦理—政治观念背后或多或少、或明或暗的形而上学基础或预设的考察和检省，并且在此基础上才可能调整我们各自的形而上学基础或预设以及相应的伦理—政治观念。

① 相关讨论可参见：Sor-hoon Tan，"Li (Ritual / Rite) and Tian (Heaven / Nature) in the Xunzi：Does Confucian *li* need metaphysics?"，*Sophia*，Vol. 51，2012，pp. 155-175.

规矩的实践意义、价值原则及其根本缺陷

——略评“中国正义论”

□张丰乾[①]

【内容摘要】黄玉顺教授提出的“中国正义论”，一方面是对罗尔斯正义论的正面回应，另一方面也是对中国古代特别是儒家正义思想的再发掘。在此基础上，他着重阐发了“怎样的制度规范才是正当的并且适宜的”，认为儒家正义原则的确立是渊源于仁爱的。黄玉顺教授的系列工作体现了深切的现实关怀和敏锐的理论自觉，具有筚路蓝缕的功德，值得高度关注，并积极参与相关问题的讨论。本文认为，就思想资源而言，墨家也强调“义与不义”的区别，法家突出规矩制度的权威性、超越性。在道家看来，“仁义”是“道”和“德”缺失之后出现的价值原则，而规矩制度会造成自然本性的扭曲，乃至成为欺世盗名的工具，这是其根本缺陷。道家思想提醒我们思考规矩制度的负面作用是如何产生的、个人

① 作者简介：张丰乾，男，1973年生，中山大学哲学系副教授，研究方向为中国古代哲学、中国古代宗教。

的思想和行为与规矩制度发生冲突时该怎样处理等核心问题。故而，构建“中国正义论”，不能只局限于阐发儒家思想，还需要注意其他各派的理论，并对一系列的质疑做出有效的回答。根据当下的社会现实，构建中国正义论还需要回答程序正义如何实现，正义的化身是什么，以及怎样处理不同社群的多元化正义诉求等问题。

【关键词】黄玉顺；中国正义论；规矩；诸子；价值原则

一、“中国正义论”的必要及可能

我们对“正义”并不陌生，但说起“正义论”，则似乎是舶来品；而中国传统的正义观念和正义理论则散见于典籍之中，学界对于“仁义”和“义利”等问题讨论比较多，而对于传统正义思想的研究也多以梳理和还原为主，构建“中国正义论”的理论自觉和理论雄心比较欠缺。黄玉顺教授提出：“必须旗帜鲜明地提出‘中国正义论’。”这不仅是一种态度，而且可以代表学界理应努力的方向。他的系列工作无疑具有筚路蓝缕的功德，这是首先应该赞叹的。

关于构建“中国正义论”的必要性，黄玉顺教授指出：

众所周知，关于“义”或“正义”的问题一直以来就是儒学的一个基本主题，并在关于“仁义”、“礼义”、“义利”等话题的讨论中得到充分展开，积累了丰富的思想内涵、系统的理论资源，形成了一种作为东方价值观的中国正义论传统。

然而，遗憾的是，自近代“西学东渐”以来，尤其是“五四”以来，中国正义论便随着“打倒孔家店”、“全盘西化”而被屏蔽了。其严重结果是：在今日的思想界、学术界，在关于正义的理论问题研究、现实问题讨论中，处处充斥着“西方正义论”的话语霸权，再也没有了“中国正义论”的踪迹。不论在学术研究的文本中，还是在现实生活的言谈中，中国正义论都成为一个空白。这是一种可悲的"集体失语"：人们实际上往往只是在那里津津乐道地表达着西方的正义话语，转达着西方的正义观念，甚至传达着西方的正义立场。这就造成了一种严重的错觉，似乎中国文化传统从来就不曾有过自己的正义论。①

同时，"正义"在日常生活中，又是一个出现频率非常高的词，通行的工具书中把"正义"解释为："公正的、有利于人民的道理"（名词），如"伸张正义"、"主持正义"，及"公正的、有利于人民的"（形容词），如"正义的事业"、"正义的战争"。② 其中最能引起争议的恐怕是"有利于人民的"这样的偏颇的功利主义的界定，比如劳资合同，双方的利益都要兼顾；其他方面，生产者、经营者与消费者，政府、民众与社会组织等方面的利益都需要平衡。更何况，是否公正的、怎样才是有利于人民的往往有很多争议，眼下中国的现实是工人、农民受到很多不公正的待遇。

面对层出不穷的冲突和灾难，不能仅仅靠一些临时性的政策措施应急，而种种应急性措施是否符合正义也需要讨论。在世界范围内，各国国内的社会矛盾和国家之间的纠葛有增无减，使得思想界持续反思西方正义论的得失。③ 中国学者对于西方正义论的译介和研究比较热衷，而对于中国正义论的总结和阐发则处于

---

① 黄玉顺：《"中国正义论"——儒家制度伦理学的当代政治效应》，《文化纵横》2010年第4期。此文后以《必须旗帜鲜明地提出"中国正义论"——儒家制度伦理学的当代政治效应》为题刊布于中国儒学网：http://www.confuchina.com/03%20lunlizhengzhi/tichu%20zhongguo zhengyilun.htm。

② 中国社科院语言研究所词典编辑室：《现代汉语词典》，北京：商务印书馆，2002年增补本，第1607页。

③ 马晓燕：《多元时代的正义寻求——I.M.扬的政治哲学研究》，北京：光明日版出版社，2012年。

起步阶段。[①]

难能可贵的是，黄玉顺教授在这一领域的探索是深耕细作，而不是大而化之，这就给学界的深入讨论提供了很好的范本。

关于“中国正义论”的界定，黄玉顺教授有一段纲领性的论述：

> 所谓“中国正义论”(Chinese Theory of Justice)，指的是关于正义问题的中国理论，即中国文化传统中的正义观念尤其是儒家的正义思想在现代语境中的理论阐释。中国正义论是一个源远流长的传统，然而在“西学东渐”以后被人们长久遗忘了。鉴于当代国际国内重建社会规范及其制度的迫切的实践需要、为此建构一种真正普适的一般正义论的严谨的理论要求，我们必须旗帜鲜明地提出“中国正义论”。

在这样宏观的概论基础上，笔者以为构建中国正义论还需要回答“正义”的化身是什么，以及怎样处理不同社群的多元化正义诉求等问题。

从历史和现实来看，中国的民众似乎更依赖“正义的化身”，如“包青天”之类的官员，或者“行侠仗义”的江湖人士[②]，而较少诉之于制度或规范。比如，时至今日，形形色色的“访民”要远远多于“民告官”的起诉人。这就导致了“接访”、“截访”等特殊的政府行为，以及“群体上访”或“代理上访”等特殊的权利主张方式，其中滋生的新的冲突和矛盾更加错综复杂。

这也许是一个中国特色，即“政府”往往意味着“正义的化身”或者是“主持正义”的诉求对象，而立法、司法、执法机构又常常被

① 郭齐勇教授就此发表过数篇文章，参见氏著《再论儒家的政治哲学及其正义论》，《孔子研究》，2010年第6期。

② 这一类人最常见的是武艺高强，有能力摆脱官方或者豪强的武力束缚，如“七侠五义”；或者是机智过人，如“阿凡提”。

当成是政府部门。在这样的背景下,"中国正义论"的提法是否意味着"国家至上"而忽视了"中国人的正义论"就更值得追问。具体地说,政府如何遵循正义原则,政府行为如何限制,政府道歉规范怎样建立,国家赔偿机制怎样运作等问题应该是"中国正义论"首先需要给予明确回答的。

家庭规模缩小,家庭生活社会化,而社会群体或者共同体的多样化,也是当代中国社会的一大特征,这就必然对"一般正义论"提出挑战,性别、种族、年龄、地域、文化程度、职业都有可能成为主张特殊权利的理由,如何保护"少数人"、"临时性"的权利成为棘手的问题,因为"正当性"和"适宜性"会发生冲突——在中国,此类冲突更频繁地发生,比如医生与病人、物业与住户、城管与小贩、旅行社与旅客等等。而"盗亦有道"的问题也很突出,即"黑社会组织"也有一套"正义原则","讲义气"是这一类组织普遍奉行的原则。怎样公正地对待罪犯和犯罪嫌疑人也是很普遍的问题。

在法律领域,程序正义的原则也不可或缺。[①] 对于中国古代程序正义的源流,目前学术界还存在争议[②],反而是罗尔斯在他的

---

① 陈瑞华:《程序正义理论》,北京:中国法制出版社,2010年。

② 《礼记·王制》记载:"司寇正刑明辟以听狱讼,必三刺。有旨无简不听。附从轻,赦从重。凡制五刑,必即天论,邮罚丽于事。凡听五刑之讼,必原父子之亲,立君臣之义以权之。意论轻重之序,慎测浅深之量,以别之。悉其聪明,致其忠爱以尽之。疑狱,汜与众共之;众疑,赦之。必察小大之比以成之。"明代有比较完备的会审制度:"会官审录之例,定于洪武三十年。初制,有大狱必面讯。十四年,命法司论囚,拟律以奏,从翰林院、给事中及春坊正字、司直郎会议平允,然后覆奏论决。至是置政平、讼理二幡,审谕罪囚。""天顺三年,令每岁霜降后,三法司同公、侯、伯会审重囚,谓之朝审。历朝遂遵行之。成化十七年,命司礼太监一员会同三法司堂上官,于大理寺审录,谓之大审。南京则命内守备行之。自此定例,每五年辄大审。"(《明史·刑法志》)

《正义论》中对程序正义有具体的讨论[①]。黄玉顺教授关于"中国正义论"的论说,目前还集中于伦理学的层面,似乎还没涉及法律的领域。

在理论层面,对于"中国正义论"的必要性也还需要进一步具体化。黄玉顺教授业已指出:

> 所谓"中国正义论",乃是指的对于正义问题的一种中国式的提出方式、叙述方式、解决方式。但这并不意味着中国正义论或者西方正义论所处理的不是普适的正义问题,恰恰相反,不论是中国正义论,还是西方正义论,都是在试图处理普遍的正义问题,就此而言,不论是中国正义论,还是西方正义论,其实都是某种"一般正义论"。

既然要建构"真正普适的一般正义论",那么对于"中国止义论"的特殊性该怎样看待和处理?"中国正义论"在"提出方式、叙述方式、解决方式"等方面在"一般正义论"中的位置,仅仅是补充性元素,还是核心的内容?换言之,"真正普适的一般正义论"是否已经包括了"中国正义论",还是说,"中国正义论"构建完成之后,才会有"真正普适的一般正义论"?更为重要的是,"中国正义论"是否等同于"中国人的正义论"?

黄玉顺教授首先从"正当的并且是适宜的"角度,对"一般正义论"做了界定:

> 一般正义论所处理的是一个社会群体或所谓"共同体"(community)的组织原则的问题,或者说是社会秩序的建构原则的问题,即这样的问题:符合怎样一种原则的社会规范建构及其制度安排才是正义的?换句话说,怎样的制度规范才是正当的并且适宜的?

---

① 郭晶:《罗尔斯程序正义论》,山东大学硕士论文,2012年。

以此为基础，黄玉顺批评了罗尔斯（John Bordley Rawls，1921—2002）的正义论：

> 在这个问题上，罗尔斯的“正义论”存在着三点严重的甚至致命的缺陷：第一，他只涉及了制度的问题，而没有涉及规范的问题。但规范对于制度来说更具有优先性或基础性，制度是社会规范的制度化；并且显而易见，并非所有的社会规范都是可以制度化的，例如道德规范就不可能被制度化，并不存在“道德制度”。然而，任何社会规范都会面临着正义与否的判定问题，即都是需要正义论加以处理的。第二，他把“正义”问题片面地简单化为了“公平”问题，而谓之“作为公平的正义”（justice as fairness）；但实际上正义问题有着更为广泛的领域，涉及制度规范的正当性（公正性、公平性）、适宜性（时宜性、地宜性）。第三，他所提出的“正义的两个原则”，乃是所谓的“原始契约”。这就表明：它们已经是一种制度规范，而不是正义原则本身了，因为正义原则本身还不是制度设计，甚至也不是社会规范，而应该是先行于制度规范、为制度规范奠基的东西，亦即制度规范所要体现的某种价值原则。因此，我们可以说：罗尔斯实际上并没有提出任何真正的正义原则。

可见，黄玉顺教授提出的“中国正义论”的理论基础在于探求社会规范和制度的价值原则，亦即规范和制度得以建立的基础或衡量规范和制度的尺度，而不是规范和制度至上。我们不妨就此梳理一下中国古代关于“规范”的思想资源。

二、“规矩”及其价值原则

“规范”在古汉语中多意味着“模范”或“规模”，而更常见的说法是“绳墨”（“准绳”）及“规矩”，其本义是测量工具，《史记·夏本纪》记载大禹治水时“左准绳，右规矩，载四时，以开九州，通九道，陂九泽，度九山”。较之“制度”，引申意义上的“规范”的作用更为广泛和基础，《史记·礼书》云：“人道经纬万端，规矩无所不贯，诱进以仁义，束缚以刑罚。”

“绳墨”及“规矩”的对象最初是物品，而古代的思想家们常常把它们的属性和作用加以引申和发挥，尤其是对它们得以建立的价值原则和哲学基础非常重视，即便是日常生活的衣食住行，亦是如此。

制十有二幅以应十有二月，袂圜以应规，曲袷如矩以应方，负绳及踝以应直，下齐如权衡以应平。故规者，行举手以为容；负绳抱方者，以直其政，方其义也。故《易》曰：“坤六二之动，直以方也。”下齐如权衡者，以安志而平心也。五法已施，故圣人服之。故规矩取其无私，绳取其直，权衡取其平，故先王贵之。故可以为文，可以为武，可以摈相，可以治军旅，完且弗费，善衣之次也。（《礼记·深衣》）

衣服所体现的规矩，不仅具有使心志安定平和的功能，还能广泛应用于文化、军事、礼仪，可见其意义之重大。在驾驶中，对于规矩的掌握也可以引申出哲理。

内得于中心，而外合于马志，是故能进退履绳而旋曲中规矩，取道致远而气力有余，诚得其术也。得之于衔，应之于辔；得之于辔，应之于手；得之于手，应之于心。则不以目视，不以策驱；心闲体正，六辔不乱，而二十四蹄所投无差；回旋进退，莫不中节。然后舆轮之外可使无余辙，马蹄之外可使无余地；未尝觉山谷之险，原隰之夷，视之一也。（《列子·汤问》）

儒家常以“绳墨”及“规矩”的不可或缺来论证“礼”的重要性。

礼之于正国也，犹衡之于轻重也，绳墨之于曲直也，规矩之于方圆也。故衡诚悬，不可欺以轻重；绳墨诚陈，不可欺以曲直；规矩诚设，不可欺以方圆；君子审礼，不可诬以奸诈。是故，隆礼由礼，谓之有方之士；不隆礼不由礼，谓之无方之民。（《礼记·经解》）

孟子认为能工巧匠虽然极为灵巧，但离开规矩，也不能做成规则的物品；伟大的乐师尽管非常聪明，不依照音律，也不能调正五音；同样的道理，尧舜这样的圣王，不施行仁政，就不能使天下太平。

离娄之明，公输子之巧，不以规矩，不能成方圆；师旷之聪，不以六律，不能正五音；尧、舜之道，不以仁政，不能平治天下。今有仁心仁闻而民不被其泽，不可法于后世者，不行先王之道也。故曰：徒善不足以为政，徒法不能以自行。《诗》云："不愆不忘，率由旧章。"遵先王之法而过者，未之有也。

正如黄玉顺教授所指出的，在孟子那里，"正义原则的确立是渊源于仁爱的"①。不仅如此，孟子还进一步提出，有仁爱之心和仁爱的名声，但民众没有得到恩泽，又不能成为后世效法的榜样，是由于没有实行先王之道。孟子并非"泛道德主义者"，他认为只有善德，不足以进行政治活动；只有法度，不能够自动施行。而经过了历史检验，具有权威地位的"先王之法"就是遵循的对象。②更加值得注意的是，孟子指出圣人竭尽耳目心思之力，仍然有所

① 黄玉顺：《孟子正义论新解》，《人文杂志》，2009年第5期。

② 韩非子也不是笼统地反对"先王之法"，他屡屡推崇先王之法："上智捷举中事，必以先王之法为比。""先王之法曰：'臣毋或作威，毋或作利，从王之指；毋或作恶，从王之路。'古者世治之民，奉公法，废私术，专意一行，具以待任。"（《韩非子·有度》）

欠缺。

圣人既竭目力焉，继之以规矩准绳，以为方圆平直，不可胜用也；既竭耳力焉，继之以六律正五音，不可胜用也；既竭心思焉，继之以不忍人之政，而仁覆天下矣。（《孟子·离娄上》）

朱熹概括说："此言古之圣人，既竭耳目心思之力，然犹以为未足以遍天下、及后世，故制为法度以继续之，则其用不穷，而仁之所被者广矣。"（《孟子集注》卷七）而孔子所说"从心所欲不逾矩"，是以"知天命"为前提的。

三、"规矩"、"法度"的特性及其依据

法家韩非子强调"规矩"和"法度"的公正性、独立性和不可逾越性。

巧匠目意中绳，然必先以规矩为度；上智捷举中事，必以先王之法为比。故绳直而枉木斲，准夷而高科削，权衡悬而重益轻，斗石设而多益少。故以法治国，举措而已矣。法不阿贵，绳不挠曲。法之所加，智者弗能辞，勇者弗敢争。（《韩非子·有度》）

韩非子所说的"法"，包括现代语境下制度和法律在内。而对于"规矩"，韩非子把它上升到"理"的层面，并结合老子的思想，提出"规矩在先"。

凡物之有形者，易裁也，易割也。何以论之？有形，则有短长；有短长，则有小大；有小大，则有方圆；有方圆，则有坚脆；有坚脆，则有轻重；有轻重，则有白黑。短长、大小、方圆、坚脆、轻重、白黑之谓理。理定而物易割也。故议于大庭而后言则立，权议之士知之矣。故欲成方圆而随其规矩，则万事之功形矣。而万物莫

不有规矩。议言之士，计会规矩也。圣人尽随于万物之规矩，故曰："不敢为天下先。"不敢为天下先，则事无不事，功无不功，则议必盖世，欲无处大官，其可得乎？处大官之谓为成事长，是以故曰："不敢为天下先，故能为成事长。"（《韩非子·解老》）

《淮南子》则以为权衡规矩的特性是独立、稳定和持久的，超越于地域、民族、时间、政权、人生境遇。

今夫权衡规矩，一定而不易，不为秦、楚变节，不为胡、越改容，常一而不邪，方行而不流，一日刑之，万世传之，而以无为为之，故国有亡主，而世无废道；人有困穷，而理无不通。由此观之，无为者，道之宗。（《淮南子·主术》）

值得注意的是，在中国古代思想中，"规矩"并非人们随意制定的，而是以"天"或"道"为最终的依据。

子墨子言曰：我有天志，譬若轮人之有规，匠人之有矩。轮匠执其规矩，以度天下之方圆，曰："中者是也，不中者非也。"今天下之士君子之书，不可胜载，言语不可尽计，上说诸侯，下说列士，其于仁义则大相远也。何以知之？曰：我得天下之明法以度之。

墨子强调"明法"，正是说明"法"需要以正当而明确的价值理念作为基础。墨子还提出以"义与不义"作为衡量行为及法度正当性的尺度，个人的偷盗行为就是"不仁义"的行为，而更重要的是分辨清楚战争行为是否符合仁义。

今有一人，入人园圃，窃其桃李，众闻则非之，上为政者得则罚之。此何也？以亏人自利也。至攘人犬豕鸡豚者，其不义，又甚入人园圃窃桃李。是何故也？以亏人愈多。苟亏人愈多，其不仁兹甚，罪益厚。至入人栏厩，取人马牛者，其不仁义又甚攘人犬豕鸡豚。此何故也？以其亏人愈多。苟亏人愈多，其不仁兹甚，罪益厚。至杀不辜人也，扡其衣裘、取戈剑者，其不义又甚入人栏厩、取人马牛。此何故也？以其亏人愈多。苟亏人愈多，其不仁兹甚矣，罪益厚。当此天下之君子皆知而非之，谓之不义。今至大为攻国，则弗知非，从而誉之，谓之义。此可谓知义与不义之别乎？

杀一人，谓之不义，必有一死罪矣。若以此说往，杀十人，十重不义，必有十死罪矣。杀百人，百重不义，必有百死罪矣。当此天下之君子皆知而非之，谓之不义。今至大为不义攻国，则弗知而非，从而誉之，谓之义。情不知其不义也，故书其言以遗后世。若知其不义也，夫奚说书其不义以遗后世哉？

今有人于此，少见黑曰黑，多见黑曰白，则以此人不知白黑之辨矣。少尝苦曰苦，多尝苦曰甘，则必以此人为不知甘苦之辨矣。今小为非，则知而非之。大为非攻国，则不知而非，从而誉之，谓之义。此可谓知义与不义之辨乎？是以知天下之君子也，辨义与不义之乱也。

而在《吕氏春秋》之中，即便是针对不可替代的“先王之法”，假如没有区别“义与不义”，那就是最大的“不义”，会对民众造成最大的伤害：

先王之法曰：“为善者赏，为不善者罚。”古之道也，不可易。今不别其义与不义，而疾取救守，不义莫大焉，害天下之民者莫甚焉。（《吕氏春秋·禁塞》）

上述文献中都是正面肯定规矩制度的作用，上升到了“义”与“不义”的高度，并论述了规矩制度之所以建立、施行、有效及不可更易的终极依据。故而，讨论中国正义论，不能只局限于儒家。

四、"规矩"面临的风险及其根本缺陷

在道家看来,"仁义"是"道"和"德"缺失之后出现的价值原则,而规矩制度会造成自然本性的扭曲,乃至成为欺世盗名的工具,这是其根本缺陷。道家思想提醒我们思考:规矩制度的负面作用是如何产生的?个人的思想和行为与规矩制度发生冲突,该怎样处理?

《庄子·逍遥游》中,不符合绳墨规矩裁量的大樗命运如何受到了讨论:

惠子谓庄子曰:"吾有大树,人谓之樗。其大本拥肿而不中绳墨,其小枝卷曲而不中规矩。立之涂,匠者不顾。今子之言,大而无用,众所同去也。"庄子曰:"子独不见狸狌乎?卑身而伏,以候敖者;东西跳梁,不辟高下;中于机辟,死于罔罟。今夫斄牛,其大若垂天之云。此能为大矣,而不能执鼠。今子有大树,患其无用,何不树之于无何有之乡,广莫之野,彷徨乎无为其侧,逍遥乎寝卧其下。不夭斤斧,物无害者,无所可用,安所困苦哉!"

"无何有之乡,广莫之野"与"世外桃源"一样,成为隐士们的追求。但《庄子·人间世》云:

天下有大戒二:其一命也,其一义也。子之爱亲,命也,不可解于心;臣之君,义也,无适而非君也,无所逃于天地之间。是之谓大戒。

所谓的"命"就是难以排解出去的父子之情,何尝不是"自然"?而"义"则是无法逃避的社会伦理。我们可以说"无何有之乡,广莫之野"实为空想,但是这样的空想却为反思规范与制度的负面作用提供了立足点。

《庄子》外篇、杂篇中则对“钩绳规矩”乃至“礼乐仁义”提出了强烈的批评：

且夫待钩绳规矩而正者，是削其性者也；待绳约胶漆而固者，是侵其德者也；屈折礼乐，呴俞仁义，以慰天下之心者，此失其常然也。天下有常然。常然者，曲者不以钩，直者不以绳，圆者不以规，方者不以矩，附离不以胶漆，约束不以纆索。故天下诱然皆生而不知其所以生，同焉皆得而不知其所以得。故古今不二，不可亏也。则仁义又奚连连如胶漆纆索而游乎道德之间为哉，使天下惑也！（《庄子·骈拇》）

“削其性、侵其德、失其常然”无疑是对规矩绳墨最严重的指责。但其作者随即也提出了“常然”状态下“曲”、“直”、“圆”、“方”都不再依赖丁“钩绳规矩”，无论是结合还是约束，也都不需要“胶”、“漆”、“纆”、“索”这样的中介，而“仁义”正是如“胶”、“漆”、“纆”、“索”一般，在“道”和“德”之间游荡，使天下人疑惑。不仅如此，精心制作“礼乐”，拔高“仁义”的作用，还导致了民众偏好智巧，争相以利益为原则，无法制止。这是理想时代的倒退，也是“圣人”的过错。

夫赫胥氏之时，民居不知所为，行不知所之，含哺而熙，鼓腹而游，民能以此矣。及至圣人，屈折礼乐以匡正天下之形，悬跂仁义以慰天下之心，而民乃始踶跂好知，争归于利，不可止也。此亦圣人之过也。（《庄子·马蹄》）

可见，庄子后学并非否认社会规范和仁义原则有“匡正”和“慰藉”的功能，而是更关注其“异化”之后的严重后果，《庄子·胠箧》之中的论说堪称经典。

尝试论之，世俗之所谓至知者，有不为大盗积者乎？所谓至圣者，有不为大盗守者乎？何以知其然邪？昔者龙逢斩，比干剖，苌弘胣，子胥靡，故四子之贤而身不免乎戮。故跖之徒问于跖曰："盗亦有道乎？"跖曰："何适而无有道邪！"夫妄意室中之藏，圣也；入先，勇也；出后，义也；知可否，知也；分均，仁也。五者不备而能成大盗者，天下未之有也。由是观之，善人不得圣人之道不立，跖不得圣人之道不行；天下之善人少而不善人多，则圣人之利天下也少而害天下也多。故曰，唇竭则齿寒，鲁酒薄而邯郸围，圣人生而大盗起。掊击圣人，纵舍盗贼，而天下始治矣。夫川竭而谷虚，丘夷而渊实。圣人已死，则大道不起，天下平而无故矣。

圣人不死，大盗不止。虽重圣人而治天下，则是重利盗跖也。为之斗斛以量之，则并与斗斛而窃之；为之权衡以称之，则并与权衡而窃之；为之符玺以信之，则并与符玺而窃之；为之仁义以矫之，则并与仁义而窃之。何以知其然邪？彼窃钩者诛，窃国者为诸侯，诸侯之门而仁义存焉，则是非窃仁义圣知邪？故逐于大盗，揭诸侯，窃仁义并斗斛权衡符玺之利者，虽有轩冕之赏弗能劝，斧钺之威弗能禁。此重利盗跖而使不可禁者，是乃圣人之过也。

概而言之，价值原则和社会规范不仅存在被盗用的风险，而且已经发生过被盗用之后行窃者高高在上，而贤能者被残酷迫害的严重事件。"窃钩者诛，窃国者为诸侯"确实是对正义的嘲讽和践踏——其名义却常常是"正义"！

可见，"经"与"权"都有被扭曲、被滥用乃至被盗用的风险。与此相关，还必须仔细斟酌"正当性"与"适宜性"之间的张力。

故而，构建正义论，我们不能忘记先贤的冷静反思和尖锐质疑。如何突破困局，除了寻求正义在制度和规范层面的落实之外，还可以有更积极主动的选择：

夫事其亲者，不择地而安之，孝之至也；夫事其君者，不择事而安之，忠之盛也；自事其心者，哀乐不易施乎前，知其不可奈何而安之若命，德之至也。为人臣、子者，固有所不得已。行事之情

而忘其身，何暇至于悦生而恶死！（《庄子·人间世》）

德行的极致，就是不假思索、不讲条件、不做拣选地去做自己应该做的事，做到父母、君主、自己都处于“安然”的状态，按照事物的本质属性行事而忘掉自身的特殊，哪还有闲散到喜欢活着而厌恶死亡？这样的状态应该就是“自在”吧！

公义语境下的儒家社会正义原则

——与黄玉顺教授商榷

□田超①

【内容摘要】近些年来，如何在中国建立社会正义理论成为学界讨论的热点，其中，如何利用中国传统思想资源来建构尤其重要。黄玉顺先生对此进行了深入研究，并提出两条正义原则：正当性原则和适宜性原则。对此，本文进行了针对性分析，认为应该代之以公私权责对应原则和正当性原则。

【关键词】公义；儒家；社会正义；黄玉顺

近些年来，随着中国经济快速发展，社会利益分配格局趋向于多元化，一些长期以来积累的社会矛盾变得突出起来，民众对社会正义的诉求日益高涨。当下，我们处于古今中西思想激烈交汇的时代。我们不能忽视传统，但也不能忽视传统出现的问题；不能无视西方的正义理论，但也不能一味照搬。当下中国需要的

① 作者简介：田超，清华大学哲学博士，美国哥伦比亚大学访问学者，现供职于山东省行政管理科学研究所。

社会正义理论要立足于传统,但又不能局限于传统,而应该指向社会现实。如何在古今中西的语境下进行社会正义研究,换言之,如何探讨中国语境下的正义论问题,就成了中国哲学领域学者们要面对的问题。

一、公义与社会正义

"正义"一词来自古希腊哲学。在《理想国》中,柏拉图追问:什么是正义?在讨论正义的诸多含义之后,柏拉图将最大的正义归之于城邦的正义。可以说,《理想国》中的这个问题开创了西方的政治哲学传统。那么,在中国传统里面是否有与"正义"一词相对应的概念呢?

黄玉顺先生认为,西方哲学的正义可以和中国哲学的义之间既存在非等同性,也存在着可对应性,两个概念之间可以互相指涉。换言之,在研究中国哲学的正义理论时,可以直接使用义的概念。对此,黄先生举了两个例子。第一个例子,在西方国王被称为King,在中国称为王。当然King和王内涵有区别,但是在翻译的时候,却可以这么翻译。第二个例子,外国人用的是Dollar,翻译过来就是元。虽然Dollar和元的价值不同,但是可以这么使用,以便于交流。

黄先生因之认为,对于义与正义,也应该这样来对应理解。因为两者虽然在内涵上有非等同性,但是同时具有可对应性,因此可以将义理解为正义来使用。[①] 黄先生所提出来的非等同性和可对应性对理解中西语言的翻译问题来说是个很好的交流框架,不过,如果要将中国传统中的义与西方传统中的正义对应起来,可能还需要一些诠释。黄先生所提出的非等同性和可对应性在分析翻译过程中的一些专有名词还是有效的,但是如果用这个方

① 黄玉顺:《爱与思——生活儒学的观念》,成都:四川大学出版社,2006年,第33页。

法来分析哲学上的复杂概念，有时候不是那么对应。比如，哲学概念和桌子椅子等物品不同，很难用这种相似性就能径直翻译。正如在西方汉学家翻译中国的天概念一样，最初是把天翻译成heaven，这个词算得上是和中国的天最相像的一个词了。但是，后来汉学家们发现，这个翻译很不好，因为heaven背后预设了一个西方式的命定论的天，这与中国的天根本不同。对此，安乐哲先生宁可将其音译为Tian。[①] 从这个例子可以看出，在翻译哲学概念时要注意不同哲学背景背后的语境不同。义与正义两个概念也是这样，两个词背后存在不同的哲学背景。

那么，义和正义之间在内涵上有何异同？在儒家传统中，义首先是一个伦理化的概念，代表人的一种德性，其基本内涵是一种道德理性和实践德性实践所必需的道德意志。儒家主张通过施行这种义原则推进个人的成德之途、推进社会教化。因此，义更多的是一种安身立命的价值根基，和个人的修养问题密切相关。正义，在古希腊哲学中是处理城邦之间事务所依据的一个客观准则。在古希腊时期，正义也是人所应该具备的一种德性。但是，到了近代以来，在西方启蒙运动的推动下，产生了自由主义体系下的社会正义理论。在这里，正义的指向从一种古典德性转变为处理现实社会中不同人的利益需求的基本准则，其所指涉的重点成了分配正义，而无关于人的德性。至于人的德性问题，则更多的是个人自由选择的权利，和正义理论无关。近代以来，社会正义成了西方政治哲学的一个核心概念。而在儒家传统中，义则始终是一个伦理概念。

那么，它们之间的联系是什么？应该说，义原则背后也蕴含着正当性的属性。但是从义到正义之间不能直接跳跃过去，中间必须经过一个过渡。在儒家传统中，义首先指涉个人的伦理精神。但是，处理社会正义问题，则不仅仅是个人的问题，其背后蕴

① 安乐哲：《和而不同——中西哲学的会通》，温海明等译，北京：北京大学出版社，2009年，第328页。

含着公平概念,即对所有人都一样对待,即每个人都有平等的权利。可见,正义概念是处理人与人之间关系的概念。可见,从义到正义,中间需要的是一个他者的概念。从处理个人与他者之间关系的角度来分析,这时的义原则即可说是正义原则。也就是说,正义原则本质上处理的是人与人之间关系、群体与个人之间关系的原则,而对个人来说无所谓正义与否。

从儒学的角度来分析,处理这种人与他人关系的义原则是义内涵一直关注的问题。孔子和孟子都非常重视这个问题。但是,从群体本位角度进行个人与他人关系的处理还是从荀子开始的。在荀子思想中,处理多个人的义原则,如前文所述,即是公义。可见,在儒学系统中,最能够和社会正义概念对应的概念不是义,而是公义。所谓公义,是一个群体所承担的道义责任。不同层次的公共范围,其主体承担着不同的义的责任。对一个家庭来说,维系家庭和睦是义。对一个国家来说,其责任主体是统治阶层,对他们的道义责任即儒学所谓统治阶层应该承担的天下为公的王道责任,核心问题是政治正当性问题。一个国家所实现了的义,即社会正义。在儒家系统中,推行公义是儒家伦理的必然指向。

二、儒学正义论的两个前提问题

如上所述,一方面要看到,正义与义背后有着不同的思想背景,另一方面,也不能将正义与义对应起来。换言之,儒学的正义思想不光体现在对义的论述里,也体现在其他方面,问题是如何去阐释这种正义理论。

出于儒者深切的社会关怀和担当精神,黄玉顺先生近些年来致力于中国正义论研究,这令人深深敬佩。他在《中国正义论纲要》一文中提出"中国正义论"并给予一个概要性质的阐述,并提出儒家正义论的两个原则。鉴于黄先生主要取法的资源也是儒家理论系统,因此本文即从先秦儒学正义论的角度对黄先生的思想进行阐释。在解读黄先生的两条正义原则之前,首先要分析两个问题。第一，在先秦儒学中，所谓正义理论的论域是不是利益问题？第二，在先秦儒学理论中，利益冲突的来源是仁爱吗？

黄玉顺先生认为中国正义论的论域是利益问题，他说："对于制度规范的建构来说，正义原则之所以是必要的，是由于群体生活中的利益冲突问题。这是古今中外一切正义论所共有的论域。例如罗尔斯说：由于这些人对由他们协力产生的较大利益怎样分配并不是无动于衷的，这样就产生了一种利益的冲突，就需要一系列原则来指导在各种不同的决定利益分配的社会安排之间进行选择，达到一种有关恰当的分配份额的契约。这些所需要的原则就是社会正义的原则。……总之，正义问题是与利益问题密切相关的，人们之所以提出正义原则并由此来建立制度规范，就是为了解决利益冲突问题。"①他进而指出，这一条孔孟没有很好地阐发，而"最早正式明确提出并且充分强调利益问题的，乃是荀子"。

在先秦儒学中，正义论的论域是不是利益问题？其实，先秦儒学中正义观念的主要指向还不是利益问题，而是道德问题。乍看上去，这句话和黄先生的表述是一个意思：道德问题即义利之辨，最终要解决的还是利益问题。但是，二者有根本的区别。在先秦时期，儒学对于正义观念的论述落脚于道德完善的问题上，即个人或者群体的正义与否取决于此人或者这个群体是否追求道德的完善。在这个论域中，虽然先秦儒家都用义利之辨来解决利益冲突问题，但是本身的目的并不是解决义利冲突，而是完善自己的德性。在西方，则一直到近代以来，随着启蒙运动的兴起和个人自然权利的完善，社会正义思想才真正从个人利益及其相互之间的冲突这个角度来探讨。荀子论证礼义的必要性确实是从利益冲突的角度来分析的，但是解决利益冲突本身并不是荀子正义论的目的，其根本目的乃是弘扬礼义之统，仍然是一种古典

① 黄玉顺：《中国正义论纲要》，《四川大学学报(哲学社会科学版)》，2009年第5期。

哲学的伦理化模式。

可见，要理解先秦时期的正义论，首先要注意先秦儒学的古典哲学特征，即，探讨正义观念的目的是弘扬德性，而不是解决利益冲突。其实，这一点无论中西都是一样的。在柏拉图的《理想国》中，探讨正义问题，首先的切入点就是正义作为一种个人的德性问题，随后在论证中，柏拉图将正义区分为个人的灵魂正义和城邦正义。但是，二者之中，灵魂正义是城邦正义的内在本质和理论基础，城邦正义则是灵魂正义的外在显现，这一点和中国先秦儒学的"以己推人"模式有类似的地方，这体现了古典伦理学关注的核心问题乃是人的德性问题。

但是，问题在于，西方在近代以来，随着启蒙运动的发展，逐渐走出了古典伦理学的模式，开始在个人自然权利的基础上探讨正义问题，正义问题因之进行了一个彻底的转向，即从关注人的德性，到关注人的权利，权利优先于德性。作为自觉回归康德传统的罗尔斯正义理论，显然是建立在这种理论基础之上的。因之，罗尔斯从利益冲突的角度来分析正义问题，是不言自明的。可见，虽然正义问题都会参与解决利益冲突问题，但是利益冲突问题并不是古今中外一切正义论所共有的论域，起码要意识到的是古今中外的一些区别。

此外，黄先生认为，中国正义论中利益冲突的来源是仁爱。他说："荀子提出而被后世长久忽略的'利欲源于仁爱'的思想或许'惊世骇俗'，然而具有特别深刻重大的意义。……人们可能会有疑问：利益冲突难道是由仁爱导致的吗？其实道理不难理解，如果说正义问题是由利益冲突引起的，那么在儒家思想中，仁爱既然是一切事物的本源所在，那么仁爱必定也同样是利益冲突的本源所在。……这一点在荀子那里却是明白无误的，这就是他的'爱利'（爱而利之）思想。"[①]黄先生进而用"爱有差等"的资源阐释了仁爱何以导致利益冲突。那么，导致利益冲突的是不是仁爱？

---

① 黄玉顺：《中国正义论纲要》。

黄玉顺先生的“仁爱导致利益冲突论”主要文本资源来自《荀子》，但是荀子文本中所谓爱，在内涵上与仁爱并不完全一致。荀子文本中所谓爱不是孔子的所谓仁，而是一种个人的偏爱，属于荀子所谓的人性论中的情范畴。在荀子，人性生而好利，那么人对利益有自己的偏爱，从而导致利益冲突，这是没有问题的。但是，这种爱显然不是孔子所谓仁，甚至也不是荀子所谓仁。荀子说：“君子处仁以义，然后仁也。”（《荀子·大略》）荀子说，君子以义的原则来实施仁的法则，这才是真正做到了仁。可见，荀子所谓仁是以义原则为基础。仁和义一样，来自礼义之统，是一种反思后的理性法则。仁虽然可以体现为具体的情感，但是显然不能理解为偏爱本身。黄先生认为，儒家认为仁爱是一种形而上者的本体，因此，必须以仁爱来说明一切存在者之存在何以可能。既然仁爱能导致善，那么也就应该能导致利益冲突。[①] 在先秦儒学看来，导致利益冲突的原因是德性的缺失和个人私欲的泛滥，这一点，孔孟荀是一致的。

三、儒学正义论的两条原则

在具体探讨正义原则的时候，黄先生提出两条正义原则：正当性原则和适宜性原则，本文拟对此进行解读。

（一）公私权责对应原则

黄玉顺先生首先提出了正当性原则。他说：“正当性原则要求社会规范建构及其制度安排是正当的。……作为正义原则的正当性，并不是指依据某种现存的制度规范来判定的行为是否正当，而是指这种制度规范本身是否正当。”[②]在他看来，这种正当性

① 黄玉顺：《孔子的正义论》，《中国社会科学院研究生院学报》，2010年第2期。

② 黄玉顺：《中国正义论纲要》。

原则体现在以下两个方面：公正性原则和公平性原则。公正性原则是对群体公利的尊重，公平性原则是对他者私利的尊重。无论是公正性原则，还是公平性原则，概括起来，都是用正当性原则来处理利益的问题。从本文探讨义利之辨的论述来看，这其中分别涉及义原则对公利和私利的关系问题。其中，公正性原则可以用本文所谓公义和公利的关系来概括，即处理公共利益问题，要站在公义的立场上。公平性原则针对的则是私人的利益，即人人平等享有不受侵犯的权利。

可见，正当性原则背后的理论预设是自我和他者之间的关系，概括地说，即要以义的原则来处理群体和私人之间的利益关系。换言之，即公私各得其所，互相不侵犯。这样就需要首先树立公私权界的观念，即公共领域与私人领域的划分，在公共领域的正义原则是社会性道德，在私人领域的正义原则是宗教性道德。如果公私权责不明，推行社会正义就比较困难。所谓公私权责，就是在公共领域及其代理机构和私人领域之间划定界限，并且确立双方的权利和责任，力求在区分的基础上进行沟通和交流。如果公私权界不清晰，就会导致公私不分，公私界限模糊，甚至损公肥私的现象。这样导致公共利益容易受到侵犯，而个人权益也容易受到公共权力的侵蚀。这种现状导致社会公私秩序在“失范”的情况下更加趋向于失去秩序，贫富差距扩大，社会安全受到危害，社会正义从而处于危机之中。可见，对于社会正义问题来说，公私权界混乱是导致社会正义无法实现的根本原因。对此，沈晓阳先生明确地提出：公私划界是社会正义的第一要务。他说：“公与私，是两类分离的利益主体。……公与私、个人与集体，是既互相依存又互相制约的矛盾双方。既是矛盾双方，我们就要肯定它们的独立存在，分清两者之间的界限。……今天我们要建立的市场经济是社会主义市场经济，它必须以公有制为主体，这就要求我们以更大的注意力处理好个人与集体的关系。因此我们要努力改变目前在一定程度上存在的群己不分、公私不分的局面，确定群己之间、公私之间的权利界限。”对于推进公私划界的具体措施,沈先生这样概括:"当前,实现社会正义首先是要实现公私划界。实现公私划界,第一,要明确公私之分,确定科学的个人观念和集体观念,改变群己不分、公私混淆的局面;第二,要规范公私交换,保证交换主体的正当性、交换内容的合理性、交换比例的相应性和交换程序的合法性;第三,要严禁公私相侵,通过体制、法制和道德三种途径来禁止和纠正公私相侵的现象。"①

针对黄先生的第一条正当性原则,本文认为,正当性原则预设的背景是公私之分,正义原则的制定需要以公私权界作为基础,否则的话,正义原则有可能会流于异化。公私权界是正当性原则的基础,只有在公私权界的基础上,正当性原则才能获得真正的意义。因此,本文所提出的第一条正义论原则为:公私权界对应原则。所谓公私权界对应,指的是公德与私德的区分,在公德领域,所谓正义即是指对全体民众利益的保护和尊重。在此基础上,用社会性道德处理一系列群体性问题,具有强制性。在这种情况下,完成社会性道德的举动只能算是完成了公民的责任,不算是一种私人德性的德性。比如,在公共场合不吸烟。这一条法则属于社会性公德,做到它不算是什么德性,但是做不到的话,则说明此人道德有问题。可见,社会性道德属于一种底线道德或者低度道德。在私德领域,所谓正义的前提是对私人的权利进行保护。在私德领域,个人正义实现的前提是对个人合法权益的保护。在这个基础上,个人的信仰选择则拥有自由。

这一条原则相对于黄先生的正当性原则来说,主要强调的是社会正义问题的深层原因是公私权界问题。没有这一条原则作为社会正义原则的基础,社会正义的正当性显然会打上折扣,无法真正实现正当性原则所应该体现出的价值。

(二)正当性原则

黄玉顺先生的第二条原则是适宜性原则:"在中国正义论看

---

① 沈晓阳:《公私划界——社会正义的第一要义》,《山东理工大学学报》,2002年第6期,第35页。

来，只有正当性原则是不够的，还须有适宜性原则。……适宜性原则要求社会规范建构及其制度安排是适宜的。……作为正义原则的适宜性，并不是说的某种行为是否符合某种现存既有的制度规范，而是说的这种制度规范本身是否符合人们当下的生活情境。……适宜性原则有两个方面的准则：历时性的时宜、共时性的地宜。……如果说一种制度规范的正义性取决于它的正当性，那么，这种正当性则必须落实于它的适宜性。”[①]适宜性原则可以概括为按照时间和地点的差异性进行适宜性调整。这一条原则是对正当性原则的补充。黄先生说：“以上对地宜性准则和时宜性准则的分析表明，中国正义论的适宜性原则意味着：如果说一种制度规范的争议性取决于它的正当性，那么，这种正当性则必须落实于它的适宜性。换句话说，一种制度规范之所以是正义的，不仅在于它是公正、公平的，而且在于它是合乎地宜、合乎时宜的。这里的一个关键问题是：公利和私利的区分，这本身就不是一个非空间性、非时间性的抽象问题，而是一个存在着共时差异、历时差异的具体问题。”[②]

这里可能会有以下两个问题。第一，适宜性原则预设了正当性原则会出现互相矛盾的情况。很多时候，对于同一件事情，不同的人有不同的正当性的判断。这样，用适宜性原则就会削减正当性原则的崇高性。所谓义利之辨，讲究的就是义原则在出现义利矛盾的时候所展现出来的道德崇高性，这样的崇高性会在正当性矛盾的时候和适宜性的调整中受到削弱。比如，《孟子》中描述孟子装病不去见齐王的故事（见《孟子·公孙丑下》）。景丑批评孟子，按照当时的礼制，君主召见，臣子应该尽快觐见。但是孟子提出，这种礼制在某种程度上是不正义的，所以不必遵行。那么，孟子据以认为其不正义的理论依据是什么呢？是“大有为之君，必有不召之臣”。因此，孟子认为不必遵守礼制。但是，孟子所谓

① 黄玉顺：《中国正义论纲要》。

② 黄玉顺：《中国正义论纲要》。

正当性只是他自己的想法,绝大多数儒家学者都认为,至少身边的景丑都认为“君命召,不俟驾”是当时的一条基本礼制法则。尤其是这一条法则还是孔子非常看重的。在黄先生的正义原则理论里,孟子依据他的这种正当性理论对礼制法则进行修正无疑是正当的。但是,如果这样的话,每个人都有制造正当性法则的充分正义依据。比如,欠债还钱是一个基本道德法则,但是某人可以认为自己刚刚股市破产,或者自己刚帮过债主的忙,总是有很多的理由,足以让欠债人认为自己不还钱是天经地义的。如果你指责他不讲正义,他可以用适宜性原则为自己辩解,比如不论是时宜性法则还是地宜性法则都是可以找到理由的。

可见,这个适宜性法则对于正当性法则是有削弱意义的。在孟子时代,“君命召,不俟驾”是个礼制法则,在刚才的例子里,欠债还钱是个基本法则。但是,在适宜性法则的论域里,这两点都可以放在适宜性法则的外延里进行处理。在公私权界基础之上,对于这两条法则的实施,需要的是社会性道德,甚至是法制,因而不涉及适宜性的问题。在个人违反了社会性道德之后,就应该承认自己的失德,而不应该以适宜性原则来为自己开脱。可见,在正义论体系中,应该明确公共领域与私人领域的界限,在公共领域中应该实施社会性道德,即公德,在这里不但不需要适宜性法则,而且适宜性法则会对正当性法则进行侵蚀。至于私人领域,则是宗教性道德的范围,在这个范围里面,每个个人有充分的信仰自由和选择自由,只要能遵守社会性道德,个人则不受其他强制性理念的引导。可见,在这种情况下,适宜性法则的存在就变成了一种原则外的调节性功能,不应该再予以一种基本原则的地位。对此,相比于适宜性原则,本文认为此处应该重新提出正当性原则。

这里所提出的正当性原则,是说在公私权界基础之上,无论是个人还是群体,所展现的道德都是一种崇高性的道德光辉,在这里展现的是传统哲学义利之辨的理论光辉,这种义利之辨具有德性上的正当性,是处理社会正义问题的正当性标准。换言之,所谓正当性原则，是说在义利出现矛盾的时候，个人应该严于义利之辨，在道德行为中展示道德的崇高性。

前文已述，要真正实现义利之辨，必须以公私权界作为标准。相应地，在公私权界的基础之上，义利之辨则可以充分地展开。这是因为这时候的正义行为已经有了权利保障，不会被迫地去从事所谓的“正义”、“高尚”的行为。在这里，个人进行义利之辨的时候可以完全出于自己的自由意志，不受干扰。在这种情况之下，个体的道德行为即使到了一种非常极端的情况，也是可以的。比如，一个富翁出于道德原则将亿万家产都捐给穷人。这固然说明他是懂得关怀弱势群体的有德之人，也值得尊重，但是这并不能成为造成其他捐款数额较少的人自认为道德落后的原因。之所以如此是因为他的捐款是他的私人行为，价值来源出于他的自由意志，仅此而已。可见，在正当性原则范围里，道德行为呈现出一种多元化的状态，道德也成为每个人显示自我道德光辉的一个内在价值根源，是人类自我认同、自我发展的体现。

在传统社会，由于无法对公德私德作出深入区分，因此义利之辨的实现受到障碍。儒家义利之辨中之所以如此弘扬义原则是站在批评唯利是图和见利忘义等社会现象的立场上的。如果没有义利之辨，或者说不重视义利之辨，那么儒学的道德精神亦必受到遮蔽而不能彰显。因此，严于义利之辨是其必然要求。

第二条的正当性原则和黄先生的适宜性原则相比，有了一些区别。在黄先生那里，适宜性原则是对正当性原则在现实世界里落实问题的补充，可以弥补正当性原则过于强制的色彩。但是，正当性原则恰恰不是对公私权界对应原则的一种补充，而是在公私权界对应原则基础上的社会正义的全幅体现。由于公私权界对应原则已经对公共事务和个人权益进行了界定，因此，个人的道德抉择就应该充分发扬自身德性崇高性，高扬义利之辨。

总之，在本文的论述范围里，对于黄先生的两个正义论原则应该进行进一步的分析，以求在儒学正义论这个问题上继续进行探讨。从形式上看，本文所提出的两条正义原则与黄先生的两条正义原则相比，不太一样。本文认为社会正义的首要原则不应该是在价值上的正当性，而应是在社会生活中的公私权责对应。在此基础上，正当性原则才能得到彰显。而在公私权责对应的基础之上，就应该严于义利之辨，不再重视所谓的适宜性问题。黄先生的正义原则基本上是对先秦时期儒家正义论的准确概括，但是，这种概括仍然是传统伦理本位照耀下的正义原则。中国的传统正义思想固然具有伟大的意义，但是在现代社会中需要针对现代性理论进行进一步的分析和诠释，以求其适应现代社会并引领现代社会的价值走向，从而获得民众根深蒂固的吸收和借鉴。

从传统与现代化看儒家伦理的当代使命

□姚新中[①]

从20世纪80年代初开始，随着经济的迅猛发展和社会文化的深刻变革，中国各个方面都发生了翻天覆地的变化。这些变化不但重塑了中国人的经济形态、社会结构和政治理念，而且冲击了传统的道德价值观、人生观、信仰信念、原则规范和思维方式。也就是说，我们所有的伦理道德传统，在现代化进程中和全球化背景下，都已经和正在经历前所未有的现代化转换。

在现代化和全球化进程中，道德观念和价值转换不是单一维度的变迁。如果我们总是用“从传统到现代”这样的语句来定义前者和后者的关系，在解读道德变化时，我们就会看不到其实质精神和深刻内涵。我们必须意识到，传统和现代是无法完全割裂开来的，它们之间是互相包含、互相影响和互相改变的动态关系。一方面，传统不断为现代化所改变，现代化本身就是一个不断“创造”和“再创造”传统、改变和再改变传统的过程。今天所说的传

① 作者简介：姚新中，中国人民大学哲学院院长，伦敦大学国王学院中国研究中心主任，教授，博士生导师。

统并不真的是存在于过去的“传统”,而是经过当代人重新解释和论证的传统,是与现代息息相关的传统。传统乃不断累积而成,因此又有新传统与老传统、新解释与旧解释之分。另一方面,由于现代化的程序和过程总是带有文化和文明的标志,因此“现代”在一定程度上和特定阶段只有实现了传统化和本土化才能进一步发展。本土化的现代化是与传统结合起来的现代化,展现了现代化的多样性。换句话说,传统是现代生活中不可或缺的一部分。所有现代化的形式都多多少少运用了传统的一些内容,同时所有传统都并不是单一被动地接受现代化的改变。传统和现代化的相互改变造就了一个特定文明的生命力和一种特定生活方式得到维持和发生改变的语境和内容。本文的主旨是从传统和现代相互作用的角度来看全球化中的伦理道德的现代化转换,来研究儒家传统和现代力量的相互作用如何影响当代中国伦理思想观念和价值的变化。

传统是现代化的一部分

让我们从所谓的“现代化理论”(modernisation theory)开始对传统的讨论。“现代化理论”可以追溯到马克思、埃米尔·杜尔凯姆(Emile Durkheim,1858—1917)和马克斯·韦伯(Max Weber,1864—1920)。许多学者已经告诉我们什么是或应该是现代化,指出现代化是一个广义的概念,指的是前工业化社会随着经济发展而产生的社会变化,包括人们的主要工作场所由家庭转移到工场(工业化),从农村移居到城市以寻求工作(城市化),以及大规模正式的社会组织的出现(官僚化)。现代化的这三种内涵必然使得主要的社会单位和构成如家庭、宗教和教育发生根本性的变化,而这样的变化又必然会带来社会中人们之间的权力结构的改变。从一般意义上,罗兹曼等人定义现代化为“在科技革命影响下社会已经发生或正在发生变化的过程”。现代化一定是综合性的,应该从社会、经济和个人生活的各个角度进行衡量,因为科学技术、生产力和经济的提升和扩展一定会带来所有这些领域的改变。巴克(Chris Barker)指出,现代化是一个后传统(post-tradition)、后中世纪(post-medieval)的历史时期,其标志是从封建制或农耕方式向资本主义、工业化、世俗化、理性化、民族国家及其相关的机构组织与监管形式的过渡。吉登斯(Antony Giddens)强调现代化的进步性,认为现代化指的是传统社会向现代社会或工业社会的发展和进步。现代性提供了比任何以前的社会秩序所能提供的更强发展动力,其社会更专业技术化,其组织结构更为复杂。与所有以前的文化形态都不同,现代文化指向未来而不是过去作为人类生活和社会的理想。现代化过程必然产生与前现代化完全不同的文化基本特征,这就是:以批判的眼光看待所有事物的理性主义(rationalism),强调个人福利、平等权利和独立的个人主义(individualism),坚持所有的事情——科学的、经济的、意识形态的——都是可再生的可替换的进步发展观(progressivism)。

在现代化理论的倡导者看来,现代化进程必然改变传统的生活方式,任何文化和国度都不可能超脱这样的改变。英格尔哈特和贝克(Ronald Inglehart and Wayne E. Baker)指出:"现代化理论的核心主张就是经济发展与相应的并在某种程度上可预测的社会文化政治变化息息相关。"出于这样的考虑,一些理论家认为现代化与传统在根本上是对立的,因为现代化可以创造"新"的价值观、信仰和思维方式。对他们来说,传统在现代化过程中的命运是越来越被排挤出人们的生活,因为传统信仰和价值观等已经不再与新兴的信仰和实践相适应了,也就是说,它们不再是有用的了。

但是,与这些现代化理论学家的观点相悖的是,传统不仅存留下来,而且还很重要。在爱德华·希尔斯(Edward Shils)看来,"所有现存的事物都有自己的过去,没有任何事物可以逃避过去的控制"。在所有现代化国家里现存的传统可以让这样的宣称——传统已经在现代化进程中被取代或者被排挤——不攻自破。传统可以存留下来的部分原因是传统在实践上仍十分有用，部分是因为传统可以像镜子一样映射出现代所缺少的东西。传统的重要性还在于它能给予人们以安全感，“传统很重要，这是因为传统提供了空间感和一定的本体论安全感，是因为传统是不可再生和不可重复价值观的财富积聚，是因为传统带来体验的深度和丰富度”。传统价值观的适应力和生命力证明了传统仍然是塑造现代的中坚力量。在这一点上，传统和现代化就是一枚硬币的正面和反面，两者不可分割。现代化不可以单纯以“现代”现象来认识。相反地，很多学者提出了“长现代化”(long modernisation)的概念，认为现代化是一个过程，以渐进和全面的方式将传统融入现代化中，这也证明了从原始文明到“轴心时代”文明、启蒙运动、工业革命和完全本土化的全球化的一致性和连续性。根据这个观点，传统和现代之间并没有明显的界限。由此看来，现代化不是科技革命和西方化的代名词，虽然有很多人常常使用后者来作为现代化的标志。

对比以理性化、工业化、城市化和官僚化为特点的严格定义上的“短现代化”(short modernisation)，“长现代化”更适合中国的历史和现实国情。“中国是一个完全现代化的社会，但其现代性所展现的方式又深深地为其前现代传统所塑造。”早在2000多年前儒家思想就开创了理性思考，国有行业也很早就得到各大朝代的扶持和发展，大都市在不断涌现，强大的中央政府和由公务员考试所形成的官僚制也远早于欧洲而得以确立和盛行。“长现代化”融合了传统和现代，让不同的发展模型可以共存，让不同的民族和国家可以按照自己的方式来实现现代化。这在很大程度上改变了我们对儒家伦理的评价以及传统儒家如何可以应对迅速全球化的世界的看法。在此新观点的指引下，我们可以说儒家思想不仅仅是过去传统的一部分，也是当代中国现代化和改革的一部分。

儒家传统的再思考

儒家思想既是传统也是现代化的一部分。这样的双层性质使其在现代世界中同时保留传统伦理和形成新的伦理生活方式成为可能。除了时间维度，我们也可以从空间角度来看这个问题。在表现中国文明独一无二的精神和参与全球文明的塑造上，儒家思想既是地方的，也是全球的。全球化不是也不可能是单一现代化模型普遍化的过程。它只能是不同文化的新元素和旧元素的大熔炉。全球化和文化多样性是并行且相互混合的。加里·汉密尔顿(Gary Hamilton)认为我们在全球经济发展中所见证的不是以西方文化普遍化为形式的统一性提高，而是通过非西方文明模式积极地再创造和再融合的文明多样化的延续。

文明多样化给全球化增加了一个全新的维度，同时也为儒家思想在传统和现代化的相互转化中发挥作用提供了一个平台。以理性个体为核心，儒家思想可以说在本性上是倾向于现代化的，赞同理论上和实践上的理性思考、强调道德自律和关注有效的国家治理。尽管如此，过去很长的时间里，儒家思想在现代化中的角色并没有得到正确、全面的诠释。19世纪的中国知识分子固守儒家思想为核心的中国文化，把儒家传统作为反对西方意识形态的战斗工具，把儒学视为承载文化文明的本“体”，而西方文明只不过是表面的一时的应“用”而已。

在所谓的“防御性的现代化”(defensive modernisation)里，继续保持儒学作为中国文明核心的各种尝试明显失败了，越来越多的中国人认识到儒家传统与当代文明的不相容性，开始拥抱西方形式的现代化和接受西方的科学思想和技术，无论是勉为其难还是真心接受。虽然有很多要求自强的呼吁声，但是保守的清朝(1664—1911)拒绝改变整体的国家治理理念和权力结构，而这直到20世纪初才发生根本性的改变，比日本落后了几十年。因此，孙中山(1866—1925)以一种抵制传统儒学落后思维和理念的革命方式，以推翻清朝统治和建立共和主义为自己的使命，领导了辛亥革命，建立了中华民国。由于儒家思想和保守政治权力的紧密关系，在清政府倒台的同时，儒家也失去了自己安身立命的社会基础和政治支撑。在一片呼吁“科学和民主”的浪潮中，儒学思想只能退出历史舞台，儒家的基础结构、思想、社会和政治在20世纪20年代的新文化运动里受到了毁灭性的批判和清洗。

尽管有20世纪30年代和40年代的儒学复兴运动，儒家思想对于中国现代化的积极作用并没有得到广泛的认可和接受，在1949年以后更是被认为是影响中华民族崛起的消极和反动的力量。无论是20世纪50年代国有工业、私人企业和农场的集体化，有控的城镇化进程这些以苏联模式为样本的国家现代化战略，还是20世纪60年代把所有文化传统都冠以新中国的“敌人”(破四旧)标签的“文化大革命”，还是在20世纪70年代末开始实施的改革开放政策和“四个现代化”建设，儒家传统都不断地受到冲击和批判，国家文化战略的基本观点是儒家传统不可能对中国的现代化发挥任何积极的作用，只能是拖现代化的后腿。

然而，随着中国现代化的进步，这种倾向到20世纪80年代末和90年代初得到了根本的改变，海内外儒家学者和中国政府官员逐渐引领儒学处于文化发展中的显著地位。儒学或儒家传统正式成了中国文化的核心和中国文明复兴的一部分。在21世纪，这种转变得以迅速发展，作为一种自我反思式的论阈，复兴的儒学本身也潜心聆听来自学术、文学和教育圈里日益流行的呼声，补充当前的政治意识形态来支持治理的合法性。在整个现代化的中国，为了实现优秀文化的复兴，儒家传统的具体内容得到进一步甄别，有些受到拥护，有些则继续遭到抵制。在儒家思想里，什么是好的或卓越的、什么是坏的或过时的都要从不同角度仔细验证，这涉及哪一部分的传统应该抵制，哪一部分的传统应该保留，如何使传统更好地用于弥补现代性和全球化的不足，服务于国家现代化建设和国家整体文化的发展战略。

当代中国价值观转变

随着中国现代化、全球化进程的加速，中国人的价值观也发生了巨大变化。但这些变化并不是简单的新价值观替换旧价值观的过程，而是在传统中融入现代的观念并在现代理念中加入传统元素。在这些变化中，我们可以清楚地看到这些发生变化的价值观是从哪里开始的，它们与之前作为所谓新价值观和信仰来源的原始价值观的关系是什么。为了了解转变的价值观与原始价值观的关系，我们可以用以下表格来阐述。

转化后的价值观	之前的价值观	儒家思想的先例
个体对权利的意识	集体主义传统	儒家道德的个人本位、权利与义务并重
强调生活物质的重要性	反资产阶级生活方式和批判物质主义	儒家追求国民的富裕物质生活
家庭关系与情感的价值	家庭绝对从属于国家和政治的需要和利益	作为所有道德规范基础的儒家家庭美德
企业的社会责任	不择手段追求利益的做法	服务于人的商业经营和儒家道德操守
从平等到多样化	绝对平均主义	儒家社会和道德的分层理念与价值
支持全球化的态度和价值观	自力更生	天下一家和世界大同的儒家信念

这个表格显示了很多价值观的变化实际上可以溯源于儒家的价值传统，这也进一步证实了儒家伦理与现代化和全球化并没有内在的根本的矛盾。从古老的传统里寻求当今中国核心价值观的优秀资源现在成为新的"时尚"。在这一浪潮中，孔子再次成了中国人之所以为中国人的标志，许多流行媒体所致力于表现的

是要说明他的思想如何可以解决现代生活的许多问题。孔子本身不仅被视为中国文化的生活模范，而且是最古老文明之一的“现代”证据。他在文化重塑方面有着显著地位，以自我反思的方式定义什么是传统，怎么评价传统，以及如何才能重建传统。作为理性和自我反思的传统，儒家思想就这样在21世纪得到了多方位“创造”和“再创造”，而这些创造和再创造的动机或者出于政治的、社会的、审美的和教育的诉求，或者完全是为了商业的目的。

需要恢复和重建儒家价值的原因之一就是当代中国需要以传统儒家伦理来对抗各种各样的现代道德弊病。几乎所有关于儒家伦理的当代论述都以这样或那样的方式与当前所面临的价值危机有关，重述儒家道德价值来作为有用的工具以抵制关于中国社会各阶层的道德下降或道德冷漠所持的悲观主义观点。这样的论述也十分关注如何实现新价值观的创造，如何在现代化过程中实现一个更加平等和谐的世界，促进人类与自然环境的和谐统一，逐渐缩小而不是扩大贫富之间的差距，等等。

全球化的儒家伦理

复兴的儒家思想和伦理已经成为建设一个全新社会和政治秩序的推动力量。像“社会工程”、“道德建设”或者包括物质文明和精神文明的“两种文明”、“文明复兴”等概念已经成为官方和民间话语中的常用词汇，在政治官僚和学术精英中非常受欢迎。这样的术语从来都不是空洞的口号，而是反映了在社会主义市场经济进程中“以德治国”的诉求，其目的是创造新的“合理的社会平衡”。这种对道德规范和道德秩序的追求不是今天才出现的，而是已经深深植根在儒家思想传统伦理之中，“修身，齐家，治国，平天下”的传统价值观出自儒家四书中的《大学》，一直是儒家社会创造理想的个人品格和完美社会的基本原则。

这样的追求有着多重的目的，不仅是为了让行政运作和结构变得更具合法性，而且是为了建立一个基于传统儒家美德的道德秩序，实现传统儒家价值和现代普世价值之间的良性转换。儒家伦理价值的复兴旨在团结人们，纠正在经济运作中出现的各种弊端，引领人们建设一个共同富裕的社会。儒家伦理正在以公开且严谨的方式纳入教育体系之中，通过各种各样的学习方式，把传统文化和传统价值观传授给学生和受众。作为伦理传统，儒家思想有利于重新创建社会道德网络，让个体和群体都拥有安全感和归属感。

在全球化的时代里，儒家伦理能起到什么作用呢？我们可以从不同的角度来回答这个问题。首先，就全球化的民族特性来看，儒家伦理无疑可以增强民族认同感和文化归属感，以实现具有传统意义的现代化特质。属于全球的首先是而且必须也是属于地方的。全球化从局部开始，而局部的合理的可以转变为全球的或给全球性打上地方的烙印。儒家伦理是中华民族道德良知的核心价值观，同时也是任何创造或再创造民族归属感努力的宗旨，它不同于全球化价值，但又是全球化价值的一部分。

其次，在经济和商业全球化中，儒家伦理可以加强不同国家和民族之间的沟通和交流。虽然今天的全球化是由商业合作和经济融合驱动的，但是文化和价值观的全球化必须紧随其后。复兴的儒家思想时刻提醒我们现代化和全球化最重要的任务就是让所有人都可以通过沟通和交流，从多样化的文化表达和普遍美德的执着追求中获益。不同的价值观调查发现，全球化的成功与否取决于我们是否能够重建把不同价值观融合在一起的价值体系。为了实现这一点，我们不能完全无视特定的文化价值观，相反，我们应该保留和转化中国的“固有价值观”，比如和谐的价值观取向，高度的责任心，孝敬长辈，讲信修睦，仁者爱人，待人以礼等。在全球化时代中国人核心价值观的形成过程中，儒家伦理作为中华民族的文化基因遗传结构发挥着作用，使得中国的价值观与全球价值观相互影响、相互融合。

最后，儒家伦理思想和价值可以使全球化具有更丰富的内在维度。在儒家语境里,“人的素质”被认为是实现具备完美秩序的现代社会的力量,这也同样可以创造深植在过去集体记忆中的以和谐为核心价值的现代性。在这个过程中,传统和现代化通过社会控制体系联系在一起,它们的社会作用得到了彻底的翻转:“传统”用于转变现代价值观,而“现代化”则用于维持稳定和建立秩序。全球的稳定和秩序不可能通过外部的强制来建立,而必须通过人的自主意识和责任感来完成。儒家伦理让我们反思自己的内心,并在所有人与人关系中都保有道德责任感。因此,它是用于平衡植根于西方文化的强烈权利意识的一个重要思想源泉。从根本上说,全球化的丰富内在维度,个人与群体、权利与义务的良好平衡才能决定我们能够实现在经济、政治、教育和沟通各方面健康、良性循环的全球化。

儒教型社会性企业的探索
——以朱子“社仓制”的现代性转型为中心

□[韩国]权相佑[①]

一、序论:儒教型社会性企业的必要性

新的变化　“不是为了卖面包而雇佣工人,而是为了雇佣工人而卖面包”,“善良的企业”等并不符合新自由主义体制的逻辑的词句正在韩国社会中传播开来。这样的词句与把创造经济利益作为最高目标,如果工人的劳动符合经济效率性就雇佣,反之则马上解雇的新自由主义体制不同,而是含有把人的劳动看做根本价值,把经济效益看做让人实现劳动的手段的含义。这样的词句对于适应了资本主义的人们来说在目前新自由主义体制盛行的社会现实下只不过看起来好像是一个对于理想社会的描述或某个企业的宣传广告罢了。怎么能在资本主义牢牢占据世界主流理念的社会现实中把人的劳动而不是经济利益作为最终价值

---

① 作者简介:权相佑,哲学博士,现任职于韩国启明大学。

呢？但是，这些词句绝不仅仅是对于现实中不可能的理想社会的描述或被夸大了的企业广告，而是具有公信度的政府公益广告的内容。这个广告说的就是社会性企业。

上面的广告内容中的社会性企业有别于为了追求利润而建立的一般企业，它是为了向贫困阶层提供工作岗位，提供社会服务，解决环境问题等社会性目的而建立的。社会性企业在美国和欧洲已经有很长的历史，现在占社会中总雇佣人数的5%—6%，在劳动市场中担当着重要的机能。与此相反，韩国的社会性企业是1998年金融危机以后，随着贫困和失业作为韩国社会的重要问题体现出来，市民社会团体开始对欧洲的社会性企业产生关心而被韩国社会所接触到的。以后，政府对此怀着积极的关心于2007年提出了社会性企业培养法的制定方案，这个方案中规定了社会性企业的认证制度，对社会性企业进行集中援助。而后李明博政府也表达了将积极培养社会性企业的意志。跟随政府的这种政策，地方自治团体也把培养社会性企业的项目作为降低失业率的方案，提出了多种多样的政策。如此，对于社会性企业，市民社会和政府非常积极，但是学术界到现在为止不但对此没有足够的理解，甚至几乎没有关于这方面的研究。考虑其中的原因，大概是他们把社会性企业中的“企业”这个词错误地理解成了和营利性质的企业相似的概念，并且社会性企业自身所具有的特征是比起理论更强调社会实践。事实上，由于社会性企业是在各个地区的条件和环境基础上进行运作的，因此从理论的角度研究它并不容易。也正是由于这样的原因，社会性企业的定义现在也没有获得一致。社会性企业的定义有必要从韩国政府规定的内容中查看。

“社会性企业”是指为了给弱势阶层提供社会服务或就业岗位，并且提高地区居民的生活质量等社会性目的而进行物质或服务的生产、销售等营业活动，并获得本法案第七条认可的企业。[①]

上面的内容是韩国政府为了对社会性企业进行认证而制定的法定定义。这个定义虽然不是根据社会性协商而达成的统一性共识，但也不是完全脱离到社会性企业的范围之外的。社会性企业中“社会性”的含义可以理解成是区别于“个人”或“国家”的概念。社会性区别于个人的意思在于它的经济活动不是为了个人的利润，而是为了解决社会中存在的问题；区别于国家的意思在于不是由政府而是由市民社会（公共领域）来作为主体。所以，“社会性”是指市民社会成为社会性企业的主体，来解决社会公共问题的意思。而且，社会性企业是指不同于现有的志愿服务和慈善捐款的，采用企业的经营方式雇佣贫困阶层来生产和销售物质和服务的运营方式。[②]

社会性企业在运营方式上采用营利性企业的方式。但是，社会性企业可以说是不同于只追求经济利益的营利性企业，而是生产和销售社会性服务，并且把收入的一部分回报社会，为了社会性目的而建立的企业。可是，只要社会性企业从事生产和销售活动，就不可避免地和营利性企业存在直接或间接的关系。而且，最近营利性企业也开始强调社会性责任，并且积极参加社会志愿服务。但是它们的活动被认为是对消费者宣传自身企业形象的形式性活动，并没有得到实质性的效果。所以，最近营利性企业正在把自身的社会责任向扶持社会性企业的方向转变。例如：营利性企业通过购买社会性企业的产品，为社会性企业廉价提供物品，为社会性企业提供企业会计和传授市场营销方式等的知识，担任社会性企业的顾问等来尽自身的社会责任。从今后市民社会更加要求营利性企业的社会性责任来看，营利性企业和社会性企业的合作关系也应会不断加强。

---

① 韩国《社会企业有成法》，第2组1项。

② 金正员：《社会型企业是什么》，arche，2009，第15页。

社会性企业与政府的福利政策也有密切的关系。随着新自由主义的加速发展,政府要解决的社会性问题也在增多。环境问题和失业者增多,老龄化社会以及由于夫妇双方都工作而产生的子女教育问题都导致了新型的社会服务的产生。富有阶层有购买新型社会服务的能力,贫困阶层却处于束手无策的状态。虽然国家有向贫困阶层提供所需的社会服务的义务,但是由于最近社会性服务的需求急剧增大,已经到了政府的力量无法有效应对的情况。这里面最紧迫的问题就是就业问题。事实上,虽然韩国政府为了降低失业率而以贫困阶层为对象进行了提供就业岗位的运动,但是由于它是一次性的活动,因此并没能为失业者的生存能力提供多大帮助。所以,现有的国家福利制度被指责为变成了反而把贫困阶层培养成被动的,没有主体性的人群的项目。为了克服社会福利的这种局限性,政府改变了单方面为贫困阶层提供服务的方式,而是试图将其转换成能使他们自己创造所得而自立的福利政策。

由于资本主义的发展,新的社会服务不断增加,国家的财政面临严重的危机,这导致了富有阶层和中产阶层的纳税负担加重,从而成为社会统合的障碍。所以,作为解决这样的财政危机并且实现社会统合的方案,政府准备把原来由政府担当的社会性服务事业的一部分移交给社会性企业。为了达成这样的目的,政府正在为积极支援并培养社会性企业而努力。政府层面上支援社会性企业,以提高贫困阶层的生存能力,促使其通过社会性服务来创造利润。如果这些能够达成的话,可以减轻国家福利支出压力,还可以减轻公民的纳税负担。这样,政府通过把福利政策向支援社会性企业的间接性方式转变,可以减轻政府直接担当公民福利的比重,还能够通过这些实现政府的小型化。

社会性企业不仅仅有政府、营利性企业、市民团体参与,而且在发达国家里还有宗教团体、慈善团体的参与,所以它还能够起到连接许多组织的桥梁作用。正如一部分经济学者指出的一样,未来社会将会以社会性企业为中心被重新构成。未来社会中将会形成以社会性企业为中心，国家和市民社会、一般性企业各负其责的协作共存的网络。

社会性企业的主体是区别于国家或营利性企业的非营利性企业和非政府组织，Jeremy Rifkin 在《劳动的消亡》中将其称为“第三部门”。在他看来，第三部门的活性化可以使不属于市场和政府部门的第三势力把社会共同体和地区基础更加强化，从而通过建立强力的和自立性的地区社会来对抗市场世界化的趋势。[①]如此，社会性企业的主体可以被称为非营利的和非政府的“第三部门”。这样的第三部门可以被定义为“为了提供公共或民间部门无法有效提供的服务的组织”，“自主组织起来并自主管理的组织”，“以地区社会为基础或进行指向地区社会的活动的组织”，“不分配利润的非营利性组织”，“以包括志愿服务的慈善事业为基础进行活动的组织”。[②] 这样的第三部门不是为了个人或特定集团的利益，而是被看做为了实现社会整体的“公共善”，并创造公共利益的组织。但是，对于第三部门的理解却会根据那个地区的历史性经验和社会经济状况而不同。所以，对于第三部门，在美国和欧洲有着不同方式的理解。

美国的非营利组织是以反对中央集权性政府的市民意识为基础的，它以自发性团体的形态出现，起着弥补国家主导的福利制度的不足和提供国家主导的社会服务的代替品的作用。同时，政府也对非营利性组织提供减税政策等积极支持。但是，最近由于美国的经济状况恶化，政府大幅减少了减税政策，非营利性组织呈现了通过自身进行营利性事业来确保资金的趋势。

与美国不同，欧洲的第三部门被理解为包含协作组织、存在互助关系的组织、社会团体、财团等的社会性经济。社会性经济是由劳动者和工匠们试图通过相互协作、相互扶助来解决经济体制从农业中心转变为工业中心而导致的问题而产生的。这样

① Jeremy Rifkin:《劳动的消灭》，李英镐（译），民音社，2009。
② 金正员：《社会型企业是什么》，arche，2009，第 30—31 页。

的社会性经济比起个人的利益更加重视社会成员们和地区社会的利益。它贯彻着比起民主性的决策过程和资本，更重视劳动和收益分配的原理。① 就像这样，对于第三部门的理解不可避免地与那个地区社会的历史性经验和经济大环境存在密切的关系。

韩国由于有着与西方不同形态的历史传统和经济状况，就需要与它们不同类型的社会性服务。所以，有必要谋求与韩国社会的实际情况相符合的社会性企业。当然，这样的韩国型社会性企业即使没有理论性的启发，也可以在社会实践过程中自然地产生。但是，为了能够使它更有效地建立和运作，就需要先期的理论性探索和准备阶段。所以，本论文中为了找出在现代韩国社会中应该怎样定义这个“第三部门”，以及这个“第三部门”中什么样的社会性企业才是最合适的，将会在东方社会的传统中探寻历史上的类似事例。

如果按照西方的定义把属于社会性经济和提供社会服务的组织定义为社会性企业的话，这样的社会性经济不仅仅在西方，而是各个文化圈里都存在类似形态的社会性经济。② 在韩国的传统社会中也不例外。在西方的近现代文化流入以前，作为韩国传统社会的主流思想的“朱子学”中也可以找到这样的社会性经济体制。朱子学怀有对国家主义的反感，主张实施以乡村社会为中心的地区社会福利事业。这样的福利事业类型可以在“社仓制”中找到。朱子的“社仓制”是民间组织的形态，是地区居民自发结成经济共同体，以相互信任和协作来运营的救济事业制度。社仓制是由朱子创立的，它不仅扩大到了中国全境甚至还被朝鲜和日本所接受，成为在东北亚传统社会的几乎所有地区都曾实施的社会福利事业。

朱子学的经济共同体的痕迹在西方的现代化和产业化盛行

① 金正员:《社会型企业是什么》,arche,2009,第 46 页。

② Robert Putnam:《社会的资本与民主主义》,安清是外(译),博英社,2004,第 282 页。朱子学的社仓制亦是社会性经济。

的现代韩国社会中也正以“缘故主义”(血缘、地缘、学缘等等)的形态出现。这样的缘故主义的形态在现代化初期被第一部门和第二部门所滥用,被看作韩国社会的腐败、集团利己主义的主要元凶。但是,这种缘故主义不但是在理解现代韩国社会上必不可少的,而且还成为韩国的非营利和非政府组织的中轴。在西方社会中,随着现代化和产业化的发展,在国家和市场中以西方的个人化和效率性为主导,但在韩国社会中,传统社会中的缘故集团却比以前更加盛行。这可以以在韩国社会中普遍存在的宗亲会、乡友会、同学会为例。韩国的社会特性是与美国或欧洲截然不同的。虽然韩国的缘故集团是导致韩国社会的腐败问题的主犯,但是它在增强团体成员之间的连带感和共同体意识方面可以获得肯定性的评价。所以,有必要把缘故集团由腐败性集团转变成实现共同的集体利益和公共善的集团。由于这样的关系,我们有必要以这样的缘故集团为中心谈论韩国的社会性企业。

本文将以朱子学中的“社仓制”为中心,查考在东北亚传统社会中社会性经济怎样被运用,并且探讨怎样通过韩国社会中的缘故集团来建立韩国型社会性企业。

二、朱子学“社仓制”的社会福利事业

朱子是社会性企业家 朱子是对东北亚传统社会产生巨大影响的思想家。他原来被评价为一个思想家,最近随着又被认可为是一个教育家,他的生平和业绩被进一步突出。但是,对于他的评价仍然不足以体现出他的整个面貌。把他的一生进行立体性的查看就会发现,他通过长时间地担任各个地方官职,不光改善了百姓的生活质量,是一个卓越的行政家,而且为了乡村社会中地区居民的教化制定了乡规,建立了书院,还是为使贫困阶层能够摆脱贫困而策划产业计划的社会实践家。通过这样的活动,他作为社会实践家的名声也高到了在中国的乡村社会如福建地区中被称为“素王”(有王的德,而没有王的地位)的程度。很明

显，朱子不但是一个影响了东北亚学术界的哲学家，而且也作为社会实践家在东北亚的传统社会中留下了浓重的痕迹。

朱子在《大学章句》中把儒学的核心理念概括为“全体大用”。朱子把人的道德性中的“仁”的本体和这个本体的表现——“爱”运用到万事万物的“大用”一起进行论述。这说明他的思想不是单纯强调仁的本体，而是还重视怎样把它运用到具体的现实中去。朱子认为现实中的道德性必须通过特定的制度来实现。如果仅仅强调道德性的话就很有可能止于如同佛教一样的空虚的爱，反之如果只强调制度的效率性则会无法保障这种效率性的正当性。[1] 朱子认为儒家所追求的人类爱（全体）必须通过制度或事业的形态（大用）体现出来才具有实际性的效果。朱子的这种“全体大用”的理念可以在他付出大量心血去实践的“社仓制”中找到。朱子在福建地区为了救助百姓脱离饥荒而实行社仓制从而取得巨大成功的事实广为人知。他把社仓制作为自己的哲学理念的实践形态。从朱子确信如果社仓制失败的话，就说明不存在普遍适用于天下所有事情的“理”[2]这一点上也可以看出，他不是仅仅把社仓制的实行当作社会实践，而更是当作自己追求的哲学理念“仁”的实现，他为了能够成功地运营社仓制尽了最大努力。

他认为，当时百姓贫困虽然有自然灾害的影响，但是更根本的原因是富户的高利贷和囤积居奇的行为。即农民在绝对贫困的状态下能依靠的仅仅只有富户的高利贷，一旦借了高利贷，即

---

① 《朱子集》卷三十五，尹波、郭齐点校，四川教育出版社，1996 年，《致刘清之》：“近年道学外面被俗人攻击，里面被吾当作坏，婺州自吕伯公死后，百怪都出，至如吕子约别说一般差异底话自，全然不是孔孟规模，却做官商见识，令人骇叹。然亦是伯恭自有些拖泥带水，致得如此，又令人追恨也。陆子静一味是禅，却无许多功利术数，目下收敛学者身心不为无力，然其下稍无所依据，恐亦未免害事也。”

② 《朱子集》卷四十三，2026 页。《答林择之》：“熹以崇安水灾，被诸司檄来，与县官议赈恤事……因知若此学不明，天下事决无可为之理。”

便劳动，虽然可以得到收益，但是收益的大部分都流入富户囊中，所以农民无法摆脱贫困。他认为在农民对资本没有统治权的情况下，贫困阶层的劳动仅仅是为富有阶层增加财富的手段。他指出，在当时这样的金融系统下，贫困阶层不但无法积累财富，反而会使贫困代代相传，最后一部分农民由于再也无法进行正常的经济活动而做出盗窃或打劫的极端性行为。所以，朱子认为，要想让农民摆脱贫困实现自立，就必须切断这样的恶性循环。而且，他认识到，想要让这样的金融系统崩溃，就有必要建立使农民可以不再依靠富户的高利贷，而可以通过低利息获得基本生活用粮的社会性事业的必要性。所以，他试图通过以自己为首的士大夫阶层为中心以低利息借予农民粮食来帮助他们脱离富户的支配，实现自立。

朱子首先倡导政府提供支援穷人的储蓄米，又通过说服当地的富户来聚集粮食，然后把粮食以低利息借给农民们。朱子对政府说明了饥荒的程度，向常平仓借来600石官米分给乡里。结果，乡里人脱离了饥荒，而且盗窃也逐渐减少，事态马上得以安定下来。这一年秋收时节，百姓归还粮食的时候，朱子向常平仓请求暂时不归还粮食，而把它储存在百姓家里作为“元米”。这样实行了每年夏天以每一石两斗利息的方式把粮食借给需要的人，在年末把偿还的粮食收上来的社会福利制度。从他不是对贫民进行无偿供应，而是收取利息这一点，可以看出社仓制含有产业的形态。朱子把社仓制的根源归于《周礼》。《周礼》是记录儒家的理想国家制度的经典，大部分儒学者常在它里面寻找关于政治制度的头绪。朱子阅读了《周礼》中的《旅师》和《遗人之官》，继承了它的精神。朱子本人也说他是据此创立并实行了社仓制。[①]《周礼·遗人》中遗人主张国家财政的使用应该是把用于国家的财政费用之后剩余的部分分给百姓,乡吏的财政应该用于帮助百姓的困难上。[②]《周礼·旅师》中旅师提倡收缴城外的锄粟、屋粟(向持有田地却不耕种的人作为税金征收的粮食)、间粟(向无业赋闲的人作为税金征收的粮食)。而且,分发这些收缴来的粮食的时候应把百姓全都召集来,把储藏起来的粮食公平分配,使恩惠和好处能够实现均等。[③] 这是把为了预备困难时期的粮食事先储备起来,等到灾年或青黄不接的时候用来解决问题的制度。由于这些粮食是平均分配的,因此又可以说是使所有人都可以得到好处的福利制度。

朱子把《周礼》中的福利制度针对现实情况作了变通。《周礼》记录了百姓要把平时共同劳动生产的财物储存起来用作福利的财政来源。但是,《周礼》中提到的共同体经济制度——"田井制"不但在朱子的时代已经不再实行了,而且由于长时间的饥荒,几乎没有储存的财物。在这种状态下按照《周礼》中的福利政策实行是很困难的。所以他适当地利用了当时正在运行的常平仓。"常平仓"是各个地区设立的把米储存起来,到灾年时向贫困阶层发放解决饥荒同时调节粮价的制度。但是后来,由于它无法发挥应有的作用,北宋时期王安石实行了《青苗法》。他的《青苗法》是

① 《朱子集》卷七十九,4120页。《建宁府建阳县大阐社仓记》:"昔予读《周礼·旅师》,遗人之官,观其颁敛之疏散,委积之远迩,所以为之制数者甚详且密,未尝不叹古之圣人既竭心思而继之以不忍人之政,其不可及乃如此。及今而以是仓之役观之,则彼其详其密者,亦安知其不有待于历时之久,得人之多而后乃至于此耶?"

② 《周礼·地官》:"遗人掌之委积,以待施惠,乡里之委积,而恤民。喜阨,旅师……用之以质剂,治民平颁其兴积,施其惠,散其利而均其政令。"

③ 《周礼·地官·旅师》:"旅师掌聚野之,助粟屋粟间粟,而用之以质剂致民,平颁其兴积,施其惠,散其利而均其政令。"

把常平仓中储存的粮食和资金以两成以下的低利息借给农民的制度。对于《青苗法》，从近代思想家梁启超评价说“政府为了提倡百姓的自立生存而自发地充当银行的角色，这就是《青苗法》”[①]这一点上也可以知道，王安石是利用国家的金融职能来防止贫困阶层向富户借高利贷，而由自耕农变为佃农。

但是，王安石的《青苗法》由于是国家主导的，因此含有很多弊端，被当时的士大夫不断批判。事实上，在宋代的中国和当时的朝鲜，由于儒学被采纳为国家意识形态，因此儒学大体分为像王安石一样的国家主导的儒学和以士大夫为中心的乡村社会的儒学。[②] 王安石的《青苗法》可以被划分为国家主导的福利事业。这样的国家主导的福利事业受到了道学家的批判，在北宋时代还引起了新法和旧法的政治斗争。作为南宋时代道学家的领袖的朱熹当然也不可能赞成《青苗法》。他批评王安石的《青苗法》不是合适的贫民救济制度，从而提出了“社仓制”。

婺州金华县社仓记。抑凡世俗之所以病乎此者，不过以王氏之青苗为说耳。以予观于前贤之论而以今日之事验之，则青苗者，其立法之本意固未为不善也。但其给之也以金而不以谷，其处之也以县而不以乡，其职之也以官吏而不以乡人士君子，其行之也以聚敛亟待之意而不以惨怛忠利之心，是以王氏能以行于一邑而不能以行于天下。[③]

朱子并不像北宋时代的其他道学家一样对《青苗法》进行猛

① 三浦国雄著，李承妍译：《王安石：逆黄河的改革家》，书世界，2005年，第172页。

② 权相佑：《东北亚市民社会与朱子学的公论——接近于 Jurgen Habermas 的“公共领域”》，《社会与哲学》，19，《社会与哲学研究会》2010，第35—71页。

③ 《朱子集》卷七十九，第4116页。

烈的批判,而是采取了比他们温和得多的态度,对《青苗法》的主旨进行了部分的肯定。但是,朱子认为,一旦国家作为社会福利事业的主体全面负责百姓的社会福利,就必然为了确保这部分财政而向百姓征收很高的赋税。这样,最终这部分重担还是会落在农民身上。而且,他认为,从农民身上征收税款保证用作社会福利事业的财政之后,社会福利的好处只会落在城市居民的身上,农民很难得到实际益处。

朱熹看出国家为主的福利政策无法详细地掌握各个地方的情况,从而无法提供与各个地方的实际需要相符合的福利服务。所以,他认为,社会福利事业与其由国家主导,还不如让乡村内的居民结成自发运营的体系来得更加有效率。所以,朱子在《社仓事目》中列出了“在不愿接受这一制度的地区,官吏们不能强制”[①],“征收和发放粮食的事必须和当地的年长者协商,公正地进行,州县政府不能介入进来进行压制”[②]的条款,目的是要求政府仅仅对这种民间福利事业担当援助的角色,而不能介入进行主导,要让地区居民作为主体自己去运营自身地区的福利事业,从而解决地区中存在的问题。

朱子还认为,如果让国家的官吏来担当社会福利政策的运营,官吏们的“无事安逸”的工作态度很可能会造成贪腐,所以应该由在民间引导乡村社会的儒士和君子等怀有较高道德性的人来主导。他认为这样的儒士和君子可以依据他们的光明磊落的道德性来公正地实行社会福利政策。他又指出,借给农民的米如果转化成借货币的话,就会加剧农村的贫富分化,使乡村社会人

---

① 《朱子集》卷九十九,第5078页。“社仓事目,其不愿置立去处,官司不得抑勒,则亦不至骚扰。”

② 同上书,第5079页。“其敛散之事,与本乡其耆老公共措置,州县并不须干预抑勒。”

们之间的连带感崩溃[①]，所以把借贷的种类仅限制于粮食。

但是朱子同时也反对社会福利事业完全由民间来进行。对于他的同学吕祖谦提出的应该脱离政府的援助，完全由民间来运营社仓制的主张，朱子认为民间应该成为社仓制的主体，但若想解决地区的贫困，仅仅靠地区居民的努力的话会受到很多限制。社仓制如果仅由民间来运营，则运营这个福利事业需要的原始资本——“元米”就会难以确保。而且，由于使管理者能够公平公正地运营社仓制的监督体系的不足，因此需要政府的援助。

所以，朱子提出的社仓制是由作为乡村社会舆论的主体的士大夫主导运营和富户参与运营的社会福利制度。“元米”的一部分向政府借贷，粮食的收缴和发放也请求政府派官员来做监察，而且有时也会向富户借一部分粮食。他认为社仓制的初期虽然需要政府和富户的帮助，但是一旦元米被基本确保以后，就可以以这些元米为基础，单纯依靠民间自身来运营社仓制了。为此，朱子主张不应该向农民无偿或以无息的方式提供粮食，而应该收取一定的利息。朱子主张的不是单纯施舍，而是要把社仓制作为一种社会福利事业来运营。如此，他认为，必须先确保元米，才能实行吕祖谦主张的纯粹由民间主导的社会福利事业。所以，如果说王安石的《青苗法》是为了救济贫民的国家主导型的金融事业的话，那么社仓制就是官民共同主导型的金融事业。

但是，朱子一主张实行这种贫民救济事业，他的至亲好友魏元履就提出了批判，后来二者之间发生了激烈的论争。魏元履认为向贫民收利息这个行为虽然不是像富户的高利贷一样利息那么高，但是仍然会对贫民造成负担，所以主张以无息的形式借出粮食。而且，他也确实拿出自己的家财无息借给农民粮食。所以，朱子一方面称赞魏元履具有三代王道政治的遗风，另一方面

① 守本顺一郎著，金守吉译：《东洋政治思想史研究——朱子思想的社会经济的分析》，東壁，1985，第151页。

并没有放弃自己的社仓制运营方式。[1] 因为魏元履设想的社仓制虽然适合在饥荒这样的危急情况中救济百姓，但对于救济以前预防这种危急情况却没有效果。所以，朱子认为确保使救济活动能够自给自足地运营的资金是非常重要的，而且指出无偿援助会削弱被援助者的意志和责任感。事实上，如果人们知道能得到帮助，就会把原本应该用在通过自身劳动摆脱援助上的努力和能力用在谋求无偿的援助上。而且，无偿援助只会助长依赖心理，会把百姓的自立性和自豪感削弱。所以，朱子认为实行慈善会助长另一种腐败。而且，当负责分配救助钱粮的人掌握了用于救助贫困阶层的经费之后，从中中饱私囊或把经费优先发放给自己的亲戚朋友的情况很普遍，而且慈善行为可能使援助者和被援助者的关系成为权力关系。被援助者可能把自己的权利转交给援助者来交换援助。作为结果，被援助者很可能丧失主动性，沦为依靠接受援助的被动的个体，援助者也很可能改变救助活动的本来意义，而是把被援助者看成榨取利益和控制的对象。[2]

所以，社仓制的实行反对无偿援助。朱子借给农民粮食收取两成利息，把这些储备起来应对灾荒。而且，他试图等社仓制的基础一旦稳固就可以考虑根据灾情减免利息，灾情较小时可以减免一半利息，灾情较大时可以免去全部利息。而且，朱子认为，以收取利息的方式可以逐渐把社仓制储藏米的规模扩大，从而可以扩展社会福利的范围，并最终会使百姓缴纳的利息全部用在援助

① 《朱子集》卷七十九，《建宁府建阳县长滩社仓记》："然不知元履之言虽疏，忠厚恳恻之意蔼然有三代王政之余风。"

② 《朱子集》卷七十九，《建宁府建阳县长滩社仓记》："其后元履既没，官吏之职其事者不能勤动荣恪如元履之为，于是粟腐于仓而民饥于室。或将发之，则上下请求，为费已不偕矣。"

百姓上。①

朱子在社仓制的条款里规定了从政府或富户那里借的粮食必须重新还给政府或富户。他认为首先以政府或富户的储备来借给农民粮食，一旦逐渐积累了充足的储备米，就可以把政府或富户提供的"元米"重新归还。这样既不耗费国家财政，又可以最大限度地保障富户的利益。就像这样，朱子的社仓制是不消耗政府和富户的资产，仅仅凭着他们最初提供的"元米"所产生的利息就可以运营的事业。

朱子通过这个福利事业切断了农民的贫困代代相传的现象，给农民提供了能够自立的机会。我们可以看到，这样的社仓制社会福利体系与社会性企业发挥着同一个机能。

朱子通过运营社仓制，一边把士大夫阶层、国家权力和乡村内有影响力的人们互相联系起来，一边确保了社仓的粮食储备，并且把这些粮食借给农民，达到了安定乡村社会的效果。朱子的社仓制在他在福建地区实行以后，在全国都实行开来。② 朱子对社仓提出了"三里的人们得以饱食安居，脱离震扰和夷灭的栽秧"的评价。③ 对于朱子的社仓制，甚至连他的论敌陆九渊也做出了"朱熹在福建地区实行了赈济旱灾的政治，福建地区的人非常信赖他"的评价④。朱子在中国福建地区实行社仓制，救助了 29578

① 《朱子集》卷八十，《建昌军南城县吴氏社仓记》："始作社仓于崇安县之开辉乡，使贫民岁以中夏受粟于仓，冬则加息什以偿。岁小不收，则弛其息之半，大侵则尽弛之。期以数年，子什其母，惠足以广而息可遂捐以予民矣。行之累年，人以为便。"第 4156 页。

② 刘克状：《后村先生大全集》卷八十八，《兴化军创平仓》，第 13 页。

③ 《朱子集》卷七十九，《建宁府建阳县长滩社仓记》，第 1382 页。

④ 《象山全集》卷三十六，《与漕使尤延之书》："元晦浙东组救荒之情，绝人殊赖。"

户人家的127607个成人和90276个小孩[①]，当时的皇帝孝宗接受了朱子的建议，在全国实行社仓制，获得了更大的成果。而且，社仓制作为福利政策在朝鲜和日本实施，成了在东北亚传统社会中广泛扎根的福利政策。朱子既不是为了救助贫民而捐资万贯的慈善家，也不是有强大权力的政治家，但他的社仓制却得以成功，这里的原因在于他的“全体大用”思想，即把百姓当作自己的兄弟的同胞之爱（全体）和实现这种爱的制度体系（大用，即社仓制）。所以，说朱子是东北亚传统社会中的代表性的社会企业家也无妨。

三、朱子学“社仓制”的特征：协调和信任的社会性经济

信任是社会性企业的根本　朱子的社仓制是民间为了自主援助贫困层的社会福利事业。社仓制在形式上是以儒士们主导社仓的运营而地方政府和富户积极参与的方式来运营的。所以，社仓制在以连带性、自主性、市民性为基础形成的经济活动的层面上可以称为社会性经济。形成这样的社会性经济的原理是比起个人的利润积累，把帮助地区贫民自力更生视为首要目的。那么，社仓制作为社会性的经济有什么样的特征呢？这也是在探索东北亚模式的社会性经济中至关重要的问题。

正如在前一章里提到的一样，朱子试图在把帮助贫民实现自力更生作为首要目的的同时，也最大限度地保护富户们的财产。朱子同时重视了贫民和富户双方的利益。

---

① 《朱子集》卷十六，《缴纳南康任满合奏禀事件状》。《朱子别集》卷十，《奏乞推赏赈济上户》。

希望富户和贫民两者的利益都得到安稳。[①]

不能使米价太贵导致贫民受苦，也不能使米价太便宜使地主受到损失。[②]

朱子在承认由于贫民和富户之间的经济行为不可避免地导致贫富差距的同时，又反对在两个阶层之间产生过大的贫富差距。为此，朱子认为应把由于高利贷而发生的贫富差距控制在最小范围。当时，乡村中的习惯是借的粮食要交五成的利息，这分明是对贫民不公平的交易。所以，他认为这使得贫民逐渐变成富户的佃农，贫富差距逐渐增大。作为解决这个问题的方案，朱子反对王安石的由国家积极介入收缴富户的财物来弥补农民的不足的《均田法》，而是认为帮助农民使其能够自己投入生产从而摆脱贫困是更重要的方法。

所以，朱子没有把重点放在强制性地限制富人的财产上，反而放在了通过社仓制来提高贫民的自力更生能力上。如果能实现这一点，就可以从一定程度上减小贫民和富户之间的贫富差距，从而实现均等的社会。所以，朱子虽然通过社仓制把贫困阶层的自立作为首要目标，但是他的最终目标是实现一个使全体社会成员之间都能够相互协调和睦的社会。这显然和西方的社会福利只以贫困阶层的自立为目的不同。因为朱子认为贫民阶层一旦实现自立就会形成特定的利益阶层，从而可能导致和其他阶层的冲突，所以他主张社会成员之间互相协调和睦才是最重要的。

孔子说："丘也闻有国有家者，不患寡而患不均，不患贫而患

① 《朱子集》卷二十五，书，第1062页。《与建宁诸司论赈济劄子》："然后施行，庶使大户细民两得安便。"

② 同上书，第1062页。"不使太贵，以病细民，亦不使太贱，以亏上户。"

不安。皆均无贫，和无寡，安无倾。”[①]如此，孔子十分重视社会成员生产的财物按照各自的身份和生产份额进行分配的经济分配原则。对于这一点，朱子说了下面的话：

均则不患于贫而和，和则不患于寡而安，安则不相疑忌，而无倾覆之患。[②]

勤农文，两者相须方能存立……佃户不可侵犯田主，田主不可挠虐佃户。[③]

朱子认为可以通过实行社仓制达到减小贫富差距，实现社会成员之间协调和睦的目标。这正是儒家追求的“和而不同”中的“和”。即“和”是指承认相互之间处于不同的位置，而且具有不同水平的生产能力的同时，追求协调和睦的状态。朱子认为什么样的社会都必然会存在贫困阶层和富庶阶层，只有这两个阶层之间实现协调和睦才能克服这种阶层之间的对立，使这两个阶层的人都过得更加安宁。朱子又指出这只有在富庶阶层和贫困阶层各自尽到自身应当担负的职责和机能的时候才会变得可能。所以，朱子主张不仅仅是为了贫民或富户某一方的，而更是能使两个阶层在水平的位置上实现协调和睦的制度才能实现真正的社会福利。这种社会福利理念和以美国为中心的自由主义理念和欧洲型的市民社会主义之间也存在区别，可以称为儒家的“协调型社会福利”。所以，朱子说了如下的话：

只万物各得其分，便是利……这利者，即易所谓“利者义之和”。利便是义之和处。程子当时此处解得亦未亲切，不似这语却亲切，正好去解“利者义之和”句。义初似不和，却和。截然而

---

① 《论语·季氏》。
② 《四书章句集注·论语集注》卷八。
③ 《朱子集》，卷一百，公移。

不可犯，似不和。分别后，万物各止其所，却是和。[①]

朱子把社会成员各自尽自己的本分看做“义”，认为在保有这种“义”的情况下可以产生利益。富户通过把自己的财产的一部分借给贫民可以尽自己的社会性职责，贫民把富户的援助好好利用，实现自立，进而在为社会整体的发展而努力之中可以尽自己的社会性职责。朱子把富户和贫民各自尽自己的社会职能而得到的利益叫做“私益”。但是，朱子像程颐川所说的一样，认为如果人们各自只顾追求尽自己的本分而获取私益，并不考虑别人的利益的话，那么两者间不可能达成协调和睦。所以，朱子追求通过两者间的协调和睦来增进公共的利益。朱子把这种利益看做真正意义上的利益。所以，朱子虽然认为各自尽各自的本分可以得到利益，但是并不是到此为止，而是和其他社会成员形成有机的结合时才能创造出真止的利益。朱子把这种利益叫做“公益”。而且，朱子指出私益必须以公益为目标才是正当的，公益则必须以私益为前提来实现。没有私益的公益是空虚的，而没有公益的私益是放荡的。就像这样，对于个人来说，朱子在强调私益的同时主张在自己的利益符合公共的利益时才是正当的利益。这时，这种利益是完全不存在不协调和睦的状态，协调和睦达到极致。就像这样，社仓制是一个集团的各个成员都把相互协作作为运营的基本的时候可以实现公益和私益一致（公私一体）的理念的制度。

朱子的社仓制必须在很多成员通过相互之间的同胞之爱相互协作、相互信任才能实现。朱子制定了如果某个贫民想从社仓里借粮食就必须得到他所属于的地区社会的支持的规定。

申府差官讫，一面出榜，排定日分，分都支散（先远后近，一日一都）……各依日限，具床，结保（每十人为一保，递相保委，如保

① 《朱子语类》，卷六十八。

内逃亡之人，同保均备取保，十人以下不成保，不支）正身赴仓请米，仍仰社保正副队长大保长，并各赴仓识认面目，照对保簿。[①]

“保”是指把乡村中每十个人分为一组（由于是指各个家庭的代表，因此应理解为十个家庭分为一组），是乡村社会中最小的单位。朱子在承认当时的行政单位的同时认为具体的运营应该是依靠地区居民进行自主运营，而不是依靠国家的官僚系统。当时的保由十个家庭构成，由其中公认的最具道德性的人担任保长。五十个家庭构成“大保”，选出其中既有财力又有道德性的人担任大保长。十个大保构成“都保”，选出行为有节制，具有愿意为共同体的成员服务的精神又有财力的人担任都副保正。朱子提出了从大保开始往上，所有担任头目的人都必须有道德性和财力兼备的条件。这种编制使得最小的单位是家庭，十个家庭构成一保，五个保构成一个大保，十个大保构成一个都保。[②] 朱子构成了使贫农和富农可以一同在小规模的经济共同体中追求共同的利益的编制。这样朱子就在承认贫农的个体性的同时构成了使得他们可以和富农相互协作的组织结构。

朱子的社仓制中的最小经济单位是家庭。社仓制不同于各个家庭（个体）必须为自己所属的保（共同体）服务的集团主义价值，而是呈现了各个家庭在追求自身的私益的同时和保内的其他家庭联系在一起，而且各个保（个体）在追求自身经济利益的同时还和其他的保联系在一起（共同体）的结构。这可以理解为是“多层式经济共同体”。这里的“多层”指的是每一层都由多个个体构成，同时这一层又是构成它的上一层的一个个体。这种“多层式

---

① 《朱子集》，卷九十九，公移，《社仓事目》。

② 《宋会要》，“兵＝保甲”，十家为一保，选主户有心力者一人，为保长，五十家为一大保，选主户最有心力，乃物力最高者一人，为大保长，十大保为一都保，选主户最有行止心力，材勇为众所伏，及物力最高者二人，为都副保正。

经济共同体”不是仅仅强调个人或个体的利益或者整个共同体的利益，而是把个体和共同体的利益有机地结合在一起的形态。由于这种多层式经济共同体的运营方式，社仓制得以成功。社仓制规定个人单独无权申请借粮食，而是必须由保长和大保长一起出面保证。这就是朱子鼓励把贫农的问题由共同体的成员们在以家庭为基础构成的金字塔形组织结构中解决的体现。

在朱子的社仓制中，生产组织和个人的关系是依托共同体中人与人之间的连带关系来构成的，所以生产和消费也统一为一体。在这样的共同体经济中，协作和信用比其他任何因素都更加受到重视。朱子为了达成经济共同体的“可信任性”和“公共性”，努力对民众进行了教化。这一点在作为乡村社会的指南的“乡约”中得到了很好的体现。朱子认为，要改善民众的生活，比起某种形式的职业教育来道德教化更为重要。因为百姓为了生存，本身就知道如何尽自身的努力去适应各种环境的方法。朱子认为通过对于乡村成员需要的行为准则和价值观的教育和教化更能增进“可信任性”和“公共性”。朱子的乡约中明确规定了“德业相勤，患难相恤，过失相亲，勤善惩恶”等社会规范，这样就通过每个人之间约定的形式增强了相互之间的道德性。

朱子引用程子的话指出，社仓制这样的制度不可能单纯依靠道德性，而是必须有具体而客观的法度。[①] 朱子用公文《社仓事目》记录了社仓制的实行规定。它的内容中提到了社仓制的大体规定，特别是强调了不只是直接参与者，而更是乡村社会的成员全体的道德教化。

知南康榜文。今请官下士民相邻父老，岁时集会，并加教戒。间或因事反复丁宁，使后生子弟咸知修其孝悌忠信之行，入以事其父母，出以事其长上，敦厚亲族，和睦乡邻，有无相通，患难相

① 《朱子集》，卷九十九：“(程子)又曰：必有关雎麟趾之意，然后可以行周官之法度，正谓此也。”

恤，庶几风俗之美不愧古人。[①]

朱子劝勉乡村社会的成员们要在生活中互相珍惜，和睦相处，相互合作。朱子在他的《社仓事目》和《劝谕榜》里也把民众通过道德教化确立道德性作为社仓制运营的基本前提。他把乡村居民的道德性(同胞之爱)作为解决地区问题的最基本动力。这和最近在经济学中被作为重要内容讨论的“社会性资本”非常相似。科勒曼把道德性资源理解为社会性资本。他说了如下的话：

> 社会性资本和其他形式的资本一样也是生产性的，它存在时可以使人们能够达成没有它时不能达成的目标。例如：成员之间具有相互信任的集团比没有这种信任的集团可以做出更多成绩。如果农民能够互相帮助使大家可以互相借用对方的工具，就可以用少得多的物质资本来完成自己的工作。这种社会性资本可以通过以自发的相互协作为代表的道德性去促进。而且，这种自发性的协作又可以根据互惠性的规范去更加轻易地达成。[②]

朱子认为，通过乡村社会中各个成员之间的连带和协作可以解决贫民问题，所以道德性应该成为各个成员之间的相互利益的基础。朱子和科勒曼不同，不是把协作看成基于成员之间相互利益的一种工具，而是认为协作是基于所有社会成员所共有的一般性伦理道德和社会固有的有机属性。但是，这绝不是说朱子否认了道德的功利性。朱子认为，在遇到患难的时候，依靠自己一个人的力量去努力解决不如乡村全体成员共同面对问题，谋求解决办法，所以他强调了乡村全体成员之间需要连带意识。社会性企业正是基于这种社会性经济。社会性企业非常重视和其他组织

① 《朱子集》，卷九十九，公移，第5052页。

② Coleman, James, 1988, “Social Capital in the Creation of Human Capital”, American Journal of Sociology 94, s94-s121.

的水平性联系和使协作得以进行的社会性关系。这样的社会性经济实际上可以成为每个成员创造看不见的经济效果的原动力。可以认为,社会性经济的成功与否决定于成员的道德修养。朱子的社仓制是由于社会性资本即社会成员之间的协调和睦和个人的道德性获得成功的。

四、朱子学“社仓制”在现代韩国社会中应用的可能性

缘故集团可以成为韩国型社会性企业的主体 我们已经讨论了西方的现代化和产业化浪潮进入东北亚地区以前的社会性经济——“社仓制”,找出了它的特征——“协调和睦”和“可信任性”。那么,今天也可以把朱子学的社仓制进行变形使用,根据它建立有别于美国和欧洲的韩国型社会性企业吗?

朱子的社仓制的基础是成员之间相扶相助的乡村共同体,这在现代化和产业化的过程中好像已经不复存在了。但是,在韩国社会中通过缘故集团的成员之间相互帮助的习惯还是可以找到传统社会的经济共同体的痕迹。特别是上世纪70年代农业生产增进运动中出现的新品种开发,改良耕作方法,农业机械的共同购买,共同交流农作物栽培的知识和信息,通过共同销售创造利益等的经济行为都可以看做是继承了传统社会中乡村共同体内部的互帮互助的协作方式。这样的社会性特征不仅仅在农村社会中,在城市社会中也是经常可以看到的社会现象。进入产业化现代社会以前,农村里互帮互助的习惯仅限于对居住在同一个村子里的邻居或亲戚。后来,随着产业化和现代化的进行,韩国本来应该进入向西方一样的强调个人主义的社会模式,但是却不但仍然存留了传统社会的共同体意识,而且这种意识根据社会结构的变化,反而呈现了更加扩大的趋势。

随着现代化的开始,农村人口逐渐流入城市,传统社会中的

地区性逐渐减弱，这种联系网的外延逐渐扩大。首先，在亲戚关系上，移居到城市里的亲兄弟姊妹们一边强化他们之间的关系，同时还与和他们同一姓氏的其他亲戚建立新的联系，从而形成了“宗亲会”这种比家庭的规模更大的亲族集团。亲戚关系以外的邻里之间的互帮互助则因为工作场所和家庭的分离，频繁的居住地迁移等城市生活的特征而相对减弱，但与此同时城市居民通过他们所属的各种机关或组织建立朋友关系，这种互帮互助的依存关系以更为复杂的形式体现了出来。而且，他们在离开了那个机关或组织以后还会继续维持这种关系网。就像这样，在韩国社会中，民间组织“同窗会”、“乡友会”、“宗亲会”、“同趣会”等非常复杂地交织在一起。特别是金融危机之后，韩国社会中市场的经济伦理和国家的行政体制虽然呈现出个人主义倾向，但是在作为非营利机关的第三领域里这种互帮互助的系统却显出更加强化的趋势。

就像这样，西方的现代化、产业化存在明显的个人主义特征，东方社会接受西方的现代化之后，在法律和制度性等公共秩序层面上也明显地主张伸张个人权利。但是，在个人的生活领域中比起个人性反而更加强调共同体性这一点也是不容否定的。这种社会现象的背景中固然有韩国社会没有完全脱离传统的原因，但也可以理解为东方社会中为了解决现代化过程中存在的问题而使用的一种权宜之计。韩国社会进入现代化之后，国家的公共权力的无限扩大和无情的市场竞争秩序导致个人和个人之间的信任减退，因此为了保护自己并获得安定感，就特别需要社会中的共同体。这种关系网不但可以提供国家和企业无法提供的社会福利性服务，而且可以起到确认并保障对方的可信任性的积极作用。例如：个人或个别家庭在面对单靠自己的力量无法解决的困难时，可以通过同一个共同体的成员相互提供帮助来解决，这是一种互惠性行为。

那么，韩国社会中的缘故集团果真能看成前文提到的“第三部门”，即非营利机构吗？对于区分非营利团体，萨拉蒙和安海尔提出了四条特征,即“不依据营利的分配方式”、“从政府分离”、“财政上的自立”、“成员的自发性参与”。① 根据他们的定义,韩国社会中的缘故集团就可以看作是非营利机构。缘故集团完全不依靠政府或企业财政,是不受国家和市场影响的组织。虽然它可能在非正式的层面上和国家或市场存在一定的连接,但是从形式上看,因为缘故集团是存在于国家的公共权力和市场的营利活动外部的,所以相对受国家的行政管制和市场中追求利润的规则的影响较少。因为不追求市场中的经济利益,所以也不存在把营利分配给各个成员的问题,并且在不接受国家的财政支援和制约的角度上,缘故集团也符合前面关于非营利机构的定义。虽然个人以自己的出生地或学校等为基准被决定为属于某个缘故集团,但是这并不是说个人有必须强制性参与的义务。从这一点上看,缘故集团的成员是自发参与的,所以这也符合划分为非营利机构的条件。从大多数韩国人都属于特定的缘故集团来看,缘故集团比市民社会、社会福利团体、集体性利益集团具有更广的外延。

韩国社会的现代化在以与西方不同的“缘故主义”的形态进行这一点上分明与西方的现代化具有截然不同的形态。那么,这种特征必定可以从韩国的传统社会中,特别是从近现代化潮流流入以前,支撑韩国传统社会的思想体系中找到,也就是说可以从儒教特别是朱子学中找到。朱子学不是把个人看作孤立的和抽象的存在,而是在和他人的关系中去理解个人的存在。在这样的关系网里不考虑他人而片面强调自己的权益的话,结果只会被看作是利己性的行为,所以个人的权益不是应该得到保护,反而应该受到抑制。在儒教的规范之中,越是亲密的关系就越是应该比起向对方要求或主张自己的权益来更加在互惠性的共同体关系中施与和关怀。这样的共同体规范在现在的缘故集团中也可以

① Salamon,L and H.K. Anheier, 1996, Social Origins of Cixil Society: Explaniming the Norprofit Se, Wokingctity Papers of Johns: 235.

轻易找到。缘故集团中,亲密的感情比什么都重要,这种亲密的感情也是使得双方的关系不向着极端性的利益关系发展而是维持互惠性关系的基础。互惠性关系使得任何一方都即使不是马上能得到利益,也仍愿意给予对方帮助。缘故集团会为了维持这种关系而不断努力。这种关系会很自然地期待互相帮助的行为,在可以帮助和应该帮助别人的时候不去帮助,或者在需要帮助的时候不向别人要求帮助的行为都会被看做是不符合缘故集团的行为规范的。这样的事情如果一直持续的话,彼此之间的连带关系就会发生裂痕。这样的互惠性明显和现代韩国社会中的缘故主义有密切的联系。

但是,众所周知,缘故集团虽然在它的内部有凝聚力和协作经济关系作为支撑,但对于在它外部的组织却十分排斥。这种排他性的缘故主义实际上是和朱子的理念相反的。朱子强调不偏向于任何一边的公正性。在乡村社会中,一个人怀有道德即公正性的时候,会被人们尊为君子,得到公职。如果说朱子学中把"公正"当作君子的行为品德的话,小人就是仅根据自己的私益行动的人群。在朱子看来,君子具有"在公共领域中虽然普遍,但却不拉帮结派"的态度,而小人是"喜欢拉帮结派,却不普遍"的。最终,均匀(周)和偏向(比)成了公共领域中的两种行为方式。朱子认为君子行的"周"是根据公正的原则划分自己的好恶,而小人行的"比"是只顾拉帮结派,喜欢属于自己这边的,厌恶不属于自己这边的。[①] 造成这种差异的原因是君子的心公平而又大气,而小人的心潜藏着利己性。所以,朱子说君子和儒士是"天理之公",即在和私欲的对抗中能够实践天理之公,得到上天和百姓的信任。但是,缘故集团和亲族主义是明显与儒教的传统道德观对立的。这样的排他性利己主义、集团性利己主义即使可以说追求私欲的主体不是个人,也应该说是以集体的形式追求私欲。与这

---

① 《朱子语类》卷二十四:"君子之于人,无一人使之不得其所,这便是周;小人之于人,但见同于己者与之,不同于己者恶之,这便是比。"

相反，朱子学中的乡村社会公共经济不是追求个人私欲，而是为了实现公共善。

那么，韩国的缘故主义和朱子学一点关联都没有吗？我们可以从朱子下面的话中找到解决这个问题的线索。

且如爱其亲，爱兄弟，爱亲戚，爱乡里，爱宗亲，推而大之，以至于天下国家，只是这一个爱流出来，而爱之中便有许多等差。[①]

以上面的内容来看，好像儒教支持缘故主义。但是从朱子学的角度上看，缘故主义只是实践"仁"的出发点，而不是它的目标。上面的朱子的话正是他对孟子的"亲亲而仁民，仁民而爱物"[②]进行的解读。在孟子的话里，他重视对父母的爱，强调家庭成员之间的连带关系的同时，指出这种连带关系必须扩大到对所有事物，这才是"仁"。但是，由他主张人类全体的公共善也必须从对父母的爱出发，可以看出私益和公共善是不可分离的。韩国的缘故主义虽然在强化集团内的连带和协作的意义上有向集团利己主义发展的危险，但是却有必要把它扩展到对全人类。所以，我们不必否定缘故主义本身。问题是能否真的使缘故集团的关系不仅限于特定集团内部，而是把它扩展到整个韩国社会，甚至进一步扩展到对全人类。

实际上，最近缘故集团中一个人可以同时属于特定学校的同窗会和特定地区的乡友会等好几个缘故集团。在以地区为基准的乡友会中，个人属于这个地区的乡友会的同时从更大的范围上说可能又属于郡或道(省)级别的乡友会。在这里再扩大一步，就是整个韩民族的共同体。而且，家庭的众多定义中也是虽然有像西方一样的只指由父母和子女构成的"小家庭"的情况，也有像东方社会中把所有旁系亲属全都包括在内，甚至把同一个姓氏的人

① 《朱子语类》，卷九十八。

② 《孟子·尽心上》。

都认为是一个家族，并包含进宗亲会的情况，还有把自己的父系亲属和母系亲属以及自己配偶家的亲属都包括在内的定义。这样的组织可以说不是仅仅为了追求自己的个人利益，而是为了彼此的和睦协作而构成的。这种依据血缘关系的爱越进行扩大，韩国社会就越会变成更加充满信任和爱的社会。

既然韩国社会的非营利机关的特征在于缘故集团，那么对于韩国的社会性企业，本文也试图以缘故集团为中心来探讨。如果能够以缘故集团为基础建立社会性企业的话，就可以构成一种与欧洲的以劳动者为中心的工人协会式的社会性企业以及美国的以社会福利团体为中心的社会性企业有明显区别的东北亚式模型。而且，其参与对象也不必像欧洲一样主要是弱势群体或像美国一样以个别社会福利家为主，而可以诞生以大部分的中产阶层为中心的社会性企业。这样的组织一边经营以连带感和信任为基础的社会性企业，一边为了救助自身组织内部存在的贫困阶层来开创新的事业领域，或者开创和自身组织有关联的新的社会性服务事业。这不是向自己组织内的朋友或亲戚提供一部分生活费，而是创造使他们能够自己从事生产活动的环境，并且使他们作为集体的一员或社会的一员来积极参与。这样的缘故型社会性企业可以担当自身组织内部的失业者救助、贫困层学生的奖学金发放、老人福利以及乡友会中的救助农村家乡等的各种职能。这样的社会性企业由于存在文化性基础和血缘基础，因此会更具效率性。所以，重要的不是首先考虑韩国社会的福利甚至整个人类社会的福利这种巨大的目标，而是从解决各自所属的缘故集团中的贫困问题和在缘故集团内部创造社会性服务开始。

在社会性企业中，获得的收益应该和营利性企业不同，把其中的一部分回报给社会。对象并不仅仅限于自身所属的缘故集团，如果自身所属的缘故集团发展得比较好，那么可以把它的外延逐步扩大，并且可以和其他领域联系起来形成更大的网络。例如，我们可以期待一个宗亲会从村子的规模开始发展到以郡、道甚至整个国家为单位的乡友会。这样的广义上的公共性就可以一定程度地克服集体利己主义倾向。社会性企业的目的本身不是为了个人的利益,而在于社会性目的,所以不会发展成激烈的竞争体制。因为东北亚社会中一个人不是仅仅属于一个而是很多个缘故集团,即一个人往往在如宗亲会、同窗会、兴趣社团等许多组织中活动,所以由这些人构成的社会性企业发展成为只为了特定集团利益的社会性企业的可能性较小。

以缘故集团为中心的社会性企业与美国或欧洲的非营利非政府部门的组织不同,它的特征在于成员在属于这个缘故集团的同时往往在第一部门或第二部门中有自己的职业。由于这种两重性,缘故集团的成员们可以是属于第一部门的国家官僚,也可以是属于第二部门的企业成员。所以,与西方的非营利非政府部门不同,韩国社会的缘故集团与其说是作为与国家和市场分离的第三部门存在,不如说是存在于国家和市场的内部更为妥当。[①] 当然,和历史上一样,由于缘故集团和国家部门以及市场部门不分离,在东北亚社会中国家的官僚和企业的经营者也曾常常以自身的缘故集团为背景构建自己的关系网来实现自身的利益。但是,在西方的合理性在政界和经济市场中越来越强化的情况下,在政府组织和营利组织中,这样的缘故集团伦理已经不再完全适用了。缘故集团必须与政府以及企业组织明确区分开来,与第一第二部门各尽所能并追求协调和睦。这不仅在社会性企业的发展上非常重要,而且市场和国家也可以为了防止它急剧向效率性和资本化转变而起到限制作用。在这中间起到沟通作用的就是个人。个人由于在属于缘故集团的同时又属于政府或市场组织,可以努力不偏向任何一方,为追求协调和睦发挥力量。

社会性企业和社会福利团体不同,不否认组织自身通过商业活动去创造利润。所以,缘故集团的成员的义务之一就在于缴纳

① 柳硕春、张美惠:《韩国的非营利、非政府领域与社会发展:以缘故集团为中心》,《东西研究》,10卷2号,延世大学东西问题研究院,1999,第138页。

会费。把成员缴纳的会费好好运营也可以帮助自身缘故集团内部的贫困阶层。而且,由于个人既是缘故集团的成员又是属于国家部门或市场部门的专家,因此不仅作为某个社会性企业的一员的营利性企业经营者可以为这个社会性企业提供专门的经营指导,作为社会性企业一员的政府官僚也可以促使政府对这种公共事业更加大力支援。这样他们会更加积极参与自身在社会性企业中的活动。而且,收益可以用来对其他公共团体进行再投资,即如在村级的社会性企业中获得的收益反而可以用来对市级或道级的社会性企业进行再投资。朱子的社仓制中也指出社会性企业的成功与否绝不在于资金而在于信任感和连带感。特别是儒教型社会性企业中更是比起"杀身成仁"一样的大爱来更把对于邻里和朋友所献的一点点小的爱心和关怀作为最基本的核心要素。这样的一点小小的爱心的力量可以在社会能够提供所需的社会性服务时,实现儒学所追求的万民皆是兄弟和同胞的"大同社会",并且可以限制胜者独占一切的弱肉强食的资本体制。现在是我们各自都来实践自己所具有的这种小小的爱的时候了。

心学辨义[①]

——兼评牟宗三先生的理学研究

□陈畅[②]

【内容摘要】现代人对宋明理学有许多误解，而学术界以牟宗三先生为代表的研究范式又有将理学局限为个体性精神修养学问之虞，本文以"心学"为例，尝试从理学道统论的角度作出澄清。论文首先阐明理学语境中的虚实之辨；然后通过与古典视域的虚实之辨具有迥异内涵的现代诠释——牟宗三先生的相关研究——作对比考察，指出牟先生诠释范式的理论盲点所在；继而通过对理学实践机制的分析，阐明"心学"的目标和主旨，即理学道统论视域中的心学，在"性与天道"语境中创造性地继承三代王道理想，既能应对佛老的挑战，又开辟了一个崭新的道统实践

① 本文是国家社科基金项目《〈明儒学案〉的道统论哲学及其话语特色研究》(批准号 12CZX035)、同济大学青年优秀人才培养计划(英才类)、广东省哲学社会科学"十二五"规划 2011 年度青年项目(批准号 GD11YZX01)阶段性成果。

② 作者简介：陈畅，同济大学人文学院哲学系副教授，主要研究方向：中国哲学。

空间。

【关键词】心学;道统论;朱子;牟宗三

“心学”是宋明理学的核心词语之一,其重要性首见于理学家以“万世心学之宗”来描述作为理学道传核心的“虞廷十六字心法”。宋儒真德秀有“舜禹授受,十有六言,万世心学,此其渊源”[①]之说。此处的“心学”当然不是指与“程朱理学”相对的“陆王心学”之义,而是指宋明理学对于“尧舜禹汤文武相传治天下之大法”的独特传承及其精要之发明。[②] 在这一意义上,我们可说理学中的“心学”一词首先指涉的是儒家道统之传。

“心学”对于儒家道统义蕴的指涉是宋明思想独特的用法。具体来说,儒家之道统源于三代王道,是历代儒家在三代之后圣王分离的历史情境中为传承、“发明”三代王道理想而确立的。而作为传道统系的儒家道统论,涉及儒家三代圣王所立之“法”及其传承谱系。宋明时代之前的儒家,主要是在政治与文教制度的层面来理解三代王道,故而其所谓“法”便是政教与礼俗之法。宋明时代则不同,理学家不再仅仅限于政教、礼法层面来理解三代王道,而是将其置于“性理”的层面来理解,故而三代诸圣所立之“法”便被视为“心性”之法。理学道统论最为经典的表述来自朱子《中庸章句序》,朱子此文之论述形构出理学道统论最为核心的三个要素:作为其经典依据的儒学典籍(《古文尚书》、《四书》)、独立的历史传承谱系以及作为理论核心的道心人心之辨。依朱子之意,《古文尚书·大禹谟》中的“人心惟危,道心惟微;惟精惟一,

① 真德秀:《心经·西山心经赞》,四库全书本。

② 按:关于理学语境中的“心法”、“心学”,可参陈荣捷先生的辨析,详见氏著《朱子新探索》,上海:华东师范大学出版社,2007年,第222—225页。

允执厥中"十六字便是"尧舜禹汤文武相传治天下之大法"[①],是为道的精髓和道统的主旨[②]。

需要提及的是,这一道统论视域的转变,其背景是佛教方面的理论挑战。佛教对儒学的挑战不是来自政教方面,而是来自"心性"的层面。换言之,理学家是在儒家政教法统没有受到挑战的情况下谈"心性",理学家所说的"心性"之法已必然蕴涵着其对儒家政教法统的存在及其稳定性的肯认。由是,理学道统论便涉及这样一个根本性的问题:作为在新的历史情势下创造性地继承三代王道理想的理学道统论,有着怎样的理论境域和运作机制来实现这一王道理想?本文的主题就在于辨明这一层面上的"心学"之义。下文的论述将首先阐明理学语境中的虚实之辨;然后通过与古典视域的虚实之辨具有迥异内涵的现代诠释——牟宗三先生的相关研究——作对比考察,指出牟先生诠释范式的理论盲点所在;继而通过对理学实践机制的分析,探明本文主题。

一、虚实之辨与宋明理学

"虞廷十六字心法"指示学者从道心、人心之辨出发去领会"允执厥中"之密旨,而允执厥中是在伦常日用中展现的。由是,"心"与"物"(制度、器物、人文化成)的关系便成为理学核心议题之一。现代人受到西方哲学的影响,往往把理学的心物之辨放在精神物质二分的脉络中加以解读。这一点在西方汉学家的研究中表现得尤其明显。不少汉学家几乎毫不思索地把理学家所讲

---

① [宋]黎靖德编:《朱子语类》卷七十八,北京:中华书局,1994年,第2016页。

② 关于理学道统论的历史形成、构成要素分析,可参考唐宇元:《道统抉微》,《哲学研究》,1991年第3期;陈荣捷:《新儒学论集·朱子道统观之哲学性》,台北:"中央研究院"中国文哲研究所,1995年;李明辉:《朱子对道心、人心的诠释》,《湖南大学学报(社会科学版)》,2008年第1期。

的“心”直接等同于“精神”并与“肉体”对立起来(按:身心关系是心物关系中的一种)。例如,有研究者认为:“精神是某种控制肉体的东西,用朱熹的话说,是‘身之主宰’。”[①](按:朱子原话为“心者一身之主宰”)这一简单套用的做法,其直接后果就是认为包括理学在内的儒家思想也是建立在精神物质分裂且强调精神优先论的基础上:“与西方身心二元观的差别并不大,只是程度上的差别,而不是世界观或思维模式的差异。”[②]下文将阐明,是“虚实之辨”而非“精神物质二分”构成理学家所讲的“万世心学”之理论预设(视域);现代人把理学心物之辨置于“精神物质二分”的脉络中加以解读将带来许多问题。本文所说的虚实之辨有两层含义,一是作为儒释之辨的虚实议题,二是作为心物之辨的虚实议题。第一个层面的虚实之辨涉及心性之学对于人文化成世界的开出,第二个层面则涉及理学之“心”学的构成与运作机制。

“心”在儒家思想脉络中,向来是与工夫修养联系在一起的。例如先秦儒学典籍中,《孟子》之“尽心知性”、《荀子》之“虚壹而静”,皆表现出这种工夫义蕴。自佛教传入中国后,心的含义变得复杂起来。宋代以来,儒释道三家对于“心”皆有大量论述并呈现竞争的局面。近人沈曾植(1850—1922)曾作出概括:

> 佛家析心为六、七、八三识,道家析心为精、气、神三宝,儒家止以一心字括之。[③]

儒家不像道家和佛家那样喜欢用一个以上的概念将心分而

---

① [美]墨子刻:《摆脱困境——新儒学与中国政治文化的演进》,南京:江苏人民出版社,1996年,第82页。

② [德]何乏笔:《修身·个人·身体——对杨儒宾〈儒家身体观〉之反省》,《中国文哲研究通讯》第10卷3期(2000年),第302页。

③ 沈曾植:《海日楼札丛》卷四“心”条,上海:中华书局,1962年,第151页。

析之，而往往只用一个概念来概括心的内涵。这种现象差异的背后，其实牵涉到三家对于“自我”的不同定位。修养总是针对“自我”而言的。释氏以“五蕴皆空”说“我”，老氏以“婴儿之未孩”说“我”，两家之“自我”均把世俗生活经验视为后得性污染而加以破除；故而两家对“心”的分析中，最大的特点就是对日常生活经验的层层剥离，所谓三识、三宝都是在这种相对于日常经验的逆向、层层剥除后给出的。与释老二氏不同的是，儒家的“自我”恰恰是建立在日用伦常生活经验的基础上的。如孔子所言“己欲立而立人，己欲达而达人”，儒家学说中作为“自我”的“己”既非局限于一身躯壳，亦非与日常生活、他者相隔离，而是人伦之事、天下事物皆系于一身之“己”。在这一意义上，儒家的“自我”必须在具体的生活实践过程中方可成就，实践的过程也就是建构和表达“自我”的过程。换言之，儒家“止以一心字括之”是其直面日用伦常生活实践，将治心与修身（齐家治国平天下）视作同一过程的体现。因此，儒释道三家对“心”之论说特点，正是三家义理差异之呈现。在理学语境中，上述三家义理差异亦被归结为“虚实之辨”。

理学家在建构儒家“心”学的同时，也热衷于辨析儒释道三家论述之差异。以儒家立场看来，释老之学因其与日常生活世界分离而呈现同质性，且以释氏之害为大；故而理学家辨三家义理之差异多半以儒释之辨的议题加以总述。以朱子为例。朱子论“心”以“心统性情”说著称，性情看似析“心”为二，实为“心”所统合，且均不离日用伦常。故而朱子说：“释氏虚，吾儒实。”[①]朱子所谓虚实之辨，具体说来则是指佛教“都无义理，只是个空寂。儒者之学则有许多义理，若看得透彻，则可以贯事物，可以洞古今”[②]；切近而言，则是：“释老，其气象规模大概相似。然而老氏之学，尚自理会自家一个浑身，释氏则自家一个浑身都不管了。”[③]空寂与

① 《朱子语类》卷一二六，第3015页。

② 《朱子语类》卷一二六，第3018页。

③ 《朱子语类》卷一二六，第3012页。

否、看得透彻与否，最终可落实于对“身体”的态度和立场上。周敦颐《通书》云：“治天下有本，身之谓也。”[①]这里所说的“身”之义蕴并非局限于个体肉身，而是推扩于由“身”所指涉和形构的日常生活世界。这种论述明显区别于佛教空的立场，亦非如老氏学说那般视个体肉身为核心价值而不及其余。儒家志在“通天下之志，而尽人物之性”[②]，并全面体现于日常生活与社会政治实践之中。佛、道二教虽然没有脱离人类社会生活，但其社会行为的意义却在于形构出异质于世俗生活、超越日用伦常和各种社会建制的宗教生活世界。因此，所谓“释氏虚，吾儒实”的虚实之辨，即是否在日常生活中具足所有意义：“虚”是指与日常生活世界分离，“实”则存在于日用人伦中。这也就是上文所述第一层面的虚实之辨。

再来看第二层面的（作为心物之辨的）虚实之辨。在理学，物（制度、器物、人文化成）之开展是通过“心”的构造活动。这首先体现在理学家对“物”的解释中。朱子释物为“物，犹事也”[③]。阳明也说“物即事也”[④]。理学家的这种解释是依儒家悠久的以“事”来规定“物”的传统。例如在汉代经学家郑玄那里已有如是表述。[⑤] 王夫之对此有个说法：“物，谓事也；事不成之谓无物。”[⑥]可见，“事”首先是与人的实践活动相联系的。这也表明，“物”之所

① 周敦颐：《通书·家人睽复无妄第三十二》，《周敦颐集》，北京：中华书局，1990年，第37页。

② 朱熹：《孟子或问》卷十一，载《四书或问》，上海：上海古籍出版社、安徽古籍出版社，2001年，第482页。

③ 朱熹：《大学章句》，《四书章句集注》，北京：中华书局，1983年，第4页。

④ 王守仁：《传习录中》，《王阳明全集》，上海：上海古籍出版社，1992年，第47页。

⑤ [汉]郑玄注，[唐]孔颖达疏：《礼记正义》，北京：北京大学出版社，1999年，第1592页。

⑥ 王夫之：《张子正蒙注》卷三，北京：中华书局，1975年，第96页。

以能被人感知，是因为它与人类的事务发生了关系，因而具有一种与事务相关性的结构。换言之，“物”是通过与人的实践活动的相关性而得以进入人类的生活世界，成为生活世界中的“事物”的。[①] 因此，理学家以事释物，正表明理学是以事务或实践为其根本指向。“事物”之所以能被人所感知并成为“事务”，则依赖“心”的功用。朱子称：“物至而知，知之者，心之感也。”[②]有感必有应。[③]如何应“事物”，便是“心”之责任与功用。而与此相对应的是，儒家“外王”念兹在兹的“制度、器物、人文化成”，皆以“心”之责任与功用的实践模式在理学体系中得以呈现。无论理学家在哲学立场上的分歧有多大，“心”在理学中基本上有一个共同认可的规定：虚灵。如朱子称“虚灵自是心之本体，非我所能虚也。耳目之视听，所以视听者即其心也。岂有形象。然有耳目以视听，则犹有形象也。若心之虚灵，何尝有物”[④]，阳明也说“心者身之主也，而心之虚灵明觉，即所谓本然之良知”[⑤]。虚是与实相对的概念，“实”是就有形可状的经验事物而言，“虚”则指涉“心”之无形象无方所。“灵”是指示心之功用，例如，心可体察万物而无不察照等等。朱子认为虚灵是心之本体，此处“本体”二字当释为“本然体段”，其义有二：一是指心的其他功用，如“知觉思虑”、“主宰”（“有知觉谓之心”[⑥]、“心，主宰之谓也”[⑦]）都由“虚灵”这一基本功能而

① 详参陈赟：《儒家哲学中事物经验的模式》，《学习论坛》，2006年第3期。

② 朱熹：《朱熹集》卷六十七《乐记动静说》，成都：四川教育出版社，1996年，第3523页。

③ 程颐《周易程氏传》卷三：“有感必有应，凡有动皆为感，感则必有应，所应复为感，感复有应。”《二程集》，北京：中华书局，2002年，第858页。

④ 《朱子语类》卷五，第87页。

⑤ 王守仁：《传习录中》，《王阳明全集》，第47页。

⑥ 《朱子语类》卷一百四十，第3340页。

⑦ 《朱子语类》卷五，第94页。

发用；二是指“心”有失去其“虚灵”功用而至于昏聩的可能性，故而相对于“昏聩之心”，“虚灵之心”便成为“心之本体”。在朱子学中，心能够感知事物之来、应事接物并主宰事物之演化：“人心万事之主，走东走西，如何了得！”[1]亦能够以思的方式通达于物：“心则能思，而以思为职。凡事物之来，心得其职，则得其理。”[2]换言之，心之“虚灵”呼应于“实有”的两个面相：一是性理，一是事物。这两个面相有所分别但又非截然分离，因为性理就是事物之性理。朱子指出：“至于天下之物，则必各有所以然之故，与其所当然之则，所谓理也。”[3]这种界定至少有如下两个意义：一是指出性理并非事物之外的孤高存在，而是事物精微广大的运行方式本身，在这一意义上，可说性理是引导性的，它引导事物走在获得其本性的道路上；二是指出性理既包括当下事物之变化的个别性之理，也包括超越个别性限定的根源之理、结构之理，天下万事万物因此而被纳入相互通达、彼此相与的贯通状态，亦即“各正性命”、“物各付物”。《朱子语类》记载有一段朱子师弟答问：

杨通老问：“赵守断人立后事错了，人无所诉。”曰：“理却是心之骨，这骨子不端正，少间万事一齐都差了。”[4]

朱子的回答指出了理在实践中的重要性，理不端正，便无法恰当应对事为。另一方面，理为心之骨，并非说理是心的主干，而是说，在“心”之应事过程中，理是心的定盘针、主心骨，正是依赖理的引导作用，心才能发挥其虚灵之神用，否则将陷入昏聩。此即“以理为主，则此心虚明”[5]。因此，心的责任与功用就在于持守

① 《朱子语类》卷十二，第199页。
② 朱熹：《孟子集注》卷十一，《四书章句集注》，第335页。
③ 朱熹：《大学或问上》，《四书或问》，第8页。
④ 《朱子语类》卷一百六，第2647页。
⑤ 《朱子语类》卷一百十三，第2746页。

性理以应接事物,使事物得以以其本身精微广大的运行方式运作。心的这种责任与功用,按朱子的说法则是"虚灵不昧,以具众理而应万事者也"①。朱子把"心"的这种应事模式归结为:

心虽主乎一身,而其体之虚灵,足以管乎天下之理;理虽散在万物,而其用之微妙,实不外乎一人之心,初不可以内外精粗而论也。②

在朱子看来,虚灵之心具众理而应万事的实践模式,既不偏于内心,也不驰于外物,而致力于形构一种契合内外物我之形势的稳健缜密之工夫,非内外精粗之框架所能衡量。《朱子语类》载有一段朱子师弟答问:

问:"《或问》云:'心虽主乎一身,而其体之虚灵,足以管乎天下之理;理虽散在万物,而其用之微妙,实不外乎一人之心。'不知用是心之用否?"曰:"理必有用,何必又说是心之用!夫心之体具乎是理,而理则无所不该,而无一物不在,然其用实不外乎人心。盖理虽在物,而用实在心也。"又云:"理遍在天地万物之间,而心则管之;心既管之,则其用实不外乎此心矣。然则理之体在物而其用在心也。"次早,先生云:"此是以身为主,以物为客,故如此说。要之,理之在物与在吾身,只一般。"③

上引答问末尾之话语说明朱子的思考是依"以身为主,以物为客"的思维模式,此处"主""客"之别是以人的实践之依"己"为视角、为中心而确定的,这种确定方式的根源在于:人无法脱离自身去理解世界,"己"是人类思想和实践的最后根据地。这段问答

① 朱熹:《大学章句》,《四书章句集注》,第3页。

② 朱熹:《大学或问下》,《四书或问》,第24页。

③ 《朱子语类》卷十八,第416页。

中最为核心的是朱子所说的“理之体在物而其用在心”，此语说明性理不是封闭于纯粹意识领域之中的存在，而是透过虚灵之心，在感应中生成与呈现的关系性存在。由此可见，理学绝非局限于内在的意识哲学，毋宁说是一种深深植根于社会历史现实的伦理实践体系。朱子学强调对性理的体认，其目的无非在于以理为媒介把握天地万物的存在意义，以发挥社会历史的创造作用。事实上，这一实践模式是理学家对于“天地之化”的模量。朱子曾引用程颢之言以论儒家恕道：

天地之化，生生不穷，特以气机阖辟，有通有塞。故当其通也，天地变化草木蕃，则有似于恕；当其塞也，天地闭而贤人隐，则有似于不恕耳。[①]

在朱子，“恕”便是“求仁工夫”[②]；“恕随事应接，略假人为”[③]也就是道德实践过程。因此，所谓虚实之辨、心物之辨，在根源上也不过是辨“气机之通塞”而已；换言之，虚实之辨（心物之辨）的理论原型是天地之化意义的通气机之阖辟，在这一原型中，最根本的特点是“一本论”：一方面，在性理与物之间，辨别的标准是同一事物本身之运作方式是否精微广大，极端而言，其差别亦不过是天地化生之通塞而已；另一方面，理之在物与在吾身，亦即心与物之间的关系，是感应世界中开放自在的平等关系（详见本文第三节的讨论）。这种理论原型与西方哲学实体论形态下的身心二元（物质精神二元）以及精神优先根本不同。前文所述的西方汉学家之观点是犯了“世界观的错置”之错误。从这一理论原型亦可知，理学实践的目标是要通过伦常实践达到“天地之化”的“生生不穷”境域。这一境域不可以现代人常见的观念论来理解，即便

① 朱熹：《四书或问·中庸或问上》，第72页。

② 《朱子语类》卷二十九，第757—758页。

③ 《朱子语类》卷二十七，第691页。

硬要运用主客二分、精神物质二分的范畴来格义,也只能说是主客未分、物心一如的当刻,不应该比附为单纯的观念论形态之下的精神优先论。现代人一旦把心物之辨从虚实之辨的脉络中抽离出来,放置于精神物质二分的预设中,理学的实践境域便遭到破坏。

二、现代理学研究范式之限制:以牟宗三为例

目前学术界对于理学道统论语境及运作机制的理解主要以牟宗三先生的哲学范式为代表。牟宗三先生的诠释集中于形上化的“道体”方面。“道者精神生命之方向之谓也。”[①]牟宗三把理学家所讲的道体解释为一种永恒而普遍的精神实体、道德实体,这种精神实体“即存有即活动”,不但弥漫六合,而且主宰并规范天地万物,此所谓“主宰并规范”是在承认精神物质二分的前提下,以精神实体(理)“创生”(按:“创生”非日常所理解的“一物生一物”,见下文)物质(气)的方式进行的。牟宗三称:

性体心体不只是在实践的体证中呈现,亦不只是在此体证中而可被理解,而且其本身即在此体证的呈现与被理解中起作用,起革故生新的创造的作用,此即是道德的性体心体之创造。依儒家,只有这道德的性体心体之创造才是真实而真正的创造之意义,亦代表着吾人真实而真正的创造的生命,所谓“于穆不已”者是。这是吾人理解“创造性原则”最重要的法眼,切不可忘记。这也是创造性原则之最基本、最原初而亦最恰当的意义,它既不是生机主义的生物学的生命之创造,亦不是宗教信仰上的上帝之创造,更不是文学家所歌颂的天才生命之创造。因为生物学的生命之创造,是实然的自然生命之本能,不真是能创造的;文学家所歌颂的天才生命是情感生命底光彩,其底子还是实然而自然的生

① 牟宗三:《心体与性体》上册,第168页。

命，这还是才性的，所以讲天才，亦讲江郎才尽，这都不是经过逆觉而翻上来的道德生命、真实而真正的精神生命之创造。就是宗教信仰所说的上帝之创造，若真是落实了，还是这道德的性体心体之创造。[①]

牟宗三在这里区分了自然的生命与道德的（精神的）生命，进而将创造性分为实然的自然生命之创造性与道德的创造性，并以道德的创造性为创造性原则最基本、最原初、最恰当的意义，而自然生命的创造并非真正意义上的创造性。即便是宗教信仰所说的上帝的创造，落实而言也还是道德的创造性。[②] 牟宗三在他处有进一步的阐述："在道德的理想主义看来，自然生命或情欲生命只是生命的负面，在正面的精神生命之下，而与动物的生命落在同一层次。"[③]"道德的创造性"与"自然生命的创造性"的区分是建立在"精神生命"与"自然生命"的等级关系之上的。在说明天命下贯而为"性"时，牟宗三更明确地说："天命、天道可以说是'创造性的本身'(creativity itself)。然而，'创造性的本身'在西方只有宗教上的神或上帝才是。所谓'本身'，就是不依附于有限物的意思。譬如说手足可以创造工具，诗人有创作才华便可以创造诗歌，这一类的创造显然附着于有限物如人体，所以都不是创造性本身。"[④]显然，创造性只能建立在纯粹、无限的精神生命之上，自

① 牟宗三：《心体与性体》上册，第153—154页。

② 关于牟宗三"道德创造性"理论，可参黄慧英《道德创造之意义——牟宗三先生对儒学的阐释》(载氏著《儒家伦理：体与用》，上海：上海三联书店，2005年)与何乏笔《何谓'兼体无累'的工夫——论牟宗三与创造性的问题化》(载杨儒宾、祝平次主编《儒学的气论与工夫论》，台北：台湾大学出版中心，2005年)两文。

③ 牟宗三：《中国哲学的特质》，上海：上海古籍出版社，1997年，第11页。

④ 牟宗三：《中国哲学的特质》，第22页。

然生命由于其有限性与不纯粹性被排除在外。牟宗三总结称："唯有精神方面道德方面的创造性才可算是真正的创造性(real creativity)。它是属于精神的,所以它又代表理想性(ideality)。理想的最后根源必是这创造性,这样的理想性才是'真正的理想性'(real ideality)。……创造性可谓(道德)价值之源,由此可知。"[①]牟宗三所说的"创造"(创生)已被弱化为妙运、始活、引发、滋生、觉润之义[②],故而道德创造性能排斥"自然创造"而成为创造性原则之基本意义。而此"觉润"义的"创生",也就是牟氏常说的"综合"、"一切打通"。

基于上述区分与认识,牟宗三把尧舜禹三代所传之道视为"政规业绩"之道,亦即文制之道,区别于孔子所创辟[③]的精神领域内圣之道。在牟宗三看来,孔子"虽承于三代而与三代有别"[④]:孔子并非一王者,故其相承尧舜三代之道并非与三代之王者为同质地相承,此其"虚谦处";但正因此一"虚谦"而使"道"有"直方大"之解放,此又其"充盈处"。[⑤] 牟氏所说的"充盈处",其义有二:一是指"尧舜禹汤文武周公时王者开物成务之尽制,是原始的综合构造,是皇极之一元",而孔子则"太极(天道)、人极(仁教)、皇极(君道)"三极并建,并以太极、人极为本,以皇极为末;[⑥]二则是指孔子以"作为道之中心"的太极、人极来"妙运、始活"唐虞三代之"皇极"。故而牟氏称:"唐虞三代之制度之道与政规之道唯赖孔子之仁教,始能成为活法,而亦唯赖孔子之仁教,始能见其可以下

① 牟宗三:《中国哲学的特质》,第65—66页。

② 牟宗三:《心体与性体》上册,第394—395页。

③ 按:郑家栋将牟宗三所谓的孔子之"创辟"解为"不只是截断众流,而且要辟空建立",颇为传神。详见郑家栋:《断裂中的传统》,北京:中国社会科学出版社,2001年,第159页。

④ 牟宗三:《心体与性体》上册,第189页。

⑤ 牟宗三:《心体与性体》上册,第164页。

⑥ 牟宗三:《心体与性体》上册,第224页。

传以及其下传之意义。”[1]此即牟宗三在《心体与性体》“道之本统与孔子对于本统之再建”一章宣称“道之本统只能断自孔子，前乎孔子是其预备，后乎孔子是其阐发与其曲折之实现”[2]的原因所在。“前乎孔子”者是指尧舜禹汤文武周公；“后乎孔子”者则是指“曾子、子思、孟子、《易传》”以及“程、朱、陆、王”等“本孔子之仁教而展开者”或“继承而前进者”。[3] 经由这种区别，牟宗三把理学“心性之学”从“三代之治”中作出某种抽离，也为其构造道德形上学体系作出准备。概言之，牟宗三的诠释要点在于：宋明理学家承续的是孔子所创辟的内圣成德之教，并以此内圣之教来“觉润”唐虞三代所传“文制之道”，使之成为活法。故而：“宋儒兴起亦是继承此内圣之学而发展。其器识虽足以笼罩外王，亦从未忽视于外王，然重点与中点亦仍是落在内圣之本之挺立处。”[4]

在牟先生的诠释中，主要运用了一种与古典儒家学术（包括理学在内）完全异质的观念论哲学资源。作为观念论哲学核心的，是一套先验的、逻辑的、纯形式的观念系统或逻辑范畴，它构成解释世界的先验图式，将其运用到经验世界，便形成所谓普遍有效的知识。经验世界只是作为现象而“被给予”，没有任何理论的意义。只有用先验逻辑范畴对这些杂乱无章的经验加以组织，才能使世界具有秩序和意义。观念论也运用综合，但那是康德所谓“先验综合”。[5] 牟宗三所区分的道德创造性与自然生命，所阐述的“觉润”，正分别对应于“观念论系统与经验世界”，以及“先验综合”。在牟先生的道德形上学体系中，其所谓“觉润”（先验综合）最终被还原为精神实体之自振：基于“纯粹、无限的精神”与

---

① 牟宗三：《心体与性体》上册，第 210 页。

② 牟宗三：《心体与性体》上册，第 190 页。

③ 牟宗三：《心体与性体》上册，第 238 页。

④ 牟宗三：《心体与性体》上册，第 165 页。

⑤ 关于理学如朱子学与观念论哲学的差异，可参蒙培元先生《两个世界还是一个世界》，载于《学术月刊》，2008 年第 3 期。

“不纯粹、有限的物质”的截然二分，事物的意义在根本上来说不在作为有限物的事物本身，而在于“不依附于有限物”的纯粹精神。换言之，牟宗三的道德形上学体系下的心体性体是绝对的道德心，并不以物为对象，这种理论设定很容易把社会历史现实当作后得性世俗性事项，从“本体”的实质中驱逐出去。与此相对应的是牟氏将儒家工夫论之本质释为先天工夫，并排斥经验工夫（按：此即牟先生对王畿四无论的推崇以及对朱子格物工夫的贬抑）。从而道德形上学就以绝对自足的精神实体之面目现身，成为寡头的道德主义；其理论后果之一便是将多样性、复杂性的世界消融于心性本体之中，消解了理学之作为内圣外王之学的社会历史意义，精神被局限在社会历史之外的纯粹空间，而成为独立、独断的存在。这些都是牟宗三哲学诠释所呈现的精神气质迥异于传统儒学的地方。

牟宗三先生把理学所讲的道体诠释为精神实体、道德实体，在牟先生“建体析用”的研究模式中，理学之体与用之间仍隔了一层，这个“隔”就是由精神物质二分的预设所造成的，从而其所见之“体用全体”亦非真实。简言之，在牟先生的现代诠释中，由于精神物质二分的基本预设，理学内圣之学仅仅涉及偏于个体性的精神修养，而内圣与外王亦处于分立状态，这种分立使得理学中的心性与政治文教法统（内圣与外王）之间的关系是一种“或然”的关系。显然，这种诠释与理学家理直气壮地自称“续夫千载不传之绪”以斥释老二家“似是之非”[①]是背道而驰的。物质精神二分的理论预设是西方实体主义哲学尤其是近代认识论转向之后的主流思维模式和框架，正如海德格尔所批判的，这种预设的前提在存在论上是错误的，因为它把人（此在）与世界在“实际性”上分割为“现成存在”的两个“存在者”——主体与客体，两者在分立、对立的“前提”下，“一个‘主体’同一个‘客体’发生关系或者反过来”。这种思维方式完全耽搁了人的存在问题，从而使存在问

① 语见朱子《中庸章句序》。

题本身走入迷途。[①] 这种物质精神二分的实体主义思维与中国古典哲学并不相侔，中国古典哲学始终是在人与世界、主体与客体统合的基础上考虑问题的，即使对本体的追寻也是如此。[②]

总而言之，理学家并不接受在心物之间、观念和现实之间、思想和行动之间做笛卡尔式的二元论的区分。这一看法大概可以为现代研究者所普遍认同。牟宗三先生的研究范式大体上也承认这一看法，但是其中却必须有进一步的辨析。牟先生的研究是在承认精神物质二分的前提下，再以某种方式"综合"之；这种处理方式在前提上已经陷入海德格尔所批判的存在论错误，亦非理学本有的思维方式。牟宗三说："儒家的学问原来讲的是'内圣外王'，宋明儒则特重'内圣'这一面，亦即强调道德意识，讲求道德意识、自我意识的自我体现。……我们对'内圣'一词作一确定的了解，即是落在个人身上，每一个人都要通过道德的实践，建立自己的道德人格、挺立自己的道德人品。这一方面就是理学家讲学的重心。"[③]在牟先生的解说中，理学内圣之学趋向于个体性的学问，其意义在于"建立自己的道德人格、挺立自己的道德人品"，传统儒家念兹在兹的经世济民成了"偶然的义务"[④]：有之甚好，无之亦不影响理学本身之意义。这种讲法舍弃了理学的内圣外王语境，忽视了作为理学核心资源的王道理想，决非的论。而究其根源，就在于牟先生把现代人关于物质精神二分的"偏见"投射回古典研究中，其直接后果便是：古典思想中一些不能由现代思路所涵盖的精义，在这种现代重述中变得毫无立身之地。

---

① 海德格尔：《存在与时间》，第69页。

② 详参郭齐勇《中国哲学史上的非实体思想》，收入氏著《中国哲学智慧的探索》，北京：中华书局，2008年。

③ 牟宗三：《从儒家的当前使命说中国文化的现代意义》，《时代与感受》，台北：鹅湖出版社，1984年，第307页。

④ "偶然的义务"之说法，参牟宗三：《心体与性体》上册，第225页。

三、心的实践场域与感应机制

“虞廷十六字心法”的理论内核是“心”的议题。朱子对“心”有一个经典论述：

盖尝论之：心之虚灵知觉，一而已矣。而以为有人心、道心之异者，则以其或生于形气之私，或原于性命之正，而所以为知觉者不同，是以或危殆而不安，或微妙而难见耳。然人莫不有是形，故虽上智不能无人心，亦莫不有是性，故虽下愚不能无道心。二者杂于方寸之间，而不知所以治之，则危者愈危，微者愈微，而天理之公卒无以胜夫人欲之私矣。精则察夫二者之间而不杂也，一则守其本心之正而不离也。从事于斯，无少间断，必使道心常为一身之主，而人心每听命焉，则危者安、微者著，而动静云为自无过不及之差矣。①

朱子的论述从“心之虚灵知觉”开始，最终归结于“动静云为自无过不及之差矣”；参以本文第一节相关论述，我们不难发现，朱子道心人心之辨最终营构出一个围绕“心”而展开的实践场域。换言之，“心”指一种“知觉”行为以及围绕此行为而展开的诸种关系性存在，本文尝试用“实践场域”一词来描述之。“场域”是社会学家布迪厄提出的概念，主要是指在某一个社会空间内，由特定的社会行动者相互关系网络所表现的各种社会力量和因素的综合体。布迪厄指出：“场域的观念提醒我们，只要一涉及方法，第一条必须考虑的就是要求我们利用一切可以利用的手段，想方设法抗拒我们骨子里那种用实体主义的方式来思考社会世界的基

① 朱熹：《中庸章句序》，《四书章句集注》，第14页。

本倾向。”[1]实践的逻辑不同于理论的逻辑，前者面向一个“未知的世界”，这个世界中不存在行动与结构、主观与客观、动与静等种种二元对立，实践展现的是一个“本来如此”的真实世界；而后者则将“事物的逻辑等同于逻辑的事物”，其实是凭借抽象的理论原则给活泼泼的社会生活“着色”，因而只能遮蔽或歪曲之。实践不是简单地在一个固化结构中运作，而是在时间中展开的——实践完全内在于持续的时间，故与时间联结在一起。朱子对“心”的解释中，作为“时间性统体存在”的“心”亦是其题中应有之义：

未发只是思虑事物之未接时，于此便可见性之体段，故可谓之中而不可谓之性也。发而中节是思虑事物已交之际，皆得其理，故可谓之和而不可谓之心。心则通贯乎已发未发之间，乃大易生生流行、一动一静之全体也。[2]

心贯通乎未发已发之间，是大易生生流行、一动一静之全体，正说明了心是时间性的统体存在。要保持心之统体意义，就必须“一守本心之正而不离”、“无少间断”。即如二程所说：“人心常要活，则周流无穷，而不滞于一隅。”[3]心之运作，原于天理就是活的，故为“道心之安、之著”；桎梏于形气之私就是死的，故为“人心之危”。天理在朱子的论述中，是心之实践场域的中核，心持之以应事接物，则心以道心的面目呈现在动静云为之中，引导“动静云为”于“无过不及”的中庸状态。从这一角度看，理学的性理学体系、形上学体系便不只是表现为抽象的概念和理论框架，而是处于事件性的实践过程中的关系中，这种关系不仅是承担指引实践功能的载体，也是被实践调动起来的存在。由此，理学的形上学

---

① 布迪厄、华康德：《实践与反思》，北京：中央编译出版社，1998 年，第 347 页。

② 《朱熹集》卷四十三《答林择之》六，第 2031 页。

③ 《二程集·河南程氏遗书卷五》，第 76 页。

才不会局限于形而上精神实体、内圣之学不会局限于个体精神修养，而具备社会历史的实践意义。以此为视角展开理论探索，便能彰显一些在以往的研究进路（例如牟宗三道德形上学思路）中被遮蔽的理论要素及意义。

事实上，理学以“（自然）感应”义理系统表述“实践过程中的关系”。二程有云：“天地之间，感应而已，尚复何事？”[①]朱子亦称：“凡在天地间，无非感应之理，造化与人事皆是。”[②]明儒湛甘泉亦云：

> 夫天下之大，感应而已矣。感应之道，自然而已矣。自然者，无心者也，不显者也。天地之常，普万物而无心，故不言而四时行焉，百物生焉，而物之应者勃然矣。[③]

理学家把天下人与人、人与事物、事物之间（下文简称人物之间）的所有关系皆领会为感应关系，这是我们在研究理学视域中的思想与政教时必须注意的思想基础。[④] 所谓感应，就是人物之间的沟通。但是，感应并非仅仅是连接人与物的工具、手段，相反，感应是一个囊括人与物的结构，它在逻辑上优先于这一结构中的构成因素，因此，不是人与物把持着感应，反而是感应支撑着人与物。换言之，感应是万物最基本的存在方式，是人物之间一切关系的前提和基础。这一义蕴的根源，正如《咸卦·彖传》所言：天地感而万物化生。感应首先是对万物化生秩序的本然描

① 《二程集·二程粹言（天地篇）》，第1226页。

② 《朱子语类》卷七十二，第1813页。

③ 湛若水：《格物通》卷七，四库全书本。

④ 事实上，这也是中国古典儒道思想的特点。曾亦基于对传统思想中感应机制的梳理，对儒家礼制作出了精彩的阐述，参曾亦：《论丧服制度与中国古代之婚姻、家庭及政治观念》，刊于《思想史研究》第三辑，上海：上海人民出版社，2007年。

述:天地之间为生生之气所流行贯通,万物本真地处于互相敞开的境域,处于一种动态、生机的关系之中。以相互交感、感通为特质的“生生之仁”,即为其义理概括。用明儒罗近溪的话来说,则是“盈天地间只是一个大生,则浑然亦只是一个仁……”[①]。唐君毅先生曾论及中国思想中的感通,他把感通比喻为自由原则,区别于因果观念及机械惰性行为模式下的必然原则,颇有助于我们理解理学视域中的感应之道:

> 一物之由创造的生起以表现自由,又非在其与他物感通时不显。且物必愈与他物感通,而后愈有更大之创造的生起……个体之德量,由其与他物感通,新有所创造的生起而显;亦由时时能自觉的求多所感通,求善于感通,并脱离其过去之习惯之机械支配,及外界之物之力之机械支配,而日趋宏大。[②]

因果机制和机械惰性的行为方式形构出一个巨大的存在链条,所有的事物都是这一链条中的某一环节,事物环环相扣,互相依赖互相构成;其所遵循的是必然性原则,毫无自由可言。究其根源,在于这种行为方式树立起胶固、狭隘的自我,自我隔限于万物感通的本然状态,远离生生不穷的创造性本身。重建和回返万物交感、生机一体的本真联系,自能日臻于广大精微的圣人境界。而对理学家而言,这种回返的途径最终应以“自然无为”的方式呈现,此即“天地无心而成化,圣人有心而无为”[③]。这一义理模式展现出理学的核心关怀:人必须契入更为广大的天地自然秩序中确认和证成自身。

---

① 黄宗羲:《明儒学案》卷三十四,《黄宗羲全集》第八册,杭州:浙江古籍出版社,2012年,第36页。

② 唐君毅:《中国文化之精神价值》,桂林:广西师范大学出版社,2005年,第67页。

③ 《河南程氏经说》卷第一,《二程集》,第1029页。

概言之,感应可说是理学最基本的思维模式和工夫实践模式,理学道德实践的思想原型是在天地之化的背景下辨感应:破除事物彼此不相与、不相知、不相通的存在状态,重建事物之间的本真联系,实现万物在时间、空间上恰到好处的配置。由感应机制所奠基的身心秩序、社会人间秩序与天地自然秩序一体化,呈现生生不息、灿烂有度的和谐景象。细而言之,格物、致知、正心、诚意、修身、齐家、治国、平天下,莫不在感应机制及其所形塑的礼乐境域之中。这种实践模式是理学区别于传统儒学的重大特征,也赋予理学崭新的视野。此所谓"新"视野,在朱子关于道统的正面论述中有集中展现。

朱子称:

> 《中庸》何为而作也?子思子忧道学之失其传而作也。盖自上古圣神继天立极,而道统之传有自来矣。其见于经,则"允执厥中"者,尧之所以授舜也;"人心惟危,道心惟微,惟精惟一,允执厥中"者,舜之所以授禹也。尧之一言,至矣。尽矣!而舜复益之以三言者,则所以明夫尧之一言,必如是而后可庶几也。[①]

"上古圣神继天立极",《大学章句序》释为:"盖自天降生民,则既莫不与之以仁义礼智之性矣。然其气质之禀或不能齐,是以不能皆有以知其性之所有而全之也。一有聪明睿智能尽其性者出于其间,则天必命之以为亿兆之君师,使之治而教之,以复其性。此伏羲、神农、黄帝、尧、舜所以继天立极,而司徒之职、典乐之官所由设也。三代之隆,其法寖备,然后王宫、国都以及闾巷,莫不有学。"[②]由此可见,所谓道学(虞廷十六字心传)是上古君师"治教生民,以复其性"的心法所在。在朱子看来,三代制礼作乐的教学以及政治立法活动,就是通过三代圣王主导治教的方式营

① 朱熹:《中庸章句序》,《四书章句集注》,第14页。

② 朱熹:《大学章句序》,《四书章句集注》,第1页。

造一种礼乐生活的境域，从而给各正性命开出道路，让生命以其自己的方式回归自身，成就人伦共同体的事业。“天生众民，与之仁义礼智之性”，此即《中庸》“天命之谓性”，三代圣王是能尽其性者，而礼乐刑政则是圣王持之治教万民之器，使万民得以复其性，“各正性命”。正是在这一根源的意义上，三代内圣外王之道亦被总结为“尽性”、“复性”，而尽性、复性的结果自然就是各正性命，其表现则是“虞廷十六字心法”中的“允执厥中”。故而不妨称“各正性命”为理学家对感应机制的落实。朱子称：

> 及周之衰，贤圣之君不作，学校之政不修，教化陵夷，风俗颓败，时则有若孔子之圣，而不得君师之位以行其政教，于是独取先王之法，诵而传之以诏后世。①
>
> 若吾夫子，则虽不得其位，而所以继往圣、开来学，其功反有贤于尧舜者。②

在朱子看来，三代之后道治分途，并不意味着内圣外王之理想再也无法实现，相反，孔子“继往圣、开来学”的姿态将三代之法展现为一种开放性，在后世学者所得而闻进而实现内圣外王之道这一意义上“其功反有贤于尧舜者”。从而，人伦共同体的事业就从“圣王之位”中开放出来，儒者因此在道治分途的历史格局中得以呈现一种积极的生命状态。“内圣外王”不再局限于进入庙堂治理天下，而被开放为“国家化民成俗之意、学者修己治人之方”③。儒家以位行德，上述“位”的开放性给理学家提供了崭新的道统实践空间。

---

① 朱熹：《大学章句序》，《四书章句集注》，第1—2页。

② 朱熹：《中庸章句序》，《四书章句集注》，第14—15页。

③ 朱熹：《大学章句序》，《四书章句集注》，第2页。

四、结语

理学道统论视域中的心学,在"性与天道"语境中创造性地继承三代王道理想,既能应对佛老的挑战,又开辟了一个崭新的道统实践空间。在宋明时代,理学家们所领导的修身运动、乡村宗族建设运动、书院运动等等,莫不是这一道统实践的具体展现。[①]由此可见,理学(心学)义蕴之丰富,远超出现代人所谓的个体性精神修养学问的范围。以牟宗三先生为代表的现代理学诠释,展现出(以港台新儒家为代表的)当代新儒学对传统"三代之治"政治理想的舍弃——这显然与现代以来儒家从公共建制中撤退的情境有关。但我们必须注意,古典时代的理学所处的历史情境绝非如此。陈寅恪先生有一则名言历来为学者所重视:"所谓真了解者,必神游冥想,与立说之古人,处于同一境界,而对于其持论所以不得不如是之苦心孤诣,表一种之同情,始能批评其学说之是非得失,而无隔阂肤廓之论。"[②]现代人在面对理学心性之学时,应该自觉将其放置于继承三代王道理想的背景中加以理解和研究,此亦庶几近于陈先生所谓"了解之同情"。

① 按:限于篇幅,本文无法就此展开讨论,笔者将另文论述。

② 陈寅恪:《冯友兰中国哲学史上册审查报告》(1930年),《金明馆丛稿二编》,上海:上海古籍出版社,1980年,第247页。

回归、跨越与开放

——“现/当代新儒家”的普遍化意义及其多元化策略

□曾暐杰[1]

【内容摘要】过去一般学界习惯将“当代新儒家”视为“港台心性儒家”的专称，然而这样的提法有其时代背景与意义，在当前新世纪的发展脉络中，实有必要将“当代新儒家”的名号正常化与普遍化，而不该再使其特殊化为某一学派的专称。因为在当今多元价值开展的时代，“港台心性儒家”只可说是儒学的一种形态；尤其是在“大陆新儒家”兴起后，当代儒学的发展更可说是百花齐放。在面对当今西方与现代化的挑战下，我们有必要打破藩篱，回归“当代新儒家”的包容性，跨越两岸儒学圈的隔阂，以更开放的态度一同去开展儒学在当代的意义与价值。唯有使儒学如此多元并进地开展，跳脱过去一脉相传的道统思维，才能在日新月异的当代社会中，有更多的优势与契机去面对这样的挑战。

---

① 作者简介：曾暐杰，博士，台湾东南科技大学通识教育中心兼任讲师。

【关键词】当代新儒家；港台新儒家；大陆新儒家；心性儒学；当代新荀学；波士顿儒学

一、楔子：谁是现/当代新儒家？

在当今的学术脉络中，对于“现/当代新儒家”[①]这样的用法，几乎无可避免地会让人直接联想到甚至等同于“港台新儒家”。[②]这正如蔡仁厚教授在1982年所发表的回顾中所言：“近二三十年来，一般学者又把台港两地几位弘扬儒家学术的前辈学者，称之为当代的新儒家。”[③]所谓的“港台新儒家”即是一个在上世纪20年代所产生的思想流派，以熊十力先生为源头，以接续儒家道统为己任、以服膺宋明理学为特色，并试图在现代化的过程中以儒学融会西学。[④] 从定义上来说，广义的“当代新儒家”包括了梁漱溟、熊十力、钱穆、冯友兰、贺麟、马一浮、张君劢、方东美、唐君毅、牟宗三、徐复观等人；狭义的新儒家，则是指以心学为皈依的熊牟

① 根据文献的梳理与回顾，学者的论述中，在指称“唐牟徐”一系的心性儒者时，有些学者惯于称之“现代新儒家”（多为大陆学者及海外学者所用），亦有学者习于称之“当代新儒家”（多为台湾学者所用），然两者的意义大抵是一致的。为求简明、避免冗赘，本文将随文脉而使用两者；然二者所指称的对象基本上是一致的。

② 王达三：《“大陆新儒家”与“现代新儒家”——方克立先生信读后》，收入任重主编：《儒生》第一卷，北京：中国社会科学出版社，2011年，第121页。

③ 蔡仁厚：《新儒家的精神方向》，台北：台湾学生书局，1982年，第15页。

④ 参刘述先著，景海峰编：《儒家思想与现代化——刘述先新儒学论著辑要》，北京：中国广播电视出版社，1992年，第236页；方克立：《现代新儒学与中国现代化》，天津：天津人民出版社，1997年，第4页。

一系，这点在学界大致是没有争议的。[①] 更明确地说，此一学派的形成，是唐君毅、牟宗三、徐复观与张君迈四位先生于 1958 年在香港《民主评论》发表《中国文化与世界——我们对中国学术研究及中国文化与世界文化前途之共同认识》的宣言后，才明显成形的。[②] 而几位以继承"当代新学家"的港台学者包括杜维明教授、蔡仁厚教授、刘述先教授等，也都乐于肯定并接受这样的称号，并以身为"当代新儒家"的传承者为荣。[③]

"港台新儒家"在儒门淡薄的年代，一肩扛下传承与发扬儒学的重责大任，其气魄与胆识、学养与贡献的确不容抹杀；正如王达三教授所言，过去半个世纪我们"保台湾以存'中国文化'之统"[④]，唐牟徐诸先生的确是扛住了儒家道统、顶住了传统文化。但随着时代的推进与世代的改变，我们必须思考，将"当代新儒家"这个名讳等同于"港台新儒家"、等同于"心性儒学"的代称是否恰当与必要？

在牟先生的那个时代，儒门淡薄，儒学被弃之如敝屣，唐牟徐诸先生继承熊十力先生的学术志向，深耕儒学；相对于当时的维新派、西学派，的确可以称其为"当代新儒家"，这样的称号对于这批港台学者来说也的确是当仁不让，毫无疑义。但当今日儒学逐渐受到重视，各种有别于心性儒学的声音逐渐兴起，似乎就不能

---

① 王达三：《"大陆新儒家"与"现代新儒家"——方克立先生信读后》，第 121 页；黄玉顺：《生活儒学讲录》，合肥：安徽人民出版社，2011 年，第 103 页。

② 余英时：《犹记风吹水上鳞：钱穆与现代中国学术》，台北：三民书局，1991 年，第 57—58 页。

③ 刘述先：《哲学分析与诠释：方法的反省》，收入李明辉编：《儒家经典诠释方法》，台北：台大出版中心，2008 年，第 3 页；奚刘琴：《第三代新儒家的儒学诠释与创新：以成中英、杜维明、刘述先、蔡仁厚为例》，北京：中国社会科学出版社，2011 年，第 122 页。

④ 王达三：《"大陆新儒家"与"现代新儒家"——方克立先生信读后》，第 122 页。

如此顺理成章地将“港台新儒家”径称为“当代新儒家”。

随着此一学派的逐渐发展与传承，承继唐牟徐职志的“第三代新儒家”包括杜维明、刘述先、成中英、蔡仁厚诸先生及“鹅湖”一系的成员[①]，顺理成章将“当代新儒家”的称号限缩在其以心性儒学为师承的系统之内，将此一本应具开放性的称号给窄化了，而且具有一定程度的排他性[②]。笔者以为，在这个众声喧哗、百花齐放的年代，儒学有着各种可能性——台湾有刘又铭教授，提出有别于“孟学”的“当代新荀学”的概念[③]，大陆有陈明教授的“文化儒学”、干春松教授的“制度儒学”、蒋庆先生的“政治儒学”，有别于唐牟徐系统以“心性论”为核心的儒学进路[④]；甚至有更多没有提出明确口号与学派，但醉心于儒学研究、以儒学为信仰的学者，他们都应该可以被称为“当代新儒家”！

本文的立场与主张即在于：在这个新时代的氛围下，应该让“当代新儒家”回归普遍化、朝向多元化地发展，在广义的概念下来界定其内涵。亦即在最大外延概念下将各种儒学进路涵括至

① 关于所谓“当代新儒学”的分代与分期，本文将会再进一步说明与论述。可参奚刘琴：《第三代新儒家的儒学诠释与创新：以成中英、杜维明、刘述先、蔡仁厚为例》，第142页。

② 在台湾学界，以承继唐牟徐先生的学术、以宋明以来心性之学为终极价值、以孟学为道统的学者，才得以称为“当代新儒家”；“当代新儒家”已成为一个学派的“专称”，失去了它的开放性意义——“当代新儒家”不再能够用来指称“当代以儒学为价值依归以应对当今新时代问题的儒者”，而只能将之作为“皈依唐牟徐以来心性之学的儒者流派”，因此失去了其普遍性，而有着排他性。

③ 刘又铭：《儒家哲学的重建——当代新荀学的进》，收入汪文圣主编：《汉语哲学新视域》，台北：台湾学生书局，2011年，第157—181页；刘又铭：《当代新荀学的基本理念》，收入庞朴主编：《儒林》第四辑，济南：山东大学出版社，2008年，第4—13页。

④ 陈明：《文化儒学：思辨与论辩》，成都：四川人民出版社，2009年，第143页。

“当代新儒家”的大纛之下，只要是如颜炳罡教授所谓：“生活于当代并能遥契古圣往贤的哲学慧命，自觉地以儒家的义理作主宰，通过吸收消化、融合西方文化乃至人类一切文化借以开出儒学新形态的一切学者”[①]，我们都应该称之为“当代新儒家”。

二、回归——让“当代新儒家”从“心性儒学”的道统走出

承上所述，开放“当代新儒家”的意义，在这个新世纪的发展中有其必要性。而要达到此一开放性的意义，就必须先让“当代新儒家”名讳回归其普遍性与正常化。因为“港台心性儒家”[②]并不是唯一的儒学进路，径将两者等同是将宋明儒学的道统延续到了当代，而颇有以偏概全的偏误。

（一）道之一隅：“港台心性儒家”作为“心学”道统的现代延续

诚如前文所言，现今“当代新儒家”的概念被特殊化为“心性儒学”，专指熊十力先生以降，以唐牟徐主先生为传承系统的流派，通常被等同于“港台新儒家”。但是，在多元时代开展的脉络下，这样的限缩是有所不足而不恰当的。因为可以说，“唐牟徐”一系是照着宋明儒的心性之学讲，而没有本质上不同。[③] 这正如

① 颜炳罡：《当代新儒学引论》，北京：北京图书馆出版社，1999 年，第 46—49 页。

② 本文认为“当代新儒家”不能限缩等同于“唐牟徐”一系的儒者，因此在行文中，皆以“当代心性儒家”、“港台心性儒家”或“心性儒家”来指称“唐牟徐”一系的学者，以凸显本文的立场，避免混淆。刘述先著，景海峰编：《儒家思想与现代化——刘述先新儒学论著辑要》，第 235—236 页。

③ 关于“照着讲”与“接着讲”，参冯友兰：《三松堂全集·第四卷》，郑州：河南人民出版社，2001 年，第 4 页。

李泽厚先生所指出,“唐牟徐”一派的儒学即是延续宋明理学而论,只是宋明心学在当代的回光返照;而“儒学三期说”的儒学史观更是有着很大的问题。[①]

“儒学三期说”以孔孟儒学为第一期,宋明儒学为第二期,并以“唐牟徐”自身一派为第三期,这样的分期就展现了充分的道统意识与孟学思维。因为就“唐牟徐”一派而言,孔子奠定了道德人文的基础,回应了春秋以来世衰道微的巨变,而孟子继之开展心性仁政之学,成为儒学的基本典范;而汉唐时期因为心性之学不彰,故可称之为“儒学没落时代”[②],因此儒学经历了千年的中断,至宋代新儒学兴起,方接上了道统。至于第二期儒学至清末又告中断,则必须待熊十力、唐君毅、牟宗三、徐复观诸先生所代表的第三期儒学才得以接上这样的道统。[③]

也就是说,将自身纳入“儒学三期说”并以“当代新儒家”自居,其实本身已带有排他性的道统意识。宋志明教授即很敏锐地观察到了这点,他说:

> 这个“第三期发展”不是一个儒学史的概念……这个“第三期发展”有一个潜台词,这个潜台词就是个道统意识……牟宗三提出第三期发展,还是以道统自认的。[④]

那么,可以说,将“当代新儒学”这个称号归诸“唐牟徐”一派

---

① 李泽厚:《历史本体论·己卯五说》,北京:三联书店,2008年,第130—131页。

② 劳思光:《新编中国哲学史(二)》,台北:三民书局,2005年,第9、29页。

③ 参李瑞全:《当代新儒学之哲学开拓——牟先生之哲学贡献与启发》,收入牟宗三等著:《寂寞的新儒家》,台北:鹅湖出版社,1996年,第175页。

④ 黄万盛等:《儒学第三期三十年座谈》,第51页。

的儒者，这就不仅仅是个名称上的问题，而是兹事体大，关系到整个中国儒学史的认定以及未来儒学发展的可能！

(二)以偏概全："心性儒家"道统的绝对化与普遍化

何以如此说呢？因为"儒学三期说"等于阉割了荀学、抹杀了汉唐儒学、贬抑了政治(制度)的儒学，那么不只前文所提到刘又铭教授的"当代新荀学"、干春松教授的"制度儒学"、蒋庆的"政治儒学"与陈明的"文化儒学"等儒学进路都没有意义与价值，因为他们都不以孟学、不以心学、不以宋学为核心与终极价值。那么可以说，儒学的历史可谓少了一大半，未来可能的进路也仅限于心性一系。

"儒学三期说"其实就是唐代韩愈以降的道统观的再现。韩子认为，先秦儒家道统从尧、舜、禹、汤、文、武、周公、孔子到孟子一脉相承，而荀子及汉代的扬雄"择焉而不精，语焉而不详"，未能承继道统，致使儒门道统在孟子而终。[①] 朱熹则顺着此一理路而论，指出这断裂的道统要到"河南程氏两夫子出，而有以接乎孟氏之传"[②]。这也无怪乎李泽厚会称"唐牟徐"一系的儒者是"现代宋明理学"了！当然，我们不能说"唐牟徐"一系以孟学为尊、视心性之学为终极依归是错的，他们当然可以有他们的信仰与进路，这点我们必须尊重；但问题就在于假使将这样的儒学进路径称为"当代新儒学"，将会对于孟学、心性之学以外的学问造成排他性，而阻断各种儒学的可能与进路，这对于儒学未来的发展将会有不良的影响。

或许当初将宋明理学称之为"新儒学"就是有问题的，因为"新儒学"这样的用法，可以说根本是"当代心性儒家"脉络中的学者所创造的词语。根据刘述先教授的考察，我们可以看到这样的

---

① 〔唐〕韩愈：《原道》，阎琦校注：《韩昌黎文集注释》，西安：三秦出版社，2005 年，第 22 页。

② 〔宋〕朱熹撰：《四书章句集注》，北京：中华书局，2008 年，第 2 页。

事实:这样的词语与用法是冯友兰等今日被习称为“当代新儒家”的学者所发,这也难怪会形成“儒学三期说”与“当代新儒家”称谓被特殊化的情形。

我们必须注意的是,“新儒家”是在英文著述脉络中所形成的词语,也就是“Neo-Confucianism”所翻译过来的,而继承宋明理学学说的当代学者可称之为“Contemporary Neo-Confucianism”,这也是没有问题的。但英文中所称广义之“当代中国的儒者”所用的词语是“New Confucianism”,这不会与狭义的“以心性论为依归的儒者之流派”(指“唐牟徐”一系的儒者)相混淆;[①]但是“Neo”和“New”翻译成中文都是“新”,这就造成本该是狭义的“当代宋明理学”与广义的“当代新儒学”相混淆,也才会形成今日“当代新儒家”成为“唐牟徐”一系学者的专称。

(三)名正言顺:回归“当代新儒家”的普遍性意义

由此可知,“儒学三期说”是个“当代心性儒家”的道统意识形态,这样的意识形态借着当时儒门淡薄的时代背景,顺水推舟般被普遍化、权威化,而“当代新儒家”这个称号也跟着被特殊化、专门化了。这样的分期,正如李泽厚所说,是以心性道德来概括儒学,有失之片面之嫌;除此之外,亦抹杀了荀学及汉代儒学。[②] 以现代社会来说,我们不需要一以贯之的道统,我们需要的是多元的价值与体系,去开展儒学在现代社会的更多可能。因此,要避免儒学被窄化为“心性儒学”,就必须从“当代新儒家”名号回归正常化与普遍性着手,这样才能除却那利用“儒学三期说”将宋明儒学/心性儒学/孟学道统寄生于此一名号的魅影,儒学也才有更大的发展与可能。

李泽厚先生特别针对“当代心性儒家”所提出的“三期说”做

① 关于“Neo-Confucianism”和“New Confucianism”的分别参 John Makeham edited, New Confucianism: A Critical Examination (New York: Palgrave Macmillan, 2003). pp. 1-2.

② 李泽厚:《历史本体论·己卯五说》,第131页。

了响应，认为必须跳脱以心性论为儒学的“神髓”、“命脉”之窠臼，逃离将汉代与清代视为道统失传的黑暗时代之洞窟，开展一个新的“四期说”。[①] 此一分期不仅仅填补了以往被贬抑与忽略的荀学与汉学，更使当代儒学的发展有了开放性与可能性，而不仅仅是照着宋明儒学讲。如此也就少了道统的意识，没有了排他性，也就多了发展的可能。这与劳思光先生将整个中国儒学史以心性儒学为核心贯穿其中，至阳明心学为儒学的巅峰的思维，可谓有着天壤之别。这绝对不是“当代心性儒家”情绪性地说“分十期都可以”的问题。[②]

当然，正如杜维明教授所说，“作为自我认同的谱系，当然可以认同从孟学发展而来的心性之学”，“当代心性儒家”有自己的信仰与选择，这是毋庸置疑的，但不能因此将整个“心性儒学”的道统意识加诸儒学发展的进程之上。这正如梁家荣教授所指出，当今我们所指称的“当代新儒家”，主要“只是指牟宗三及其门人信徒而言”，因此我们可以将其称为“牟式新儒家”以识别之。[③] 这个提法是有意义的，因为点出了“心性儒家”只是“当代新儒家”的一个派别，实在不能将二者等同。“牟式新儒家”使流派明显化，也使“当代新儒家”回归了它的普遍性与包容性，这对于当代儒学的开展是有重要意义的！

① 李泽厚：《历史本体论·己卯五说》，第130—131、140页。

② 参李泽厚：《历史本体论·己卯五说》，第131页；另见周勤：《本土经验的全球意义——为〈世界汉学〉创刊访杜维明教授》，《世界汉学》创刊号（1998年1月），第20页。

③ 梁家荣：《仁礼之辨——孔子之道的再释与重估》，北京：北京大学出版社，2010年，引言，第7页。

三、跨越——“大陆新儒家”的崛起及其作为“当代新儒家”的正当性与必要性

诚如前文所言,“当代新儒家”的名号回归普遍性、开放性与正常化后,当代儒学的开展才有更多的可能性;而随着大陆的改革开放及中国儒学的兴盛与觉醒,在现实意义上,“当代新儒家”的提法更不该为当今所谓的“港台新儒家”所独断。“当代新儒家”必须有更大的包容性与含括性,跨越两岸儒学圈的鸿沟,以接纳这个方兴未艾、正如火如荼发展的学派。“大陆新儒家”与过去所谓“港台新儒家”兴起的背景不同、面对的问题不同、采取的进路不同,因此实在有必要对其做一梳理,以突破过去“当代新儒家”道统思维的宰制。

(一)同是儒门传道者:“大陆新儒家”兴起及其时代意义

大约在上个世纪80年代,大陆学者逐渐开始关注儒学,而至90年代伊始,便有一批大陆的儒者,以“大陆新儒家”作为自身的理想与抱负,具有儒家情怀、儒家理念与儒家立场,积极在现代中国开展儒学的各种可能性。其中最具代表性的即是所谓的南蒋庆、北陈明,以及康晓光、干春松、盛洪、梁治平等人。[①] 蒋庆在1989年于台湾《鹅湖月刊》所发表的《中国大陆复兴儒学的现实意义及其面临的问题》一文,可视为“大陆新儒家”的宣言。蒋先生在该文中即以复兴中华文化为职志,并致力发展儒学。[②] 陈明教

① 秋风:《保守主义浮出水面》,《儒生》第一卷,第310页;陈明:《文化儒学:思辨与论辩》,第147页;王达三:《“大陆新儒家”与“现代新儒家”——方克立先生信读后》,第119页。

② 蒋庆:《中国大陆复兴儒学的现实意义及其面临的问题(下)》,《鹅湖月刊》第15卷第3期(1989年9月),第35—36页。

授也说，其所创办的《原道》，“下一个十年的目标就是建构一个可以叫做大陆新儒家的理论学派”[1]，亦足见其发展儒学的气魄与决心。

而这样的“大陆新儒家”所面对的问题，显然是与今日所谓的“港台新儒家”不一样的，这正如陈明教授所说：“对港台新儒家的那一套话语体系，我是理解却不赞同的，因为大陆今天的问题发生了很大改变。”[2]而由这样的话语中，也可以明显看出，其对于“港台新儒家”的开展进路是有所批判与反思的。干春松教授也认为，“港台新儒家”最大的问题就是“退守心性”，把儒家的气象做小了。[3]

虽然“大陆新儒家”与“港台新儒家”在开展的进路上有不少差异，但是这两个群体同样是在当代社会中以儒学为依归，试图去面对与解决当前的问题与挑战的儒者，“港台新儒家”可以称为“当代新儒家”，难道“大陆新儒家”就不是“当代新儒家”吗？

从前只有“港台新儒家”一枝独秀、独挑大梁，将其与“当代新儒家”等同并无不可；但此一时，彼一时也，我们应该庆幸大陆儒者的兴起，并跨越两岸的鸿沟，以更开放与包容的态度，去面对这样的“盛世”。

（二）却是儒门新气象：“大陆新儒家”的独立开展与创新

在确认“大陆新儒家”应该也必须被称之为“当代新儒家”后，必须特别强调的是，将“大陆新儒家”纳入“当代新儒家”之中，是为了共同开展儒学在当代的愿景，是一种包容，是一种跨越，是一种开放，而非“收编”，亦非纳入麾下、入吾彀中的概念！因为“当

① 陈明：《文化儒学：思辨与论辩》，第147页。

② 陈明：《文化儒学：思辨与论辩》，第147页。

③ 王廷智：《“解体”与“重建”——评干春松的“制度儒学”思想》，收入崔罡等著：《新世纪大陆新儒家研究》，合肥：安徽人民出版社，2011年，第221页。

代新儒家”这个概念已经被厘清为一个开放性的、包容性的系统，它不属于任何流派，笔者所强调的是，“大陆新儒家”和过去所谓的“港台新儒家”，是平等地处于“当代新儒家”之下的，没有主从关系。那么，要避免这样的误会，以及符应现实的情况，就必须再进一步厘清“大陆新儒家”与“港台新儒家”的关联，以强调“大陆新儒家”的独立性意义与价值。

虽然说大陆儒学的兴起可能或多或少受到港台与海外的“新儒家”的影响，但是正如姚中秋先生所说，在上个世纪90年代后，大陆形成了一批本土的儒家，也就是说“大陆新儒家”的兴起是有其独立性与创发性的。[①] 所谓独立性即是：“大陆新儒家”是在自身所处时代与环境的脉络下，去开展儒学的可能；他们对于“港台新儒家”是一种批判性的反思与接受，而没有根本上的传承关系。陈明教授就明白地说，他“很早就强调儒学的政治哲学属性，反对用宋明儒家开创又经由港台新儒家扩展的心性论定义儒学本质”[②]。黄玉顺教授也说其生活儒学是对以牟先生为代表的现代新儒学所做的一种批判性吸纳，[③]从这里可以看出，“大陆新儒家”普遍对于所谓“港台新儒家”的“心性儒学”的进路是有所疑虑与批判的。因此，他们试图开展一条不同于“港台心性儒家”的新进路。

更明确地说，“港台心性儒家”与“大陆新儒家”没有直接的传承关系，那么我们就不该如方克立教授所说，把“大陆新儒家”称为“当代新儒家”第四代。[④] 因为所谓“当代新儒家”的三代说就是个宋明心学道统意识下的产物，那是将“心性儒学”普遍化、正统

---

① 秋风：《保守主义浮出水面》，第310页。

② 陈明：《大陆新儒学略说：蒋庆、陈明、康晓光之分析与比较》，收入任重主编：《儒生》第一卷，第11页。

③ 黄玉顺：《生活儒学讲录》，第104页。

④ 王达三：《“大陆新儒家”与“现代新儒家”——方克立先生信读后》，第121页。

化后的自我认同意识，并不是一个当代正常学术脉络下的用法。因此，可以说，将“大陆新儒家”称为“第四代新儒学”的说法，是未脱离心性儒学道统的迷思，未能跳脱过去“当代新儒家”被一元化的宰制，如此颇有视“港台心性儒家”高于“大陆新儒家”的嫌疑，但这是不必要的！

“港台心性儒家”的三代传承系统[①]，或亲炙或私淑，都有明显的师承关系，这也仅属于“港台心性儒家”的自我认同系谱，何以能够将卓然独立、进路截然不同的“大陆新儒家”嫁接于此道统之上，而径称之为“第四代”呢？

可以说方克立的提法忽视与贬抑了“大陆新儒家”的独立性与创发性，那是落入上个世纪将“当代新儒家”等同于“港台心性儒家”的道统意识形态，这也无怪乎崔罡教授会积极提出“新世纪大陆新儒家”的说法来区别方克立所谓的“大陆新儒家”了[②]——因为那个“大陆新儒家”已经被限缩划归于“港台心性儒家”的道统之下！但其实只要将“当代新儒家”名讳回归正常化，重启其普遍性、开放性与包容性，那么其实说“大陆新儒家”也就未尝不可了！

四、开放——从“一脉相传”到“多元并进”的“当代新儒家”风景

通过前文的阐述与发扬，可以了解到，“当代新儒家”应该是一个普遍性、开放性与包容性的概念。过去因为时代的背景与氛

① 参奚刘琴：《第三代新儒家的儒学诠释与创新：以成中英、杜维明、刘述先、蔡仁厚为例》，第4页；方克立：《现代新儒学与中国现代化》，第142页。

② 崔罡：《总论：如何切中活的思想史》，收入崔罡等编：《新世纪大陆新儒家研究》，第2页。

围，所以将“港台心性儒家”等同于“当代新儒家”；但是当今天“大陆新儒家”的兴起，港台也有着不同于“心性儒学”的声音出现，那么“当代新儒家”就应该回归其开放性与包容性。因此，开放“当代新儒家”的意义是必要的，如此才能够走出“心性儒学”的限制，进而开展儒学的更多可能与进路，使当代儒学呈现百花齐放的花园风景。

（一）心性之外：开展“当代新儒家”另一种声音的必要性

当然，这并不是在争“当代新儒家”这个名号的小儿把戏，正如牟宗三先生所说：“我们这些朋友都没有自称是‘当代新儒家’。”[①]蔡仁厚教授也说：“我们这一群师友，只服从理性以明是非、辨真伪，而根本厌恶门户之相标榜、相吹捧。”[②]陈明教授亦言：“别人称我为儒者，我还怕自己被符号化呢。”[③]真正的儒者，即便没有“当代新儒家”的称号，依然是个儒者，这本不是一个大问题。但是，笔者之所以在这里提出回归“当代新儒家”称号的普遍性与包容性，即在于当前的“当代新儒家”的提法被道统化了，这在现代学术脉络中不是个正常的现象。而且，正如前文所说，一旦提及“道统”，就会有排他性，有排他性就会有正统与异端之别，那么当代众多儒学的实践者，其开展的进路一旦与“心性儒学”不相符，就会被排除在“新儒家”之外，其论述似乎也就没有了正当性，这将会是对于儒学发展的一个阻碍。

---

① 牟宗三讲述、吴明访问、夏棻整理：《当代新儒家（答问录）》，第183页。

② 蔡仁厚：《学思自述》，见奚刘琴：《第三代新儒家的儒学诠释与创新：以成中英、杜维明、刘述先、蔡仁厚为例》，第130页。

③ 陈明、王达三：《“原道”与大陆新儒学建构——怀柔答达三问》，第139页。

实际上，牟宗三先生认为荀子“本原不足”、“弊不可言”。[①] 唐君毅先生也批评荀子“不能知孟子所言之心之性之善”之弊[②]，劳思光先生更是强烈地批判荀子是为“儒学之歧途”[③]，这就是“宋明心学”道统观下的思正统与异端的思维。如果顺“港台心性儒家”的思路，那么以荀学为进路的儒学是没有价值的，以外王礼宪为进路的儒学是没有意义的，以政经制度为进路的儒学是没有未来的，那么整个当代儒学发展，无疑将会成为一言堂。由此角度言之，又怎么能说回归“当代新儒家”名号的开放性与包容性不重要呢？这绝非仅仅是幼稚的名号争夺战！

（二）花园风景：百花齐放的“当代新儒家”多元气象

正是为了避免当代儒学圈一元宰制的局面，造成当代儒学的进路遭到窄化，因此实有必要开展“当代新儒学”的多元性。当今这个后现代社会，实在没有必要再追求一个唯一而神圣的价值与道统，而应该是开展多元而丰富的价值，以适应这个瞬息万变的社会。这正如王晴佳教授所说，当今社会的氛围，我们的诠释不该再是为了获得统一的理解，而是要使各种学说进路同时开展，使其成为一种花园风景（landscape），百花齐放、众声喧哗。[④]

而这样的花园风景、众声喧哗的开放性态度，也是较为符合当今儒学圈的情形的。以“大陆新儒家”来说，这也不是一个一元的群体，这是一个由各种思维与进路的儒学小群体所组成的大群

① 牟宗三：《名家与荀子》，台北：台湾学生书局，2006 年，第 193—194、203、215 页。

② 唐君毅：《中国哲学原论・原道篇・卷一》，台北：台湾学生书局，2004 年，第 444 页。

③ 劳思光：《新编中国哲学史（一）》，台北：三民书局，2005 年，第 316 页。

④ 王晴佳：《后现代主义与经典诠释》，收入黄俊杰编：《中国经典诠释传统（一）・通论篇》，台北：台大出版中心，2006 年，第 132—134 页。

体;“大陆新儒家”只是一个概括性的说法,他们有其相同的时代背景与必须面对的问题——对中国现实问题、中国文化建设的一个必然响应,对自身民族文化的情感与使命,对西方文化的冲击有着极大的忧虑,因而有一种担当意识,以儒家文化为使命来面对这个时代。[①] 但他们的进路是不同的,正如奚刘琴教授所观察到的,“儒学的多元化倾向在大陆学界也普遍存在,如‘实用儒学’、‘社会政治儒学’、‘政治儒学’、‘生活方式的儒学’、‘民主仁学’、‘生活儒学’、‘德性儒学’等”。正是这么多的儒学形态与进路,构成了“大陆新儒家”这幅“花园风景”。

其实,就是以“港台新儒家”来称呼“唐牟徐”一系的儒者都太过于广泛,仍有以偏概全的弊病,因为并不是所有港台的儒者都是“心性儒家”,不是所有港台的儒者都认同并以心性儒学为依归。如台湾政治大学的刘又铭教授明确地说:

> 我们仍然可以超越宋明以来尊孟抑荀的价值判断(或意识形态),重新给予荀学一个高度的正当性。更积极地说,我们可以开始建构一个具有积极意义的“当代新荀学”。[②]

刘先生的进路显然与“港台心性儒家”的进路不同,在经过思索后,他选择以荀学为进路来开展儒学在当代的价值研究。他认为,“儒家哲学的重建,是每一个时代儒学发展的基本课题”,熊十力、梁漱溟与唐牟徐等人以心性儒学建构了所谓的“当代新儒学”系统,此一学派成功地受到全球学圈的注意,但那只是一个特别集中而凸显的例子,并不能概括为所有儒学形态。[③] 那么,一个经过亲身的体验与用生命去实践儒学的学者,我们难道因为他不是

① 王达三:《“大陆新儒家”与“现代新儒家”——方克立先生信读后》,第120页。

② 刘又铭:《当代新荀学的基本理念》,第4页。

③ 刘又铭:《儒家哲学的重建——当代新荀学的进路》,第158页。

以孟学心性论为依归，就将他排除在当代新儒家之外吗？

甚至是在西方社会，形成了一个所谓的“波士顿儒学”(Boston Confucianism)的群体[①]，他们认为，儒学不仅仅是东方民族的意识形态，而更是一种批判的哲学，对于晚现代的世界来说，有着深远的影响与可供借鉴之处，进而将儒学视为可携式传统(portable tradition)。[②] “波士顿儒学”的代表人物南乐山(Robert Cummings Neville)甚至这么说过：“当杜维明说我是一位优秀的儒学家的时候，为什么我会有如此的自豪感呢？”[③]南乐山教授显然以身为儒家而感到骄傲，其所论述与实践的也是儒学之道；但很明显的，他与“当代心性儒家”的杜维明教授之进路并不相同。他们分处查尔斯河的北岸与南岸——哈佛大学与波士顿大学；人们称查尔斯河北岸是“孟子的儒家”，而查尔斯河南岸是“荀子的儒家”。[④] 但是，难道一个以荀学为依归、自认为是儒学实践者的美国人，我们就不能称之为“当代新儒家”吗？

因此，笔者以为，面对当今全球化与多元化的现代社会，我们应该以更开放与包容的态度去面对各种儒家的学派与进路，如此将能够使儒学在现代社会有更多的可能、更多元的发展，也就有更大的希望以儒学来解决与面对西方与现代化的一切挑战。职是之故，“当代新儒家”的称号应该从线性的道统传承思维(见下图)改为多元并进的树状发展(见下表)；“当代新儒家”不该再限

---

① 〔美〕白诗朗：《波士顿儒学：对北美“新儒学”的思考》，收入哈佛燕京学社主编：《波士顿的儒家》，南京：江苏教育出版社，2009年，第13页。

② 〔美〕南乐山：《波士顿儒学具有讽刺性的几个方面》，收入哈佛燕京学社主编：《波士顿的儒家》，第1页；Robert C. Neville：“*Boston Confucianism：Portable Tradition in the Late-Modern World*”(Albany, N.Y.：State University of New York Press，2000)，pp.1-7.

③ 〔美〕南乐山：《波士顿儒学具有讽刺性的几个方面》，第1页。

④ 哈佛燕京学社主编：《波士顿的儒家》，编者手记，第1—4页。

缩于“港台心性儒家”一脉，而应该回归其开放性与包容性，如海纳百川般接纳各种儒学的形态与可能！

当代新儒家＝港台新儒家＝心性儒学

上世纪对于“当代新儒家”的一元传统与理解

新世纪对于“当代新儒家”应有的多元传统与包容性的理解

<table>
<tr><td rowspan="10">当代新儒家</td><td rowspan="3">海外新儒家</td><td>孟子的儒家(杜维明)</td></tr>
<tr><td>荀子的儒家(波士顿儒学)</td></tr>
<tr><td>其他</td></tr>
<tr><td rowspan="4">大陆新儒家</td><td>文化儒学(陈明)</td></tr>
<tr><td>制度儒学(干春松)</td></tr>
<tr><td>政治儒学(蒋庆)</td></tr>
<tr><td>其他</td></tr>
<tr><td rowspan="3">港台新儒家</td><td>心性儒学(唐、牟、徐)</td></tr>
<tr><td>当代新荀学(刘又铭)</td></tr>
<tr><td>其他</td></tr>
</table>

五、结论与展望——你我都在创造新时代的路上

当“当代新儒家”的名号回归其普遍性与包容性，当“当代新儒家”跨越了两岸的隔阂而有了新的开展，当“当代新儒家”具有多元的开放性意义，那么儒学在当代的发展将有着更丰富而积极的可能。因为这样的回归、跨越与开放，将使“当代新儒家”的发展由一元道统走向多元并进，从心性论的窠臼走出，向多元儒学的形态迈进。当然，这并不是否定心性儒学的价值，也绝对不能抹杀“港台心性儒家”在那个文化崩坏、儒门淡薄的年代挺身而出

的勇气、担当与贡献;但在这个新世纪,儒学的确需要更多元的进路去面对更艰难的挑战以及那些尚未解决的问题。这正如刘述先教授所体认到的:“新儒家确有些成就,这些成就像余英时先生讲的,他们有一些重要的东西在里面,不能够忽视。不过,另外一方面也有一些瓶颈,他们还要突破,还要在前面走。”①

就现实意义,台湾已不再是保存、传承与发扬中华文化的唯一境地,“大陆新儒家”的兴起与海外诸如“波士顿儒家”的出现,都是一个儒学复兴与开展的契机。当我们跳脱了“心性儒学”的限制、跳脱了孟学的道统,那么我们就得以由不同的进路去开展中国现代化的可能。如果说过去所谓的“港台心性儒家”因为太过强调“心性”与“内圣”,而“把儒家的气象做小了”②,那么开放的“当代新儒家”概念将使当代儒学有从政治儒学、制度儒学等更实际的层面开展的可能与正当性。如果说过去所谓的“港台新儒家”因为太过强调孟学的道统,而显现出一个尊孟抑荀的思维,那么开放的“当代新儒家”概念将使当代儒学有从荀学开展的可能与正当性。

也就是说,过去几十年“港台心性儒家”不断试图以心性之学来开展与面对当前现代化的可能与挑战,但其成果似乎并没有那么显著。像牟先生以心性儒学为出发点的思维,试图以“坎陷说”来开出民主与科学③,但往往被斥之为太过曲折与难解,正如郑家栋教授所说,既然“达到了完满状态的本心性体、道德良知,何以

① 刘述先著,景海峰编:《儒家思想与现代化——刘述先新儒学论著辑要》,第278页。

② 干春松语,见王廷智:《“解体”与“重建”——评干春松的“制度儒学”思想》,第221页。

③ 牟宗三:《现象与物自身》,台北:台湾学生书局,1976年,第122—123页。

又要坎陷自身而下开知性呢”[①]。那么,既然孟学、心学的路走来是如此艰苦,为何不以荀学、以政治儒学、以制度儒学来试试看呢?况且,大陆的发展有其必须面对的时空问题,未必要如“港台心性儒家”那般接受西方民主与科学的普适性,进而将之视为普世价值,关于这点是可以超越“港台心性儒家”的思维进一步思考的。[②] 这并不是要完全抛弃“心性儒学”,而是我们可以有着更多元的可能与契机。

如同王心竹教授所说:“当代文化的建构有如拼图,没有哪种观点立场能够包打天下,‘全豹’的彰显,有赖各方的互动互补。”[③]我们应该以更多元的视角去尝试儒学的各种可能,去解决当前文化的危机。在这个现代社会,更不应该再将某一传统视为唯一神圣的最高价值,正如陈明教授所说,“不要把什么东西封为‘绝对真理’”[④],没有任何一种儒学形态应该凌驾于他者之上,唯有通过不断地辩证与尝试,我们才能不断地趋近理想的国家与社会,“儒学不是一个装满灵丹妙药的‘宝葫芦’,而是一条不断延展的道路”[⑤]。可以说,这条路,还很长,你我都在路上——无论你是心性新儒家、政治新儒家、文化新儒家、制度新儒家、荀学新儒家——我们都在创造一个新的时代!

---

① 郑家栋:《当代新儒学论衡》,台北:桂冠图书公司,1995年,第122页。

② 崔发展:《论“儒学复兴运动”说》,第232页;方朝晖:《文明的毁灭与新生:儒学与中国现代性研究》,北京:中国人民大学出版社,2011年,第111—145页。

③ 王心竹:《儒家传统中的启蒙精神在当代》,《儒生》第一卷,第249页。

④ 陈明:《文化儒学:思辨与论辩》,第148页。

⑤ 陈明:《文化儒学:思辨与论辩》,第148页。

咸以孔子之是非为是非?

□[美国]葛思澈[①]

自从接触黄玉顺教授的"生活儒学"以来,短短半年,笔者的思想受到了巨大的冲击和震动,几乎颠覆了以往二十年的若干看法。虽然对"生活儒学"认识尚浅,许多想法难以整理清楚,但笔者在此仍试图对黄玉顺教授的"生活儒学"思想做一番梳理,作为自己理解消化"生活儒学"过程中的小结。

咸以孔子之是非为是非? 故未尝有是非耳。

这篇文章的题目是中国明朝哲学家李贽(1527—1602)的名句之一,也可以说是笔者学中文二十年来一直持有的一个信条:我凭什么要信从他人的是非? 我是一个21世纪的、理智的、数码化的美国人,如果把任何一个像我一样作为肉身的人的伦理道德观念抬到神圣的高度,并视之为自然或皇天给出的必然常理,要我接受并服从它,而且一辈子的思想和行为皆由它来规定——那,对不起,我可做不到! 丢了自由、丢了自我、丢了人性,就瞎跟

---

① 作者简介:葛思澈(Che Garcia),美国人,山东大学留学生。

人走，我看这比死还惨。我们好不容易才把思想从两千年的基督教的死胡同里解放出来，难道我还要窜进中国的胡同试一试？

笔者原来的这种想法，在美国"老百姓"中有一定的代表性，这并不是说一般的美国人不喜欢孔子或不欣赏其学说，但假如让美国人以此为思想行为的权威，那就悬了。美国人与全世界人民一样喜欢自由，只不过在美国，它被提升到了政府行政、人民处世的至高层次上。中国传统形而上学和文化里也存有如此概念，只不过在传统儒家那里没得到大力弘扬，而是体现在其他学派中。笔者认为这恐怕也是为什么老庄、禅宗之类的中国思想在国外很吃香，而像儒家或带有儒家影子的思想，至今难以在西方普及，而仅为汉学专家所研究的主要原因。

咱先回到李贽先生那儿去吧，从他那儿出发。

但不瞒读者说，我对他了解不多，主要还是围着上面这句话转。我知道他思想上有禅学，我也知道他从很小就反对孔子——或更确切地说，他反对的是对孔子的个人崇拜及其相应产生的政治制度、社会伦理和文化思想，简而言之，就是反对历来的礼乐制度。但这就等于反对"孔子之是非"吗？

孤立地看，中国的情况是令人费解的。①

这是 John C. Landon 的著作《人类起源的世界史再审视：人类进化的隐形线索》（*Descent of Man Revisited World History: The Hidden Clue to Human Evolution*）的说法，指的是轴心时期（Axial Age）的中国社会，在短短 700—800 年间发生了不可思议的巨大跃进。而笔者想表明的是，中国的这个大改造只不过是又

① John C. Landon. *Descent of Man Revisited World History: The Hidden Clue to Human Evolution*. Montaulk, NY: South Fork Books, 2012, p. 150. 原文：The Chinese case is inexplicable in isolation.

一例的典型轴心时期现象的表现，其主要特征与轴心时期的古希腊[①]、古中东、古印度等轴心时期中发展的文明国是一样的，都不符合循序渐进的传统进化观念，因而有必要和诸文明古国一起衡量。

那么，在政治思想和社会制度方面，中国与轴心时期其他文明古国的共同特点有哪些呢？简单地说，主要有两点：加强和定型化的中央君权制和社会等级制，更简单地说，就是礼教。

在这个时期里，诞生了我们至今仍在思考的基本范畴。[②]

不论是古希腊神话、古以色列圣经[③]、古印度梵教，还是"独尊儒术"的古代中国哲学，从头到尾观察它们自轴心期以来两千年的发展历程，我们发现有以下共同特点：

其一，整个社会围着一个雄性的、具有主体或本体性的、似是而非的存在者所奠基的一元论的形而上学。其二，与此对应，脱不开"主—客"架构的知识论、认识论和科学论的形而下学。其三，也是最重要的，奠基于以上两点，社会必然导致：(1)由具备神圣地位的教师阶级和中央专制的阶级来设立制度统治本国人民；(2)带有民族或种族歧视性，对外施行扩张，以教化和霸权的帝国方式对待他国。

在中国，这些现象无不源于古时之"天地之畔"。

---

① 要研究轴心时期的古希腊，得和古罗马联系起来才谈得圆满。

② Karl Jaspers. *The Origin and Goal of History*. (translated by Michael Bullock) New Haven, CT: Yale University Press, 1953, p. 2. 原文：In this age were born the fundamental categories within which we still think today.

③ 古希腊、古以色列二者将要成为合成物的基督教的两条源流和资源。

> 印度和中国的历史并未落入西方这种明确的区分，并不包含同样的清晰对立或明晰的精神冲突。……西方具有东西方两极性的观念……作为自身内在的对立观念。①

这段话是针对上述三个特点之第三而言的，因为其中列出的“特点”在中国历史上远远不及在西方历史上那么明显——尤其是后半句。这是因为在西方所谓“opposites”指的是“欧—非”、“西欧—近东”、“新世界—旧世界”等明明是两个极端的对立，而在中国只有“江南—江北”、“长城内—长城外”或某些人群是以“犬”还是“虫”之类的部首来命名等的对立。但发展方向大致是一样的：历来尽是争斗。因此，我们可以把限于本地域范围内的中国历史视为西方的全球扩张史的缩影。（其实，像“中国”、“中原”等正好在轴心时期产生的概念，本身就含有这种思想，可以作为笔者观点的旁证。）通俗地说，欧洲历史是部落和部落的争斗，而中国历史更像是有多个分支的一大氏族之内战。但尽管如此，就像李贽先生一类的著作的出现、历史上农民起义的反复或离我们更近的毛泽东领导的解放战争以及新中国的建立都能够证明，欧洲也好，中国也罢，受挫折的百姓的感受是一模一样的。

那么，咱们要看这个大氏族在战后——或在停火之际——如何治国，就会发现两千年的主流统治思想出自一个汉朝定型的、在一定程度兼采各家之长、综合性的儒家思想。这些既是哲理性的思想成果，也是政策的经典，其核心部分有一些词汇特别引人注目，比如“辨”（“辩”）、“畔”（“判”）、“是—非”、“善—恶”、“贵—卑”、“德—刑”等。这就是上面提的“opposites”所归类的词，反映

① Karl Jaspers. *The Origin and Goal of History*, p. 57. 原文：*The history of India and China does not fall into such clear-cut divisions as that of the West*, it does not contain the same clarity of opposites, nor the lucidity of spiritual conflict… The West possesses the polarity of Orient and Occident…as a polarity within itself.

的是拘泥于“主—客”架构下的知识论、认识论和伦理思想，这就是轴心时期的主要特征之一：宁静的存在境界的打破、互渗(participation)的丧失和异化、疏远(alienation)的起头。①

两极性的确定成为令人不安的对立与矛盾。②

这句话的意思是，在前轴心时期，人们认为任何一对形而上或形而下的概念都好比硬币的正反两面：不但不矛盾，而且缺一不可，缺哪一个，其另一半就无法成立了。但自轴心时期以来，除了居住于处女地的一些部落之外，几乎全人类对事物的认识转了180度弯，以“解剖方式”为主要分析形而上问题的方法。③ 原先，矛盾并非矛盾：有苦，有背，有难关，但没有矛盾：只存在五花八门的现象。有特色，没矛盾。要给矛盾找一个比较通俗的定义，那么，矛盾是某一个事理的两面的不相符，使得这个事物在道理上自己跟自己较劲。但咱们不得不承认，在一定程度上，这描述了人、物在日常生活中经历的几乎每一件事。按说——按进化论

---

① “participation”(互渗)是上世纪初期文化人类学先锋 L. Levy-Bruhl 创造的术语，指的是他所说的一切非欧洲人种(即有色人类)共有的文化特点。他认为，因为逻辑思考能力尚未达到进行逻辑思维最起码的水平，这些落后人种皆使用一种未分主—客的神秘思考方式(mystical thinking)，这叫“互渗”。关于“alienation”(异化、疏远)的作为心理感受及严重的心病，请参看下文关于“alienation”的注释。

② Karl Jaspers. *The Origin and Goal of History*, p. 7. 原文：The calm of polarities becomes the disquiet of opposites and antinomies.

③ 从历史角度看，恐怕也是逻辑分析导致起头的感悟和原有的整体论的丧失吧。《庄子》一书，形容人类在思维进化史已到此地步，用两个均含有“分割”、“分开”、“分区”、“划分”等意义的术语：“封”与“物际”。要注意的是连“分析”一词也表示着咱们思维的离不开“分”。

说——人、物都应该具有足以克服矛盾的生命力①,不该成大问题。为什么上古人并不以为这是问题呢?是不是那时,自认为只不过是万物之一的人"自示"②还没发展到对本源、本体、存在本身提出不满的程度?还不够大胆,智力还不够?可能人类当时发展程度跟小娃娃似的吧:才会说话,既不敢也没有依据去评论《说文》之讹处。其实,理智的、逻辑的、立在顶峰的21世纪的我们也不得不慎重,以免堕于"高贵的野蛮"或"淳朴的原始人"二见的坑里:上古人也是人,与咱们未必有多大区别。

而笔者则倾向于另一种看法:前轴心时期的人是经过全面的思考衡量,有意地、自主张地、因晓其后果而故意反对过这门槛的。③

无论如何,现在的人,或多或少,一发现自己处于"矛盾"情景中,就从心底感到不安。④ 其实,任何变化、相差、相异或任何对称美的丢失,从某一角度看,都带有对立性,是有冲突或矛盾的。所以,问题是:"什么时候差异——非某一差异而是差异本身——就变为恶相了呢?我们的精神什么时候变得如此脆弱呢?"

这不可能算是进化的优势,因为(内、外)生活本身就充满坎坷,对此如果精神上难以接受,反而成了进化的劣势!这是因为

---

① 上古人也没有反映出其社会上有此类矛盾而能导致人心里不自在——或至少我们没发现上古有持此类学说的人群;相反,我们所接触到的传说是说那代人很自在地处于一种如上面所说的"互渗"状态。

② 《老子》术语,不同版本或言"自示"、"自视"、"自是",但笔者认为三者实指一事:建于个体的一种成熟的自我意识。这在当时是非常新鲜的一个概念,但也是作为反对派的老子所排斥的。

③ 这与我们现在的许多科学发现、发明经常引起的伦理争论没多大区别,而我们没法说当时人们不想如此把握和控制他们社会的发展导向。至少,轴心时期早、中、晚期,各反对派或带有反对倾向的思想家的出现可以作为笔者这种观点的旁证。

④ 上面引文中的"disquiet"的中文翻译:忧虑;不安;内心不平静;烦恼。

经过轴心时期变革的人类被"异化"了——丢失了原始人类的无知、无辜,即《老子》中提到的"无死地"的"赤子"所持有的处世的信心、自信心和"安平泰"之心。这"异化"则导致大家天天生活于一种甚为恐惧的"疏远"心理状态下——疏离了本源,疏离了自然界,疏离了自己。[①]

据笔者对哲学有限的理解,伦理规范奠基于形而下学,形而下学奠基于形而上学。如此,人与人之疏远出自人与大自然或自然生活之疏远,而人与大自然、自然生活之疏远则源于自然生活与文化习俗、宗教信仰的疏远,这是根由,是万恶所出。这使得人们在社会中的生存和形而上的需求不一致。[②] 所以,正如黄玉顺教授在《绝地天通》一文中说的,这普遍于欧亚大陆[③]的诸现

① "异化"和"疏远"都是英文词"alienation"的汉译词。为进一步了解这两千多年前产生的整体心理的转变,值得参考的是 *American Heritage Stedman's Medical Dictionary* 的定义:"A state of estrangement between the self and the objective world or between different parts of the personality."若还有不信服这能够准确地形容轴心时期和轴心时期以来的形而上学(及其所酿成的余震,比如,启蒙运动、工业革命、现代社会等)在人的心里所留下的疤痕,请观察一下目前全世界有多少人正患着这种病,以至于不进行医治就无法过正常生活。接着,我们还可以拿社会学方法分析这种"疏远病"之所由:"In social science, alienation is associated with the problems caused by rapid social change, such as industrialization and urbanization, which has broken down traditional relationships among individuals and groups."(American Heritage's New Dictionary of Cultural Literacy)

② 社会中的生存和人们精神上的形而上境界——物质生活和非物质生活——是价值观得以成立和进行价值判断的根据。二者脱离了,必然导致人们的不满足。

③ 其实,轴心时期这基本上是限于欧亚的一种现象,大洋彼岸的非、美两大洲并非如此。虽有非洲古埃及和古中美德奥尔美克等两个文化地域,但按时代来说,它们已超出了轴心时期的前后,分别地为前、晚辈。但这题已远远出乎本文之所设。

象——原始社会与它的传统形而上学的崩溃及其后来产生的种种人类心理疾病——是形上与形下的不相符,究其病因,可以说根本在于"天地之畔"。①

周监于二代,郁郁乎文哉!吾从周。(《论语·八佾》)

该说的先说:为答复先师上面的陈述,请让后辈在此声明一下:"吾弗从!"

为什么呢?这与周朝整套思想有关。不是说长达近千年的周朝一无是处,而是说在整个轴心时期,实施统治的周朝必定浸透着一些轴心时期的恶现象。②

"轴心时期乃是非连续作业的非随机模式的一种不可否认的

① "In Iran Zarathustra taught a challenging view of the world as a struggle between good and evil."(KJ2)据笔者所知,公元前6—7世纪伊朗的琐罗亚斯德的袄教是人类初创如此一种用一向被认为是相成、相随的明和暗以代表极善和极恶两个概念的形而上学存在论。原为共在于天地间的明和暗,一到轴心时期,这两个最高的神不但被人格化了而且还被分配了期盼着末世决战的角斗士角色。这一下子横贯了整个存在范畴,把所有形上和形下的存在者贯穿了起来,在一个无法逃脱的网中,使之对立起来,分辨之以是非。这只不过是出身于西方的笔者较熟悉的一例,但大多数全球各地五花八门的文化地域——尤其是文明大国——反而未远离开此蓝图。其实,历史可作证,自古以来,想统治大国而领导追求发展的都在沿着这一路子走:一国的国教多大程度符合这个模式,那就有多大的潜能成为国际超级大国。

② 要是我们仔细观察像人类那么爱自欺的一种生物,则立即发现他最大的幻觉之一是他是自主的、存乎大自然进化(庄周所谓"物化")外头的。他自然会把周朝侯王所行所为当十分有自主性的,而不会视之为仅仅不讲人情的进化预定的一个必然现象,也更难以接受这种进化之外可能还有尚未让人解释明白的进化规律。

案例……行为的多功能同步带……一种在历史的规范流之外起作用的‘宏观效应’。”“它是‘驱动器’的明证，因而是方向性、伟大的戒律。”①

喜欢周朝就等于喜欢“异化”正在生根发芽的那段历史。如上所说，笔者认为轴心时期是走偏了、迷失方向了、变态了，让人类找不着返乡之道。所以，再次声明：“吾弗从！”

理性与理性地阐明的经验发起了一场对神话的斗争（逻各斯对神话的斗争）……一场针对虚幻的诸神的伦理叛乱发生了。宗

① John C. Landon. *Descent of Man Revisited World History*, p. 142. 原文：“[The Axial Age] is the one incontestable case of a non-random pattern operating discontinuously… multiple synchronous zones of action… a kind of ‘macro-effect’, something operating outside the normal stream of history.”“It is clear evidence of a ‘driver’, thus of directionality, the great taboo.”这几句所表达的意思就是轴心时期不可否认的现象：破坏了达尔文学说的一些根本论点（因为它不遵守传统进化论许多时间、环境等认的规则）而使其至于需要改进；导致很容易令人犯科学家所不能犯的最大罪过：由眼前的迹象而怀疑或判断其背后有一个“指挥者”在努力实现其“宏伟计划”。无论如何，笔者认为进化学恐怕——同毫无例外的其他各门科学——要比我们所想的深得多。但有一点敢肯定：“the forces of history”很难测，细看轴心时期，很难否认一般操作于单个种类的进化是奠基于一种全球性、不可抗的共同命运的概念。所以，笔者不会也不可能赞成那一时代的任何国家的政策——不是时候——但历史的推动力也是无法抵抗的。

教让位于伦理……神话……变成了寓言故事。[①]

早期形式的一神论的产生，乃是更早的多神教的一场理性主义变革。[②]

理智、合理性（rationality、logos）与神话、虚构理论（myth、mythos）的彼此价值比例判断已不在本文范围内，那是至今争论不休的一个哲学问题；在此，单说咱们人类的大脑是具有左、右两个对称而相补的半球，分别负责分析和情感。[③] 毫无疑问的是，两半并用，以进行思考、推测、价值衡量和判断，甚至进行创造、梦想、与人交融等，这才是完整的人最佳的日常精神行为，否则的话，两个半球的并存在进化上就没有意义。

既然知道了周朝文化[④]为轴心时期的中国文化，那我们能预期到在观察周朝文化过程中会发现轴心时期的特征。这些特征中有一个是最根本的，是所有其他特征之基础，之所以可能的依

① Karl Jaspers. *The Origin and Goal of History*, p. 3. 原文：Rationality and rationally clarified experience launched a struggle against the myth (logos against mythos)… an ethical rebellion took place against the unreal figures of the gods. Religion was rendered ethical… myth… was turned into parable.

② John C. Landon. *Descent of Man Revisited World History*, p. 53. 原文：The birth of monotheism was a rationalist reform, in its almost primitive way, of still more primitive polytheism.

③ 现在，心理、神经、脑科学等已发现，思考（thinking）和感情（feeling）是无法单一进行的：有其一，就必有其二与之并行。意识生活上常表现为矛盾冲突的整个思维方式其实不单并非如此，而且各自还彼此充实呢！请看下文注释关于这“二”和“一”及其中在中国传统形而上学史上问题的讨论。

④ “周朝文化”在这儿以广义来理解比较合适，即扩大意义上范围到：跨越周朝廷持政权期间且在周文化的指导下社会各层次上的人文现象，换一称呼即“周礼”。

据，也就是理性胜过神话的史实。既然如此，咱们得先来看一看“理”这个概念。

古：

理，治玉也。从玉里声。段注：《战国策》郑人谓玉未理者璞[①]……郑注《乐记》曰：理者，分也。(《说文解字》)

理者，成物之文也。长短大小、方圆坚脆、轻重白黑之谓理。(《韩非子·解老》)

夫能理三苗。(《淮南子·原道》)

分茧理丝。(《晋书·左芬传》)

知分理之可相别异也。(《说文解字·叙》)

今：

物质本身的纹路、层次，客观事物本身的次序。(《新华字典》)

事物的规律，是非得失的标准、根据。(《新华字典》)

自然科学有时特指物理学。(《新华字典》)[②]

按事物本身的规律或依据一定的标准对事物进行加工、处置。(《新华字典》)

古代指狱官、法官。(《新华字典》)

然后，最要命的是：

---

① 此字通前轴心时期夏礼的老子中所见的“朴”。关于老子与夏文化的关系，请看王博《老子与夏族文化》。

② 已揭示含有形而上意义的“理”字上面更加上了“科学”意义，那么，按说，这个“理”字上要有形上学、有科学，则必有“伦理”。(请看下一注)

礼者，理也。[1]

通过以上的古今释义和例句，我们能看出：

无论我们自己持有何种价值观，玉上加了工是产生了变化的，它再也不是原汁原味的[2]。“理”和“分”有密切关系，常为并用、对称，甚至在某一层面上可以理解为通义词或同义词。“分”是辨别出两个极端的、对立的、含有贵卑价值观的一种判断，绝不是两个平等的东西，由此判断出利弊。这就是统治、管理人和物以“喻于利”的意思。有时，判断后，关联着治、罚、刑；最后，切不能忘的是，“治”是“理”的本义，“纹路”、“规律”、关系到事物本身

① 《礼记》为了给读者献出比较全面和平等的呈现，笔者也列举《说文》的记载：“履也。所以事神致福也。”笔者多年来一直不明白《说文》“履也”之含义，不免为写更好的论文而进一步查字书，发现有林昌彝作《三礼通释》一书，其中记载：“礼者理也，有原理、原则、规律的意义。礼者履也，有践履、实践的意义。”OK！学无止境嘛！但这也不影响笔者关于“理”、“礼”之间的关系上想表达的意思。再说，相比之，《礼记》之说该离源泉更近些。

② 从字面上看，“变化”和“异化”没有太大的区别，按说，任何一个变化同时也是一种异化。论物，像鸡和狗，回不到自然的生态系统了；论人，得的是人文的形而下，冒着异化病的危险，此中损益只能说是随人而论。

层面的等意思皆是后起的。[①]

所以，根据上例，可见古之贤者已定“理”是可训“礼”的，它的词义范围包括：主客、主观、是非、分辨、贵卑、制、施加、统治、驯化、教化、异化、刑罚、求利等，尽是轴心时期而非原始社会的特征。

然后，什么是与“理”(logos)对立的神话(mythos)的“神”呢？它怎么讲呢？[②]

笔者见过的最能描述前轴心时期中国“神”境的是黄玉顺的《绝地天通》一文，文中依据上古古典里的神话、传说，很到位地描写了一种神、人、物的“共在”情境。比如，大家都熟悉的“玄鸟”故事，大多数学者仅抱着神话的态度来看待它，而黄玉顺教授从中读出它是如何反映当时人的自我观念、思维方式和形而上学的。

---

① 但这也意味着，到最后，中国人还是不大可能那么干干净净地脱开固有的同化形而上的观点，却把某一事物的独有特征以及添加的两层截然不同甚至正好相反的意思融在一个字中。有意思的另一件事是“治”的古字是“乿”，这个字读 luàn，同样也是古文的“乱”。话到这儿了，得讲一下心里话：学了多少年的汉语，中国人却能照亮意想不到的相。“利”古时是双行的动词：备“给利于”和“得利于”二义。“受”字亦然。反映出来的是原始中国人(现今中国人在一定的份上仍然)尚无有特强烈的“单向彼此概念”的前轴心时期思维方式。但“治”和“乱”怎么能归一个字源？我这泥于现代二元思想还真难以体会。待考，待考。噢！差点没忘！“理”字查不到甲骨文、金文，也没查到其有前身的信息，似乎最远古还真没这个字。这与笔者主张的其为一种轴心时期产生的、反映的是轴心时期思想和价值观的概念不相背。

② 这可能有点跑题了，但不得不说一下：其实，该对立的并非 rationality 和 myth，而是 rationality 和 emotion，因为(虽然这种人从未存在过，咱们假设)假如人的 reason 和 emotion 在操作上是毫不互相干涉的，那 myth 也只能说是前二者的融合产物，即既有理性又不舍情感的思考和分析方式。要真有一部神话，一点也不合乎现实或听得一点也不叫人动情，那恐怕这部神话传不到今天而早就失传了，因为谁听？

人、神、半人半神的英雄，他们不分彼此，融洽和谐地共同生活着。①

在前轴心时期的中国，神和人曾经被认为是亲戚，但随后，从周朝起，即从人们开始过度地崇尚“理”(礼)的时代起，近三千年的“泪水之路”就开始了。

皇天无亲，惟德是辅。(《尚书·蔡仲之命》)

这句话——尤其是咱现代人——听起来挺好：顺耳、有道理、未着迷信，该算是中国思想史上的一大进步吧。但反过来考虑呢，此说一出，非一个人或一家人而是整个民族、天下一时就此丧了亲了，而此亲是比陆地上的双亲还要亲的一个亲！② 现在听着很逗，但对当时的人可不会！他们的本源、本体让人给抢走了。③这岂非“天”大的悲剧？这很自然让咱们产生疑问：“那么，要真是那么大的冲击的话，人类是怎么活过来的？”答案特简单：它并不是一下子发生的全面变化，而是一点一滴发生的。在此不免提出两点：(1)说的是“并不是一下子”，但是，其实，从物种进化角度来

---

① 黄玉顺《绝地天通》也包括动物、植物，请看下面。

② 李若晕《以“天”代“帝”：周人对于君权正当性的反思及德之初步独立》引用《尚书》、《周书》两例支撑如是说：“由[以上二例]‘德’得以初步剥离于血统(下面考‘帝’、‘嫡’二字关系时有细讲)，而获得伦理之德性……”但是，必然而然，正符合轴心时期中生的王国共同标准——似如是命中注定的——周朝廷(及其后继者)的政策不得不往增强、集中君权的中央集权制的方向行走。李氏接着说：“但在数世之后，周人创制了‘天子’一语……形成一种超然之统治地位……天子是‘以天为宗’……周人也开始走上了殷人建立君主与至上神之间血缘纽带的老路。”但读者千万不能错认为于是就把“帝”原有的亲切也跟着有所复：一言以概之，亲近“天”唯一的办法是通过“德”，而“德”的衡量在掌权者手里。

③ 其实，是给时代抢走了。

看它是非常快的；(2)这变化(或转化)的种子是在史前时代种的，但在夏商二代才有稍微突破地皮的苗头，可以说到了周朝才真正发了芽，长成了树。而在“一点一滴”的漫长过程中有非常关键的一步，笔者想让读者特加注意：以“天”代“帝”的事。

“天”代“帝”好像没什么不好，反之，应该说是个非常好的现象：也许只与占人口少数的商贵族拉近的“帝”远远不及整个天下万民皆能通过德而能亲的“天”公平、公道——周人把最高的神“公有化”了！这该算人本主义的一大胜利！但咱不要急于开庆祝会，还是先问到底吧。

从字面切入的话：

天：颠也。至高无上，从一、大。[①]

帝：谛也。王天下之号也。从丄，朿声。古文诸丄字皆从一，篆文皆从二。二，古文上字。辛示辰龍童音章皆从古文丄。

看来它俩是有一定关系的，“一”、“二”皆是“上”的古文[②]，则“天”、“帝”二者皆是至上位、至高处。然而“帝”好像与中国思想、形上学，如“示”、“辰”、“龙(龍)”、“音”等概念有更直接的关联。

咱们再比比这两个字的注释：

天：颠也……凡言元始也，天颠也，丕大也，吏治人者也。[③]……颠者，人之顶也。以为凡高之偁……然则天亦可为凡颠之偁。臣于君，子于父，妻于夫，民于食皆曰天是也。(段玉裁《说文解字注》)

---

① 除非另有注明，以下几条解释均采自许慎《说文解字》。

② 也有从“二”的古文“天”字。

③ 夫吏者，理也。《汉书·王莽传下》：“哎哟！又是‘理’这家伙露着头呢！我说！所以我说这天一登场咱得留点心眼儿！”

关于“帝”，人人都该熟悉其大概：它的通“天”、“一”、“上”、“高”、“君”等词就应该足以给我们提供一个比较圆满的描述。[①]美国学者 John C. Didier 在他 2009 年的著作《广场内外：约公元前 4500 年至公元 200 年的古代中国与世界的天与信仰之力》(*In and Outside the Square*: *The Sky and the Power of Belief in Ancient China and the World*, *c*. 4500 *BC—AD* 200)里提出的天文学的解释，从中亚、西亚若干地域文化找的与中国对应的证据，据此证实原始的“天”、“帝”、“一”、“二”、“元”等古字当星座画像的连接线直接画在天上。他揭示了“the Celestial Pole”(即自前历史到今日奠基并贯穿着中国思想历史的北极星)与之相关的关系及“天”、“帝”等概念的演变。如此把“帝”原意放回天上，这样“上帝，天也”(《史记正义》)、“中宫大帝，其精北极星”(《史记·天官书》注)的意思就更具体实在了一些。[②]

然后，咱们再审查与“帝”字相关的词族：

① 但顺便提一下，至于“帝”甲骨的字形，还有其为古兵器的解释。

② 但对不起，在这个问题上笔者还没深造，尚待进一步研究。

敌：仇也。从攴，啻声。(《说文解字》)[①]

适：之也。从辵，啻声。适，宋鲁语。段注：之也……适。适，宋鲁语也。按此不曰往而曰之……之与往稍别……往自发动言之。适自所到言之。故变卦曰之卦。女子嫁曰适人。(段玉裁《说文解字注》)[②]

啻：语时不啻也。[③] 从口，帝声。一曰：啻，諟也。读若鞮。段注：不啻，多也……一曰：啻，諟也。言部曰：諟，理也。亦用諟为寀谛字。读若鞮。疑此谓后一义之读。(段玉裁《说文解字注》)

咱们不妨查一下"諟"、"鞮"、"谛"几个字：

---

① 然而，如《尔雅》等诸古字典、训诂书中训"敌"用例字不外乎"仇"、"匹"、"当"、"等"等字。"仇"呢？"雠也"。(段注)所以"敌"、"仇"都未必有恶意："仇者兼好恶之词。相等为敌。因之相角为敌。"(同上)还有，"古多假借适为敌"。(同上)"帝者，天下之所适。王者，天下之所往。"《吕氏春秋》难道这意味着天下人民都去跟帝王拼？对了！就像现代"拼"好恶难判，"适"(敌)也是。(下面看咱查"适"字时这点就更清楚了。)所以，上面"帝"为武器说毫不影响笔者所主张：哪怕都到了拼命的时刻，未必需要破这"齐物"境界——或借用黄玉顺教授的说法：这是生活感悟。[尽管如此，咱们也知道终究还是转"你我相干"去了。"明理而胜敌。"(《管子·兵法》)(请读者注意：正如上面说的，"理"的概念不但具有某种事物之原理的意思，而且还暗指可通过通晓其中规律以制服、利用它。)本文的目的并不在于把咱们的世界画成西天极乐世界，而仅在于研究历史河流的一大转折点而已。]

② 意思是说"往"相当于英文的"go"，但"适"(宋、鲁的"之")可能更接近于"go to"，就是说，涉及宾语的乙方时使"适"。(适者，之也。所之必有一定也。)虽只有一方在行动，但仍含有"合"的意思(《诗·郑风·野有蔓草》"适我愿兮")所以才有"合适"一词之出，也就自能包含"嫁"的意思在内。

③ "语时不啻"意谓在实际讲话时(语时)总是连用"不啻"，即"啻"并不单用。

禔:理也。从言,是声。段注:……是,理也。是者,禔之假借字……理犹今人言是正也……禔犹正也……禔,是也……《大学》禔或为题。(段玉裁《说文解字注》)

鞮:革履也。从革,是声。段注:《周礼释文》云……胡人履连胫,谓之络鞮……《释名》曰靴本胡服,赵武赵王所服也。(段玉裁《说文解字注》)

谛:审也。从言,帝声。段注:《毛传》曰审谛如帝……《集韵》或作禔、諦,互详二字注……号也……又通作啼……《荀子·礼论》哭泣谛号。〈注〉啼、谛通用。(段玉裁《说文解字注》)

虽然三者(加上与其有密切关系的“啻”)各有独特的意义,但就其共同点,笔者勾画了这样的意义范畴:“形上的唯一真理。已然经过上者之审谛,也能承受下者之审谛。无歪、无非。”①

请注意,无一不源于“帝”的这些字都是与“是”、“止”涵盖同一个意义范畴的,若有不同也是很微妙“shades of meaning”的差异。

此外,还有“嫡”字:②

嫡:孎也。从女,啻声。(《说文解字》)③

---

① “鞮”字似乎只不过是因形、音近而假借为“禔”,但有趣的是它的定义跟“礼”还差不多!目前,视之为巧合而已吧,毫无瓜葛的。但其实,不得不说,据笔者接触中文的这么多年,往往是这些远远不足的证据露出的线索。

② 实际上,还有“媂”字,但笔者未能查出任何相关的意义,似乎与这群字的古义没一点关系,但笔者难以置信“帝”是单纯的声旁,待考。

③ 《康熙字典》:“一曰嫡,敌也,言无与敌也。”另有,“通作适”,然后解“适”时也有:“与嫡同。《诗·大雅》天位殷适。注:殷适,殷之嫡嗣也。”关于“嫡”、“适”,段玉裁《说文解字注》也有:“盖嫡庶字古只作适。《诗》:‘天位殷适。’传曰:‘纣居天位,而殷之正适也。’凡今经传作嫡者,盖皆不古。”

最后，关于“嫋”字，有“谨也，从女属声”（《说文》）和“[chuò]古同‘娖’，辩”[①]、“[zhú]谨慎”（《新华字典》）。[②]

有娀方将，帝立子生商。（《商颂·长发》）

天命玄鸟，降而生商。（《商颂·玄鸟》）

据此，我们能看出，至少到“玄王”契时代的商初，人尚处于黄玉顺教授所说的一个神、人、物不分类，同为一大家族观念下的生活：介绍他们最高形而上学诸概念的这几个字指的就是这个概念，这应该已经是很清楚、毋庸置疑的。具体说，一方面指的是体现着主宰天地唯一的天理，另一面是兼为世王族始祖之“帝”和将神、人交合而为一的先妣；也是保存着上古母系制将转为父系制的过渡血统世系史料的典故，而这个典故的内容正是商人的高层次形而上学本体概念和信仰宗教、祭祀礼节的根据所在。正是这个内容支撑着笔者关于中国前轴心时期哲学的推理。

帝者，天之一名。所以名“帝”，帝者，谛也。言天荡然无心，忘于物我，公平通远，举事审谛，故谓之帝也。（《尚书·尧典序》疏）

乍看来，这段话挺好：“多公平啊！多理智啊！人格化的‘帝’让抽象的‘天’给吞了，剩下的成分又被理念化的‘谛’替代了。好！好！而且，从偏爱一商族扩展到全人类共享了，清除了偏私，净化了呀！这是精神文明的进展！是不是？”

但细嚼，偏私才有“人情”，才是亲戚，才是一家；净化了就消

① 《玉篇》：“娖，辩也。”

② 另外，《康熙字典》记载末句有“与娕[illegible][illegible]娖通”之云。这几个异体字“意符”造型上都与“帝”原字形状多少类似。

毒了,“无生气”了!笔者认为这未必算理想的生活环境。

吾闻殷道亲亲,周尊尊。(《史记·梁孝王世家》)

说实在的,周人的“天”确实无法完全取代“帝”,尤其是在给人以亲切安慰的方面。好比父亲一样的“帝”怎能“无心”或“忘于物我”呢?“公平”的爸爸谁要?“无心”自是无情的。“谛”多少意味着“冷静”、理智等,若它出自一个活活的、热心肠的“帝”,哪能保持情、理不偏?然而,冷色的“天”从未被刻画为有人情的存在者。用“老天爷”、“天君”、“皇天”等加以修辞才能把“天”画得亲切些、人情化些,或使它充满人格化的风格;而“帝”字已全包含在内。尤其是从民间兴起的“老天爷”的称呼,正反映着中国人还没忘干净一位亲近的至高神必备的那些要素。

异于西周前的中国,后来“帝”转为“天”之事以及这个“天”的概念随着兴起的形下产生物——充满着轴心时期式伦理概念的周礼——笔者统统视之为恶转,诚然可谓“乱之首”也。(《老子》第三十八章)

或曰:“哈!你看你!把中国历史、思想史劈成不可相容的两半,看起来还不是你所讨厌的‘矛盾’分析方法?难道你不也就落入上面所说的轴心时期以来人类同患的毛病?上面说得好好的,但看来全是纸上谈兵,一落到门前,就犯了彼此了。还叫人‘脱开是非框架’？妄说一套，实在太‘二’了！”[①]曰：“未必。”

孔子绝对有他“从周”的种种理由，这些肯定是经过了长期深思的理由，而非可拿《论语》中记载的几句就能说完的，事情不可能那么简单。反正，不管笔者赞同不赞同，身为商王后裔的孔子在当时的国情下居然能说出“吾从周”那么一句，是很有骨气的，显示的是忠诚，体现的是臣道。光看孔子于后世历史留下的巨大影响，其贡献让我想起美国的林肯总统：他们保存了国体。（林肯是在生前，孔子则是在死后）而且，不止于此：中国自打三代以来代代相传的传统形上、形下学，政治结构、自然科学、伦理学、美学等，经过系统化、制度化之后，使万民大国易于统领、形成稳定的

① （笔者敬请读者谅解：虽知道“太二了！”这个小词语对我将要讲的“二”还不是最风趣的一个继续，但确实想了半天也想不出别的。很抱歉！本人中文水平有限。）这个“二”字其实很有意思，可以启发咱们想想，想到或许与这个“二”完全没有关系的另一个“二”，习见于“不二”一词，即佛身—道心的禅宗之术语，“不二法门”、“不二教”等的“二”。长话短说，“二”指的是相对、偏见、区分、辨别、我执等思维方式，为大忌——除非它是正转为“一”的“二”。但不只禅宗或佛教如此，要细看的话，会发现中国百家说（至少，留传至今的生命力较强者）无不主张反对二元、崇尚一的，或通过二元、当作手段以达到一之绝境。虽把原为一个整体的事物裂成两半，而仅仅为了再合成一体确是人类共有的思维特征，但最近几千年，阴阳还是中国人研得透。（也只有中华民族拿着像阴阳鱼那么个图案当一国的商标！）即使他国也略有此说，也只有中国才拿它贯穿整个文化范畴中的一切。比如西方文化，一般主流会主张或分或不分，直截了当的，然而分的多，不分的极少！（单论不分的，多半限于主张合乎主体的神秘主义，在欧洲历来一向属于反对运动，一直挨教会狠狠地压抑。除此恐怕也会多出现于部落等不发达民族。）像中国各派传统思想家爱玩“既分又合”，确实比较独特。关于中西对“divisions”、“opposites”、“conflict”等问题的不同情形，请参考本文所引 Jaspers 关于印度和中国的第一段引文。其实，上面的“敌”字的解释正反映着这种情况：也指最高的唯一而弗可与匹的东西，也指两个相当的物体的相遇、合一。讲这么多是为了说明一点：中国哲学界的容纳轴心时期新的“物际”心态一直不是很彻底的。

传统,这当然多亏孔子一生难以估量的功劳。而在笔者看来,最伟大的还是他对前轴心时期传下来的文化思想的继承。[①]

把孔子描述为一个主张"返回自然"者好像是把他划为一种"嬉皮士"(hippie)什么的,是吧?这是咱们受到两千年辨别以直径框架的轴心时期思维方式的约束的必然后果;就此,大部分汉学者一直无法把思想从"人文的周孔 vs.自然的老庄"的两极化笼子里解放出来。[②] 孔子比之于老、庄二人[③],虽然彼此想法有一定的参差,但一旦我们调查一下其相同(相通、对应)之处,笔者敢保证能亮出至少一两个从没考虑过的甚至意想不到的相似点。

子曰:"予欲无言。"子贡曰:"子如不言,则小子何述焉?"子曰:"天何言哉?四时行焉。百物生焉。天何言哉?"(《论语·阳货》)

行无言之教。(《老子》第二章)

请原谅作为非专业哲学家的笔者在此弄弄小斧,但咱们是不是可以说"言"是所有哲学的根儿?就是说,所有认识论、知识论,对"存在"、"存在者"等问题的任何钻研,皆出于言、起于言,都离不开言?[④] 思考也是言,一举一动全要接受言语所表达的意图的指挥,动作只不过是语言的外显;有名的"I think therefore I am"

① 然而,其后儒教的文化成分问题得待日后更论。

② 言至此,不得不提醒一下读者:切记,在中国,一般受到两千年轴心时期思维(即周礼思维、儒家思维)影响太厉害的人,分了彼此之后,要立马接着进行贵卑之判,能够"齐物"的占的可是少数。

③ 咱们得在史料的允许下尽可能地根据两位先师本人之所教而非其后辈门人之诸说以进行讨论与比较。

④ 除非是一种超越主义之类的,带有像佛教主张的一种直接体验超乎色、想之外的"非感受"的修行陪伴着,但如此主义已经是非哲学性质的。

这句话所以能存在还是言。

所以,几千年来,中国思想家一直很看重这个“言”的问题。自从地位仅次于孔子的老子于其巨作《道德经》的首章以语言及语言的极限等问题的讨论开宗,一直到唯一纯粹中国化的佛学派——禅宗——的兴起,中国人一直琢磨这个问题,而从多半学说看,中国人似乎认为语言是一个弊大于利的,对体道境界有障碍的存在:

天地与我并生,而万物与我为一。既已为一矣,且得有言乎?既已谓之一矣,且得无言乎?一与言为二,二与一为三。自此以往,巧历不能得,而况其凡乎!(《庄子·齐物论》)

请读者注意“既已为一”开头的第二句说的是在人类历史尚处于浑沌的“为一”、未起“自示”[①]风潮的生活感悟下生活时,自我意识下作出的判断(“言”)是不会存在的:一旦有,就说明原先那境界已没了、破了,因为出“主—客”了,而“主—客”二者(“一与言”)自然已经不是一了(“为二”)。结果呢,于本源(“一”)一加含有自我意识的认识(“言”、“谓之一矣”)就离了本体(“二”),回不去了(“且得无言乎?”)。所以,任何出于“言”的“教化天下”行为(“二与一”)本身都有此矛盾,同时正因为无法归一而能继续增殖。(“为三”)

笔者认为,孔子深具形而上思想和前轴心时期倾向,在与子贡对话时,他表达了体会到教化存在这种内在矛盾后的情绪。[②]因为作为大历史学家的孔仲尼对其古贤怎么教导万民是有深远认识的,对其与眼前的社会有哪些区别也很清楚。此外,我们谁

① 请看上文注释对“自示”的解释。

② 笔者对儒典不熟,但按道理,从事于教化工作数十年而未曾中君王意儿被选用的孔子不可能没有那么几次从根本道理上怀疑其所为的合理性而导致犯愁,这是不是其中一例的记载?

都熟悉他的怀旧心态和效法古贤的主张：是他尚古的历史观充实着他的形而上学、伦理学等。如果这样理解孔子的这番话，笔者就认为它背后不仅仅是情绪。类似于这句的还有：

无为而治者其舜也与！夫何为哉？恭己正南面而已矣。（《论语·卫灵公》）

值得注意的是，孔子对“无为”的弘扬出自对历史的认识：既是对“无为”的高度弘扬，也是对过去怀念的叹息！“无为”并非仅仅是哲学论题，而更是一个文化历史上的时间段。其实，包括比孔子更主张“无为”的老子[①]据说也是史官——至于他对上古文化的欣赏，上面已有所涉及。那咱们不免提出这么个问题：同样崇尚“无为”的中国思想史上影响最大的两派创始人具有历史学背景是不是偶然的呢？或许是不解之谜吧。但上面关于孔子的这两段引证在话头上恐怕只能理解为与老、庄学说类似，是没多大区别的。

在“浑沌无言”和“无为而治”之谈结束前，笔者想提提关于“为”字的一个小趣儿，不但有意思，又能给“为”、“无为”提供一个历史时代的着落，更进一步展示它当时包含的意义：“甲骨文‘为’‘从爪、从象’……卜辞作手牵象形……意古者役象以助劳，其事或尚在服牛乘马以前。”[②]看来，这“为”字与咱们上面给“理/礼”字定的意义范围也差不了多少：“为”的本义也是指驯服自然物以借其精力而利用。[③] 这么一说，即使咱们不肯定《庄子·秋水篇》的“牛马四足，是谓天；落马首，穿牛鼻，是谓人”所反映的观念，也难以否定这句是在研究人道之“为”和天道之“无为”这两个哲学概

① 或者更确切地说，是《史记》等书给我们描述的“老子”。

② 罗振玉：《增订殷墟书契考释》。

③ 顺便一提：“为”字古也可以训“教化”的“化”。（请看郭店《老子》）

念，而要解释历史的变更，则要从这句名言反映的史实和史料价值来衡量。

周监于二代，郁郁乎文哉！吾从周。（《论语·八佾》）

不知道读者如何想，但话说到这儿了，笔者已经没法把孔子与老子、庄子对立地看待，虽不能说三圣之主张十分吻合[①]，但也不会视彼此为死对头。双方皆效法前轴心时期思维并对轴心时期带来的新思潮有所抱怨，使三者多多少少具有怀旧、反对派倾向。在笔者看来，孔子和老子其主张的最大区别有两个：孔子“从周”，老子不满而终于辞了；孔子尚“礼”，老子处之而已；[②]然后，孔子拜见老子，传说恰好将此两项融入了其内容。

讲“礼”的话，儒者也承认它是可以（或应该）“有损益”的；老子干脆说要“攘臂而扔之”！儒者做不到此。但老子所以如此做，是因为礼是“忠信之浅”，“尚礼”远远不如“尚道”，才“扔之”。荀子都说了，“礼”是“末”，“仁”才是“本”，但仍然舍不得它。怎么办？

不怎么办，算是在此划了界限，只能到此而罢。要继续论二见长短，非要挤出结论来，其实只会成拖泥带水地牵连个人喜好、偏见等事，最后成空谈而已，得不出有根据的结论。

服周之冕。（《论语·卫灵公》）

---

① 不但儒、道如此，老、庄二说亦然存有不少出入和摆不平的冲突矛盾。

② 读者别误解老子对“礼”所持的态度。《老子》中虽多次提出废礼的主张，但也有以时兴的丧礼来喻道的例子。其实，这与黄玉顺教授的生活儒学相隔不远：虽举的是礼，但指的并非礼之数而是其背后的、给他充满意义的生活感悟；同时，这也与《论语》中孔子和宰我的记载差不多。

至于令笔者最难过的夫子"从周"一事,只能说是历代的变化,谁还能抗?笔者很难以置信生活于天下大混乱时期的孔子对周朝廷给天下引进的路子方方面面都十分满意。孔子在《论语》提出"从周"时,周借的是夏、商的光;周之所以"郁郁"是因为它"监于二代"[①],似有承接关系,怎么说也是借夏、商的光,所以咱们要说记载的多少是一个怀恋之心,也不算出界吧。[②] 但是,无论他内心怎么想,正如上面所说,示范"忠臣"的孔子也只会"从周"并且表扬、鼓励他们的"监于二代"行为,尽量少批判。但是,按推理,要说他是把当世看作优于上古,或像咱们一样把周朝看做中华民族历史上比夏、商更高一步的发展,笔者认为是说不过去的。正好相反,他不认为自己所处的是末世才怪:文化制度的崩溃呀!大屠杀、四方尽是血海!找回头路还不"从周"?!至少在孔子眼里,诸霸王小国在文化层次上是没法跟周朝廷比的,小地域的土文化都"怯着",周"郁郁乎文哉"。再说,残存的夏、商人也已经没法考:杞、宋"不足徵"(《论语·八佾》);孔子要是希望他的"文艺复兴"运动成功,也不能太靠他们。结果,"从周"才是回前轴心时期的夏、商文化的直达线。我们也知道孔子曾找过夏、商问礼去了:是个"重建使命"还是个"救助任务"还是抱什么样的意图而去的现在已难考,但根据《论语》、《礼记》等古经中记载孔子对一去一回上下过程的自述,其大概如此:去是为了"观其道",看成不成("徵,成也");回来了,其分寸心里有数了("吾能言之"、"所损益

① 《论语·八佾》。在《中庸》也有:"吾说夏礼,杞不足徵也;吾学殷礼,有宋存焉;吾学周礼,今用之,吾从周。""吾从周"二见都是紧跟涉及夏、商的话语,这令人感觉,在夫子那儿,周文化的合法性不是建于它本身而是其效法前轴心时期的夏、商文化"给出的"!

② 美国的十三州也是效法美国印第安人原有的政体结构,从后期历史看,咱们也不好说因为借了人家的好东西过来用就反映了他们是因欣赏而仿效于印第安人的,更不能假设一定有什么直接传承关系,得看后来的历史发展。研究周之"因于殷礼"问题时也不免在这方面更加慎重。

可知也”)；最后判断：不成(“不足徵”)；那，只能拿手头上有的(“今用之”)，只能尊听天命(“吾从周”)。最后决定虽然得不到笔者的赞同，但其理由，即孔儒采纳的源于前轴心时期中国到当时尚流于世面的观点确实为笔者所愿学，即夫子之“道”(还有随行的“德”)和“时”论。[1]

咱们一起来研究一下吧。

道之以德。(《论语·为政》)

虽然是庄、老二位思想家让历史给定名“道”家，但咱们不能忘记“道”和与之相随的“德”都先见于孔子的《论语》。即使道家的“道”、“德”二字，在形上意义上也包含了整个宇宙万物，同时保存且张扬了这两个字所蕴涵的前轴心时期的思维与哲理，但无论如何它们的“返朴归真”在战国时期语境里也算是反动的，且多少也是儒家“给出”的。

这只是稍微提醒大家，孔子和老庄一样以“道”(和“德”)为一生之所趋，但千万不能忽略以下三点：(1)道家的“德”指的是诸物本身固有的特征，是物质上的；且与儒家之“礼”相反，它尊重和强调万物的多元性。(2)道家的“道”思想是比孔子能更顿然地体证前轴心时期的“互渗”、“共在”的情感生活(孔子到了七十岁才修到)。(3)道家采取的修行方法是先充满自身以“德”，而且是通过它才达于“道”的。前两则为庄、老异于孔子的；按照这小段引用所反映的，关于第三则，应该是二派完全相同的方面。

要想确证地了解儒、道二派共有的“道”和“德”两个概念是否与黄玉顺教授的“存在”和“生活”之间存在关系或存在什么样的关系等问题，首先咱们得研究一下二者在中国先民的生活感悟上与水和植物的关系。先从本字切入：

---

① “道”、“德”和“时”三项，融为一体了，等于“命”、“天命”。

流水之为物也，不盈科不行。君子之志于道也，不成章不达。(《孟子·尽心上》)

鱼相忘乎江湖，人相忘乎道术。(《庄子·大宗师》)

美国汉学家 Sarah Allan 于其1997年的著作《水之道与德性之芽》(*The Way of Water and The Sprouts of Virtue*)提出了先秦中哲——尤其是儒、道二派——共同的尚水思想：她依《尚书》用“道”来指开凿河道而“导”水的一例来说明或动词或名词皆可假的“道”字喻的“大道”未必要单纯理解为“陆道”，理解为“水道”亦可。[①] 她也引了许多先秦用例以证明“道”的本义确实含有水的特征，让人开启一种“水中”的感悟。其实，世界上大部分民族在本民族文化深层次的前历史上都有沉没水中的记忆。因为“沉没”，所以，大多数尚日而恶水，除了中国，说到来洪水，人民居然开凿水道，这类神话确实少见。因此，在中国文化中，水处于至高位，甚至实际上到底是否次于太阳也很难说。无论如何，尽管周朝以来中国与他国一样已进入了轴心时期时代，就是拜雄性的太阳神、嫡系父权社会制度的时代，但论及原始文化的残存，中国在世界上还算保留得比较好的。

水，就其形式的多样性和非凡的成象能力而论，为形成一般宇宙原则的概念提供了原初模型，这种宇宙原则不仅运用于自然

① 《尚书》一例之外，Allan 也把甲骨文“道”和另外一个与之在字形和语境上都非常相似而被断定为“永”的字作比较。(在此无法重制)

力量，而且运用于人类行为。①

可惜笔者受限于篇幅，无法一一列举，但有必要吗？读者应该比非中国人的笔者熟悉水在古典中的地位。古代大思想家还有谁在著作中一次没有提及水？这也难怪，因咱们一观水的特征——天、地，无处不在；溶解物际，其中有质无物；能生，能杀；浑然一体，包罗万象；无物弗归——水显然是“大道”最好的比喻，不言而喻。②

德足于己，则随所应而应也。（林希逸《南华真经口义》卷七《德充符》）③

“德”字稍微复杂点：一、因到现在“德”字本义本来是汉学界争论不休的热门论题，所以我们的底线是很模糊不清的；二、虽然在汉朝之后道家立场有转移，但早期道家指的“德”与孔子主张的

① Allan, p. 4. 原文：Water, with its multiplicity of forms and extraordinary capacity for generating imagery, provided the primary model for conceptualizing general cosmic principles, principles which applied to the behavior of people, as well as to the forces of nature. 哇噻！拿自然物(water)来“conceptualize”(统治)“behavior of people”(伦理社会)的“general cosmic principles”(形而上学、存在论)?! 这不是与黄玉顺教授异口同声吗？

② 除了上面举的孟、庄两个例子，还有几乎整部《老子》、庄周《逍遥游》的“游”字、形容宇宙最初状态的“浑沌”两字和法家韩非近乎“道”的“法”等先秦思想范畴。还有《说文》“水”的自定义：“水……中有微阳之气也。”读者请注意，古中国“微阳之气”等于现在说“生命之源”。然后，下面，讲孔夫子的“时”时也会举例。

③ 给读者说言者名氏、学派，还不如读者自己看这一句，试图猜测是儒者还是道家好玩、开窍，反而能反映儒、道之相似。笔者认为非预先认识言者是做不到的。

截然不同。第一点影响不大，因为我们在这里关注的主要是春秋战国时期而已。第二点还是需要讲解一下“德”字。

几乎所有古、今字典解“德”都是以“道德”义来解释，指的是一种“提高”，但只是精神上的提高而已。后来儒家容纳了不少道家养生概念，但初期儒家并没有：孔子未论及养生，而孟、荀则轻视之；早期儒家的修养仅仅为礼数、行为等等。[1] 这可是挂着轴心时期身、心分开对待的相。道家的“德”虽不能说一点也不牵涉到心，但它是来之于身、本乎身，总之，它还是归属身体及身体特征和功能。[2] 其实，这种理解更合乎它的本字：

德：升也。(《说文解字》)

要问身、心的定义感觉更倾斜于哪一边，乍看起来，应该算是心，或可以说绝对是心，就是指普通的伦理道德的提高吧。在儒教的影响之下，传统的解释都是如此，此待下面细论。先看它的词族(均见《说文解字》)：

悳：外得于人，内得于已也。
真：仙人变形而登天也。
直：正见也。
植：户植也。
殖：脂膏久殖也。
埴：黏土也。

---

① 《礼记》有“德润身”之说，但这离道家之养生术还很远。

② 道家后来又创了个“性”论——似是为了不落后于儒家——但所谓“性”还是基于身体的。“体”字正指着这“肉身为人之本”理念。(顺便提一下：笔者多年来仍难接受“体”字的意味，在美国，恐怕大多数人会把人之本位置于头脑或一种灵魂等非物质性上。)

小心！这六个字不像眨眼一看那么简单，好像毫不相干似的，而一查看注释就互相关联起来了：六个都可以互假、互训，都取义于“直”。最突出的是它们跟生命、生物成长（尤其是植物向上）的关系。然后，它们在注释中都用“正”字释义。这让笔者想起《老子》中“德”、“真”、“直”等字在同一句话出现，而又同样训为“正”的另一个字：“质”。老子拿这几个字搁在平行句里，意味着其中有类似性和对应性，请看原文：“广德如不足，建德如偷，质真如渝。”[①]“质”的本义在今天最好地保留在“物质”或“人质”等词中，指的是人体或物体的质体，或所造成的实质；故“正”以外，注释中还有“体也”、“实也”、“地也”、“朴”、“犹本也”、“犹性也”、“成也”、“信也”（“伸”的古文字）、“平也”诸说。显而易见的是，“质”的古训恰好是这六个字串连起来的意义。所以，现在把围着“德”的这七个字的意思总结起来定个范围，那就是：“像土生土长的禽兽、树花的生殖一样，得之于内存本有的特性和外在的天、地、人、万物而生生不已；得以成长、平齐地成其全的本质或本质所造的形。”而且，无论身体上还是精神上的成长，无不是向上的，“德，升也”自然也包括在内。这样的理解不但可以古书为证，而且与黄玉顺教授的“植物人”“存在生活”的说法[②]比较吻合：“人跟植物一样，植物跟人一样。”反正，唯有植物和人才能做到中国人注重的“顶天立地”，因为只有此两种生物才能立得“正”，只有他们的成

① 在不同的《老子》版本中，这句话会出现不同的字，也就是把“德”写成“悳”——但不是每个“德”：一个而已，而且其余仍作“德”，好像有意义上的区分。笔者没发现有谁研究过这值得考察的问题。

② 这是笔者 joke 的说法。

长才属于上“升”的；推理，则只有他们才有“正德”。[①]

安息日乃为人而设，而人并非为安息日而造。[②]（Mark 2:27）

这样，“存”、“在”、“生”、“活”的流水和草本两层意义都照顾到了，下一步就要细说“时”和“是”了。但之前，还有关于“才”字的一些想法或有助于把上面的“德”说总结一下：“才”指的是我们要采的菜；一破土就“有”、就“存”、就“在”；像人一样，依靠的是材质和才能。如此我们不难看出，“才”的各方面意义无不同于“充而形”的“德”。

主流的传统道德观念往往要立一个绝对的“礼”的模型，强迫人改变自己，使自己的行为与此标准相符合。与此相反，庄子、老子主张的是“畜之”以“自然”之“德”。用现代话讲就是不管我好之、恶之，是否与我相同，都无须我了解或认可，只要尊重存在者五花八门的才德、尊重大家的多样性！在这个基础上，这样的人才，不管我感觉其“有用”、“无用”，“善者”、“不善者”，皆可采取而

① 一个“正”字一出，就得回到“是”了。（“正：是也。”）然后“是”就和“德”也有瓜葛。（“是：直也。”）据肖、黄二位学者的发现，再加上本文所揭示，我们可以如此推测：当“是”字和统一天下的“时”未分开或尚未十分分开之时，“德”的字义也应该是同样那么广泛、同样为基于物质而触及精神世界的。二字也应该是同时进行了向伦理方向而人文化的跨越轴心时期的端的转移过程——大概就是西周到秦汉。

② 原文：The Sabbath was made for man, not man for the Sabbath. 这是耶稣在犹太教堂于安息日的时候给个瘸子施信仰疗法，反映的是为救济受苦者而违犯教规的矛盾，他以这句为结论。“Sabbath”在这儿是比喻整个律法。

用之;我决“不弃人”,因我“善用人”。[①] 这样,什么人都有归属,“异化”、“疏远”自然少了,生活也会更丰富、更 cosmopolitan 一些。这多样化的人群好比共处共在的草木树花,形形色色,像个万花筒一样,这是它们在自然地展现各自固有的华彩。

笔者未精通孔夫子“道”和“德”论,是否与其“仁”、“诚”一样能推到形而上或存在论层次上,还待日后进修。但是,经过这番挖掘字词本义的工夫,发现这么多形上学的奥秘藏在字内,笔者深深地体会到,后起儒家只是取了这两个字的狭义,确实是舍了本而取了末。

> 我欲观夏道,是故之杞,而不足徵也,吾得《夏时》焉;我欲观殷道,是故之宋,而不足徵也,吾得《坤乾》焉。坤乾之义,夏时之等,吾以是观之。(《礼记·礼运》)

关于孔子及他对“时”或“是”的观念,以及历史背景、演变和奠基着他的形而上学,还有最后给“时”、“是”判断的定义等项,笔者大致采取的是黄玉顺和肖娅曼二位教授于几部关于“是”字的研究。没有必要于此把二位所揭示的一一列举,但在研究文献中记载的关于孔子的“时”、“是”观念之前,笔者先把拜读二位的研究成果所引起的一些想法在此阐明一下:

---

① 这个段落里到此的几个,除引号中间的外,其余皆取自《庄子》、《老子》二经。大部分学者有误解,认为庄子有名的“无用”说是立于社会的退出;但请读者注意:是“无用”之“用”,终于兼容并包的“用”!就是说,哪怕是没用中没有的“支离其形者”,也是“犹足以养其身,终其天年”的呀!这也是为什么在《庄子·德充符》一篇中涵高品德的全是兀者、无趾、恶人什么的,庄子偏把他们画得丑得可恶,他们越恶心,人却越美之!是叫“上其德而忘其形”,但也没有因为他们丑所以必须“忘其形”的价值判断存在[庄子针对的是辨别人以任何主观的善、恶规格标准(如礼教的“贵卑”说)。请看下文关于庄子的“是不是”、“因是”说的注释],他使俗套以比喻而已。

第一想指出的是“旹”和“是”有很大的一个区别，即前者从“㞢”（“之”、“止”），后者从“正”（“征”）。前者指人、万物、诸神等物，是自天上下降的，既是形而上者，又是原则性的存在者的“去”、“往”、“适”；任它“变”，诸物也随它“至”其所“至”，无所不“于”。[①] 后者则是从之“出”、“行”、“伐”、“拔”而“取”之以“政”。[②]

后起的“从正”的“是”，在概念上，作为大众所跟随的统领者，要么仍然是天上的存在者：如是则意味着充实周文化的形而上学、民族信仰、伦理习俗等是一种扩张性的尚武精神；要么是已落于地上的存在者：那虽然还拥有形而上的权威，但它本身已多少带有人格化的意味，已经不是“神威”了，其神圣自低、尊严难保，非武力不好团结不到一块。

于是，值得考虑的是：“时”在丢失它的判断功能的同时，“是”字是否也自然地丢掉它的一部分神性？[③] 因为要真像黄、肖二位学者说的，判断词反映着一个民族的根本存在论，那要是观看从只有“时”（“旹”）字的前轴心时期的甲骨时代，经过“时”和新出的“是”并存的而且皆具判断性的周初，以及后来“是”开始排挤“时”字，转而专门负责判断句工作的漫长过程，终于到轴心时期稍后的同时为“是”字广泛充当判断系词使用的汉朝[④]，我们会发现：这个“是”字的发展历史还是挺符合本文对中国发展历史的若干假

① 带引号的皆采自《康熙字典》举例中。

② 同上。又，《康熙》也引《孟子》云：“征者，上伐下也。”

③ 如上面已举例：“啻”字本身就近乎“谛”，该可谓之通；但也有“一曰啻，諟也”之说。既然这两个字都通（或同）而“口”、“言”可假，那“帝”和“是”在哪一方面相通呢，或至少存在多少对应关系的？不但有这个问题，现在咱们对“啻”与“諟”、“帝”与“是”、“是”与“时”一批字的解释，给“语时不啻”一语开阔了一大块新的研究天地。

④ 汪维辉：《系词“是”发展成熟的时代》。有意思的是，给一直具判断倾向的“是”完全化成判断词的最后一股推进力的恰好是使整个印欧语系之源的梵语记载的佛经的汉译工程。通过梵语把印欧的“be”动词传到中国来的对汉语产生的影响不言而喻。

说的：自西周始，将夏、商的神怪境界慢慢人文化[①]，最终在汉朝形成了儒教、集中了君权，给此后中国两千年的发展定了向。[②]

以上关于"时"、"是"二字的转义过程的论述，可以反映出一千多年的中国思想大致的演变，至于孔子本人的"时/是"概念如何，要从上面引用的《礼记》出的话切入。

《夏时》和《坤乾》是以往两个王朝的两部古"易书"，内容也该为包括存在论方面的前轴心时期形而上学若干观点。此外，从政治家角度看，两部古书内也该有丰富的原始政策内容和原始政治理论、政治哲学等方面的参考价值，至少是足以叫孔老夫子跨国远游，得书以学包含形而上学、形而下学、伦理学、自然科学等多方面的"夏道"和"商道"。咱们看《夏时》时要记得"时"在这儿是指当时人的主宰一切、贯穿着所有生命规律、至高的形而上范畴，反映的该是最纯粹的"互渗"生活感悟，而与后起的逻辑分析等思维不相干。[③] 商《坤乾》似乎是和《周易》同样为二元论的形而上学，但很明显的一个区别是阴、阳两个象征是倒了位的：雌性置前，雄性置后；即使这本书背后不是女人地位至高的文化，也至少

① 但其实也可以追到商末甚至更早。

② 笔者不得不在此提最近的一些消息：肖老师在其发表的文章中解释"是"字的形而上意义时，多半举的是"实事求是"一例，一直令笔者纳闷的是："他为什么要举一个现代用法指出一个字的古意？"这就露怯了，因为这句最早见于《汉书》，但露这种怯可值！因为这一例正好是到了汉朝"是"字的权威已不能属于是来自天而明明是基于人文的论证："修学好古，实事求是。""是"求于何？求于"古事"故事的本义之学！阮元的引话在这个层面上也完全相同。

③ 请参考《礼记·表记》所记载的"夏道"："近人而忠……亲而不尊，其民之敝，蠢而愚，骄而野，朴而不文。"就因为夏人爱近人、待之以忠厚才会显得不精。（有点像山东人。呵呵！）

是基于男女平等观念的一种文化。[1] 所以，通过观察这篇最正统的历史记载所留下的两个象征着两个时代的书名，已能看出夏、商的形而上学和存在论与后来的周朝应该算是非常不一样了！而且，史料证实，所谓“不一样”其实正符合笔者在本文中主张的关于轴心时期的“异化”诸观点。

颜渊问为邦。子曰：“行夏之《时》。”(《论语·卫灵公》)

到这儿我们就能肯定且大胆地说，在他的古道复兴运动里，孔子是想尽可能地回到一个大致上如上文描述的前轴心时期的生活感悟，就是说，在他已读《夏时》的情况下，孔夫子的许多想法——尤其是围绕着“时/是”的一些概念——带有前轴心时期思维的影子。要是咱们不确定何为“前轴心时期思维”的特征，那么根据上面的例子，读者应该不难理解这些特征其实与道家思想的

① 这题已出本文范围，在此不论，但这是一个超大的区别，等于把整个周礼的辨别“贵卑”一套给颠倒了。要不是母系社会的产物，也还是出自母权、以母亲为中心的社会制，怎么着也算是与周、秦、汉上下三代王天下之际组成的主流文化截然不同，甚至恰好相反的。请看后期大儒者的两处引文：“杨朱、墨翟之言盈天下；天下之言，不归杨则归墨。杨氏为我，是无君也；墨氏兼爱，是无父也；无父无君，是禽兽也。”(《孟子·滕文公下》)“或曰：‘太古德怀不礼怀，婴儿慕，驹犊从，焉以礼？’曰：‘婴、犊乎！婴、犊母怀不父怀。母怀，爱也；父怀，敬也。独母而不父，未若父母之懿也。’”(扬雄《法言》)两例都是大儒者在辩护自己的“移风易俗”的行为意图，这并不是人不接受“教育”那么简单的事，而实为更接近于轴心时期常出现的扩张主义所导致的文化冲突！

传统解释相隔不远，甚至有的地方相吻合："时"也是其中一例。[①]

作为圣之时者，君子必须培养"义"德。[②]

这句话源自泰国 Chulalongkorn University 的 Sarinya Arunkhajornsak 讲师，她在博士论文《儒家之宇宙论与伦理学》(*Cosmology and Ethics in Confucianism*)的"时宜伦理"(Ethics of Timeliness)章中分享了她对孔儒学说的"时"观的形而上理解，在不少点上，即使不能说和黄玉顺教授的"生活儒学"所示的心境是一模一样的，至少他俩之间也是不存在任何冲突的。笔者先把 Arunkhajornsak 的要旨大概说明一下。

在《论语》中，"时"与"变"并非抽象地讨论的话题。《论语》中

① 这话说得简略一点，孔子确实有前轴心时期思维一面，他在"时/是"这方面的想法与尽力于保存前轴心时期生活感悟的道家很类似。但是，当然，还是有一定区别的，而此区别出于轴心时期及轴心时期来临前一时代时，"时"论分化出"是"论以后的情况下。"是"就出一"非"。尽管它是多么值得研究的一个问题，但在此暂不论"是非"与"非时"的微妙，单说"时/是"问题，是在"是"而非"时"论题上产生的道、儒分歧。比如，庄子的"是"哲学比谁都极端：老子都作了调和，(庄、老前后问题，笔者从池田智久说)所以，汉以来晚期的道家更不在话下。于其要领就是说：因为"是"和"非"是相依、相成的，缺一不可的，又因为某一"是"或某一"非"都一样，之中亦能判一"是非"，所以彼此"是其所非"、"非其所是"均无意义，所以庄子建立了一个新的价值判断标准："因是"。这个"是"才是个完全无其非的、"是不是"的("肯定所有曾经没肯定的事物")、绝对的"是"；只有无所非才真"是"！此说，后来荀子大反对！但是，笔者认为，其实它和许多儒家所说(越早期越好)能搁在一起。

② 原文："To be a timely sage, a *junzi* must cultivate the virtue of *yi*. "Sarinya Arunkhajornsak. *Cosmology and Ethics in Confucianism*. Doctoral dissertation, Chulalongkorn University, 2007. 下同。

孔子对不同情境的体验与回应,以及关于“天”与“命”的段落,可以作为一种资源,用以探索他对于时与变的态度。他的基本观念由这样的认识构成:一切变动的事件都是既独立又不断相互作用的;人类应当和谐变革地生活。①

咱们仔细观察一下这段引文,孔子的“天命”观异于常人凡夫,一点也不出宿命,反而很积极:涉及的是“time”和“change”;由天命定的人事是无常的、互相关联的,因此人要学会怎么与此天命“和”而“顺“之。

若是如此,孔子的“时”还离庄子和老子的“道”远吗?

在仁与礼的实践中,首要的考虑并不是严格的伦理规则,而是在不同背景中有所不同的每一情境的及时性。②

麻冕,礼也;今也纯,俭。吾从众。拜下,礼也;今拜乎上,泰也。虽违众,吾从下。(《论语·子罕》)

他形上的“命”并不是“前定”,而是无穷的可能性,那么形下的“礼”也多少具备“随机应变”、“因材施教”的层次——甚至应该以此为主呢!要是两千多年以来的每一儒者所认识的孔儒论同样是基于这个形而上学的存在论的话,就不会老拿旧社会死板的

---

① 原文:In the *Analects*, time and change are not topics discussed in the abstract. Confucius' experiences of and responses to different situations and the passages related to *tian* and *ming* in the *Analects* can be a source for exploring his attitude toward time and change. His basic ideas consist of recognition that all changing events are independent and constantly interacting and that human beings should live with change harmoniously.

② 原文:In the practice of benevolence (*ren*) and ritual (*li*), a primary consideration is not to a strict moral rule but rather the timeliness of each situation, which differs in different contexts.

“老规矩”当“礼”和“仪”的制度了，恐怕所缺乏的是对Arunkhajornsak上面这句的领悟。

在儒家哲学中，“天”通常被译为“Heaven”，但它并非犹太—基督教传统中的某个永恒所在，或者上帝概念那样的东西。[①]

尽管汉语“时”这个词今天被译为“time”，但其原初语义乃是“季节”、“季节性”和“时宜性”。[②]

“天”不异于“时”，“时”不异于“天”；“天”即是“时”，“时”即是“天”。所以，如果中国的“时”是变活的，“天”也得是变活的。但任何带超越性的抽象神物是既不合时宜又无所动静性质的，说白了是死而无活力的。如果以这样一个存在者作为原型、理想，身为本体的祂早晚会将这些特征侵染到文化中的方方面面，不论是至高形而上理念还是最微小行为举动中。[③] 这就是说，这像中国的“礼”、以色列的“律”、印度的“法”等同样为轴心时期产物的社会伦理制在实行中作为铁板一块（monolithic）的负面作用。首先，它们作为文化最终发展到了无所不盖的程度；在人们无法逃脱它们的情况下，它们往往认为小过不可容，认为程序的调动会导致整体被拉倒、废弃，是乱世的恶兆。任何一个系统到了这个地步，已经是死的、挖空了生命力的空壳而已，难怪不“活”呢！听黄玉顺教授讲，“活”是流水声，“生活”应该具有倾听流水声一般

① 原文：In Confucian philosophy, *tian* is generally translated as “Heaven”, but it is neither a timeless place nor anything like the concept of God in the Judeo-Christian tradition.

② 原文：Although the word *shi* in the Chinese language is nowadays translated as “time”, its original meaning is “season”, “seasonality”, and “timeliness”.

③ 中国的“天”到底是超越性的还是俱在的无法在此展开，单说周的“天”是比商的“帝”抽象和超越的。

的生活感悟：听它的微妙起伏，听生命的循环，观水，学克己、学“毋我”等等，然后才得有所生活感悟——否则的话，甭想做什么“圣”人。这才是“听天由命”的真正意义：

子在川上，曰：“逝者如斯夫！不舍昼夜。”（《论语·子罕》）

看来，两千多年来，“自强不息”并不是在天上，叫人仰脖子、炫眼朝上找抽象理念来喻指的“阳刚”的象征，而是孔子本人欣赏的“自强不息”，即把它置在眼头了、脚底下，它低调、“阴柔”[①]、慈善，它润万物、利贵卑，它具体、实在、在此；总而言之：它亲。

咱要问“人现代化、城市化了，会不会变得人情味淡一点”，显然自明。当今社会在向着现代城市化生活方式发展，就像商、周之际的巨大冲跳，情感生活感悟怎能不淡？情一淡则仁、礼相离，有小过时，执行者不敢留情、不敢违背。曾为继承者的传承人反正都已经脱敏了，以后只不过是呆呆麻木地走礼数而已。结果，他们搞反了！千万要保持健全的是“仁”（情感），而可搁一边的反而是“礼”（是正）！

宰我问：“三年之丧，期已久矣。君子三年不为礼，礼必坏；三年不为乐，乐必崩。旧谷既没，新谷既升，钻燧改火，期可已矣。”子曰：“食夫稻，衣夫锦，于女安乎？”曰：“安。”“女安则为之！夫君子之居丧，食旨不甘，闻乐不乐，居处不安，故不为也。今女安，则为之！”宰我出。子曰：“予之不仁也！子生三年，然后免于父母之怀。夫三年之丧，天下之通丧也。予也，有三年之爱于其父母乎？”（《论语·阳货》）

---

① “柔”、“弱”、“溺”、“濡”关联到“水”等其他字，同时上古也与“儒”字或通假、同源、近义等。如是，这些具备水的特征来形容原始“儒”的用词也把“儒”更直接连到了水。

没有"仁"的充实,仅执着于"礼"是没用的,因为它已经没有意义了①,或更确切地应该说:它"没有'义'意了"。

君子义以为上。(《论语·阳货》)

孟子和荀子的看法是基本一致的……仁是本,礼是末,义则起一种内外勾连作用。②

"义"乃是用以判断一切行为的标准,而它本身并不被什么进一步的其他标准所判断。可以说,在孔子的伦理体系中,尽管"仁"占有更为中心的位置,但"义"更为基础。③

原来最关键的是"义"而非"仁"!("礼"更不在话下)

尽管随后规定的"礼"意味着"义"的行为,但赖以判断为什么在特定情境中礼应被遵守的智力也是重要的。④

"义,宜也。"所以它是一种内在的敏感,教导我们怎么做得最合适、最适宜。按孔子的思维,奠基一切人情的"仁"得通过"礼"来显现于外⑤,但"礼"与非"礼"之别在于"义"的掌握与否,是"适

---

① 所以老子有"上礼而莫之应,则攘臂而扔之"一言。这当然是在最坏的情况下。但是,要是"礼"数与人情不相应的话,还不如干脆扔掉它,免得它成为日后"乱"的起头。

② 石永之:《从"义"字看儒家正义思想的形成》。

③ 原文:*Yi* is the standard by which all acts must be judged while there is no further standard by which *yi* itself can be judged… We can say, then, that in Confucius' moral system, although [*ren*] occupies the more central position, *yi* is, nevertheless, more basic.

④ 原文:Although following prescriptive rites implies *yi* action, the intellectual capacity to judge why *li* should be followed in a particular situation is also important.

⑤ 《论语·尧曰》:"不知礼,无以立也。"

宜”给出的“礼”。衡量“正义”不在“礼”的公式化、准则化，而在于“宜”：适宜与否。然后适宜则时宜。“时”则等同于“命”。所以，读到这儿，咱们能说上例的石永之老师的引文一点也没错，但稍嫌不周：勾连着人情之根本的“仁”和情感之涌出而外漏的“礼”基于十分吻合于远古“时”观（或“天命”观）的“正义”！

战国时期思想家感兴趣的问题，是“时”、“变”及“化”。道家，尤其是庄子，强调关于这些形而上学实在问题的解释，认为关于这些实在的理解在道家生活中是很重要的。另一方面，在《论语》中，孔子并不直接用形而上学术语来解释关于“时”、“变”及“化”的实在。①

不知命，无以为君子也。（《论语·尧曰》）

孔子“天命”观与前轴心时期“时”观大同小异，这已经毫无疑问。其实，若要与 Arunkhajornsak 上面引文吻合一些而换一种说法，咱们也可以说“时”（time）、“变”（change）和“化”（transformation）三个词是与“天命”融为一体的。“时”、“变”、“化”这类词语一登场，就算进入了“易”的范畴了。于是，接着问“知天命”不就知道“吉凶”、“宜忌”等占卜算卦方面的事吗？难怪后儒在易学方面大有发展。其发展演变的细节在此不论，但我们

---

① 原文：Among the issues that Warring State thinkers are interested in are time, change, and transformation. Daoism, especially Zhuangzi, emphasized explanation of these issues in metaphysical realities and indicated that understanding of these realities is important in Daoist living. On the other hand, in the *Analects*, Confucius did not directly explain the reality of time, change, and transformation in metaphysical terms. 这不一定。笔者认为，恐怕 Arunkhajornsak 对孔子的形而上学理解得未必很周到。通过黄、肖二位学者对“时”和“是”的研究，我们已得知其形而上的深层含义。

敢肯定，它源于孔子所持前轴心时期的“时”观。但是，“小人”的知天命主要在于“历法”、“占卜”、“观天象”等“喻于利”的行为，君子哪能与之匹？君子是通过“义者”本身的知“宜”能力去探、去顺天命，否则的话，未足以称“君子”。所以，君子才“义以为上”：因为通过“义”能更清楚地知道天命，而“为君子”是奠基于“知天命”的。但论这些“吉凶”、“宜忌”本身，它们的尺度是什么呢？

君子之于天下也，无适也，无莫也，义之与比。（《论语·里仁》）

还是“义”！咱们不难想象，源于巫术地官的儒家所要求以“知天命”的君子处世，自然要算卦数的人；而到了孔子，占卜者，唯一的“吉凶”、“宜忌”标准是“义”和不“义”；卦者，因为君子知道“宜”与不“宜”，则“心里有数”。如是，“善易者不占”一句才有意义了！

君子义以为质。（《论语·卫灵公》）

由此发现“义”综合了“知天命”、“时”、“仁”等各方面，这与庄子“德”观虽有心、身之别，但还是存在着对应关系。但笔者也是刚接触这些观念，有待进一步思考与研究才能得出有根据的结论。

在此之前，咱们如果读到孔子、老庄的注释、相关著作或碰到儒、道比较的分析讨论，最好多注意轴心时期的影响，记得它的专长就是使相反、使对照，它尽是对立而后分析的；同时，别忘了道、儒两方学说同样是可以追溯到前轴心时期的乌托邦；最后，不能忽略：孔子和老庄各自所喜好的乌托邦虽有不同处，但并非两个极端。

另外，还可以暂且参考一下美国汉学家 Scott Cook 的文章《庄子及其所解儒家之牛》(*Zhuangzi and His Carving of the*

Confucian Ox）中的庄、孔对比以结束本文。但要想了解他的比喻，首先得做个心理准备以便接受它。先看看 Cook 的前提：

从庄子的著作里，我们可以发现对构成孔子思想之核心的东西的赞扬。[1]

好！读到这儿了，没问题，和本文所发现的比较一致，最关键是"central core"一词，边缘上的东西不论，核心是很值得"admire"的。

然后，还需提及《论语·泰伯》中的一条：

兴于诗，立于礼，成于乐。

现在再看看 Cook 对阶级性修养范式的顶峰——"成于乐"的分析：

孔子的一部分看法对庄子有极大的影响……这种看法主要简洁地表达于"尽善尽美之乐"的意象之中……礼之用是如此完满，以至在效果上，一个人不再被它们束缚，并且由此发现他自己

① Scott Cook. "Zhuangzi and His Carving of The Confucian Ox". *Philosophy East and West*，47（4）：521-553，1997. 原文：We may discover in Zhuangzi' s writings a great admiration for much of what constituted the central core of Kongzi's vision.

自然而和谐地与任何可能出现的环境因素相一致。[1]

这种“spontaneous(自然)and harmonious accord(和顺)”的境界与庄子之“道”似乎无区别[2],也是孔子自述他70岁以后终于修成的[3]。所以,到这儿,事情还是挺吻合的。接着读:

庄子……通常非常喜欢孔子的哲学贡献,同时也敏锐地意识到其不足之处,后者尤其表现在后来的儒墨之争中。[4]《庄子·内篇》涉及孔子的多数故事,往往通过对其弟子颜回的阐述,使他积极地铸造了某种大圣人的微妙而深刻的哲学。甚至《内篇》中对孔子不利的部分亦然。这一切都道出一个事实:我们最好在一种创造性的调适中去看看这两位哲学家之间的关系,通过庄子来重新思考孔子的思想,而不是像后来者那样试图建立一种反对甚至

---

① 原文:The part of Kongzi's vision that may have had the greatest influence on Zhuangzi's thinking… is a vision expressed most succinctly in the image of "musical perfection" … an embodiment of ritual boundaries so complete that the individual becomes, in effect, no longer bound by them and thereupon finds himself in spontaneous and harmo nious accord with whatever circumstances may arise.

② 其实,区别主要不在于所达乎的境界而在于如何修到:孔子通过《诗》、《礼》、《乐》,庄子是“丧我”,这倒截然不同!

③ 《论语·为政》:“七十而从心所欲不逾矩。”

④ 这很关键,因为在《庄子》核心所在的《齐物论》中,贬儒的特少,针对的主要是儒和墨二家的辨证。

推翻前人的哲学。庄子永远比这种好斗者更有意思。[1]

据此，我们说《庄子》一书未必想"oppose"孔子，甚至还有"quite fond of"孔子哲学"central core"的部分，而只是对它的一个很"playful"的"creative adaptation"和"rethinking"——现在咱们来看孔子、庄子的这两段话：

子在齐闻韶，三月不知肉味。曰："不图为乐之至于斯也！"(《论语·述而》)

庖丁为文惠君解牛，手之所触，肩之所倚，足之所履，膝之所踦，砉然向然，奏刀騞然，莫不中音，合于桑林之舞，乃中经首之会。文惠君曰："譆，善哉！技盖至此乎？"(《庄子·养生主》)

孔子是听完了王庭音乐，三月觉着肉没滋味；反过来，在庄子那儿，为人君的文惠君是想吃肉，而感悟到的却不次于高雅乐舞

① 原文：Zhuangzi … was generally quite fond of Kongzi's contributions to philosophy, while at the same time being acutely aware of their shortcomings, *particularly as they manifested themselves in the debates of later Ruists engaged in polemic with the Mohists*. The majority of the stories in the inner chapters involving Kongzi cast him in a positive light, usually expounding to his disciple Yan Hui the subtle and profound philosophy of some greater sage-teacher. Even the parts of the inner chapters unfavorable to Kongzi are only mildly so. All this points to the fact that we may be better off looking at the relationship between the two philosophers in terms of a creative adaptation and rethinking of Kongzi's thought by Zhuangzi, rather as an attempt by the latter somehow to set up a philosophy meant to oppose or even overturn that of the former. Zhuangzi, as always, is more playful than combative.

之美。庄子是不是在戏弄孔子呢？的确像，而且也不会是第一次，但在没得考证的情况下无法说。然而，双方都是在这儿隐喻“道”，虽表露了各自的倾向，也表露了他们彼此针对的观众和心中的偶像——或贵族，或庶民——但是，无论如何，他们的“至于斯”和“至此”一致：都至于“是”。

方法与本体：中国哲学研究的一些反省与思考
——从我的“学思历程”说开去

□林安梧[①]

一、我是如何走向中国哲学研究之途的

我之走向哲学研究，当然是因为我有兴趣，1972 年我进入台中一中求学，当时的国文老师杨德英女士（也就是蔡仁厚先生的夫人）教授我们“国文”与中国文化基本教材。高一的“国文”课，杨老师教《论语》，令我格外感动。她散发出文化的气息，那传统的深韵总在课堂上流动。她解《论语》，格外的明白。明白并不只是生活化而已，而是通过合适的概念性用语，后来，我才知道这合适的用语是她与蔡仁厚老师一起学习的，而这些用语最主要是来自牟宗三先生。就在这样的因缘下，牟宗三先生的新儒学开启了我对中国文化学习的向度。

---

① 作者简介：林安梧，1957 年生，台湾慈济大学宗教与人文研究所教授暨所长，主要研究方向：儒家哲学、比较哲学。

当代新儒学是遥契宋明理学，直追先秦儒学的。大体来讲，当代新儒家认为，先秦儒学是第一期的儒学，宋明理学是第二期，而当代新儒学是第三期。当时才高一，虽不是很了解什么，但我一直很喜欢《论语》，又配合着研读蔡仁厚先生的儒家哲学相关著作，以及杨老师在课堂上也介绍了牟宗三先生、唐君毅先生、徐复观先生、熊十力先生、马一浮先生等等，这些让我对中国哲学有了进一步的认识，并逐渐生发出浓厚的兴趣。起先，我还没决定要选择哲学，因为台中一中的学生多半会选择理工，我自己比较擅长的科目是数学与物理，我那时也想要读理工，做个像陈之藩那样的人物，既通理工，又兼文哲。不过，我越来越喜欢中国古典的东西，《千家诗》、《唐诗三百首》背了许多，我还记得我十分喜欢《孙子兵法》、《淮南子》，(我在此奉劝同学趁年轻要多背一点东西，随时可以用)也看了很多书，包括牟先生的《生命的学问》，这里面有牟先生深切体认的许多东西。

到了高二，我很喜欢《史记》、《淮南子》、《两汉书菁华》、《老子》、《孟子》，我对哲学越来越有兴趣，到了高二下我下决心转到社会组。如何转组，其实是有点传奇性的。起先我一直犹豫不定；一直到现在似乎还有很多人认为男生要读理工而女生才应该念文科，但我认为这样的理解是不对的。那时我去问我父亲，我父亲是个农夫，知识不广，但却有其智慧。知识与智慧是不同的，知识是结构性的，智慧是根源性的东西，而资讯是很浮面的东西。农夫不一定有知识，资讯来源也不足，但有智慧。我问我父亲转组的问题，我父亲认为人生靠自己，要我自己决定，我也考虑了许多问题，包括社会的风气、未来的发展，但仍无法下决定。于是我又去问我舅父，我舅父的建议是选择念理工，因为我的数理很好，但我依然无法做决定。后来我就想交给上天安排吧！我还记得第二天是最关键的，因为是申请转组的最后一天，前一天晚上我向天祈求，跪在家前的晒谷场向上苍祈求，它给了我三个圣茭，我就这样选择了走向文史哲这条路。

大学联考，我考上了师大“国文”系。师大“国文”系的最大特色是它具有广义的“国学”传统，不只是中国语文，还包括义理、辞章、考据等等。师大的熏陶过程，真正开启了我的哲学思考活动。过去，我的哲学思考一直是较零散的。高中时期，我尝试用论文的方式在校刊上发表文章。记得最早是高二上写的《从心性及中国文化谈起》，高三上又写了《今日谈儒家哲学》，并在台中女中的校刊上以笔名发表了《论恒与变》、《谈玄学》，高三下我又在一中校刊写了两篇，一篇是游记，一篇是论文《从“天道”及中国文化谈起》。这样的历程所累积的一些东西，既具研究性质也带有创造性质，也是我走向哲学研究这条路的一个很重要的起点。

二、在学术与实践，创作与研究之间

我一直觉得文学创作应包括论说式的散文。我很喜欢读西方的散文，例如培根（Francis Bacon，1561—1626）、蒙田（Michel de Montaigne，1533—1592）的论文集。我的高中“国文”老师胡楚卿老师特别喜欢蒙田，经由他的引介，我们知道了许多文学与西方思想。高三时，我们组了一个文学性的社团叫做“缪思社”（Muse），与许多大学有些来往互动，像东海、中兴、静宜等大学都留下足迹。上了师大“国文”系后，在“国学”氛围中有了更进一步的成长。我觉得师大最重要的成长，与其说来自老师的教导，毋宁说来自它的传统讯息，使得你在那里悠游、涵泳。另外，与学长、同学之间的学习与交流也是一个很重要的过程。高中以来，我一直都有许多想法，也写了一些文章投稿，也因而促成了与学长、学弟的交流。当时，我加入了师大的古典诗社（南芦吟社）与现代诗社（喷泉诗社），还有佛学社团中道社，并在《师大校刊》、《师铎》、《昆仑》上写文章，也因此认识了许多有志一同的伙伴，我觉得这是一个很好的学习经验。

又因为我认识了李正治学长，因缘际会使得我认识了史作柽先生，他给了我莫大的启发。我之认为哲学最重要的是溯其本源、是一种生成创造的活动，哲学是一种生命的根源之学，这样的看法事实上是受到史先生的影响。我就在这样的过程中，走上了“研究”与“创作”之间的路子。我的哲学研究是比较随顺着对自己生命的思考而来，我的哲学基础训练来自真存实感以及学院训练的基础，同时我也慢慢进入新儒学的氛围中，但我总觉得新儒学的思考有些不畅。大一时，我忙得很是快活，拉杂地写了一篇《论文化架构及其觉醒》在《文风》上发表，当时我对文化哲学与历史哲学的兴味是很浓的。大一下，我写了《王阳明四句教臆解》。大二，我读了牟宗三先生的《荀学大略》，梁启雄的《荀子柬释》，韦政通的《荀子与古代哲学》等相关荀子的东西，开始对整个儒学作更深入的理解，也有了些评议。就那时写成了《从“天生人成”到“化性起伪”》一文。另外，柯林乌(R. G. Collingwood)、斯宾格勒(O. Spengler)也引发了我对历史哲学的兴趣，在这个过程中，我写了几篇探讨历史的文章，特别是《历史与人性的疏通》一文，曾受到史作柽老师还有陆达诚先生的鼓励与赞誉。

基本上，我的哲学研究是由于自我的追求与书本阅读的相互激荡，而慢慢生发出哲学的问题，并寻求解答。我的求学与新儒学有着密切的关系，但始终不甚契合，因为我的兴趣一直在历史哲学、文化哲学方面，大四上写了一篇《危机时代的生命哲学：熊十力体用哲学与柏格森生之哲学之比较》，大四下则写了《中国政治传统中主智、超智与反智的纠结：先秦儒道二家政治思想的根本困结》一文，这似乎可以看出一些端倪。大四下这篇文章后来被我收在《道的错置：中国政治思想的根本困结》一书作为附录。

还记得和我的学长李正治先生一起去文大旁听史作柽先生的课。史先生所讲的是形而上学，用的教材是他自己写的《存在的绝对与真实》这本书，他的书看似西式的哲学论辩，但绝不只是西方而已，他并没有区分什么东方、西方的东西，像他写的《三月的哲思》，还有早年写的《中国哲学在哪里》、《忧郁是中国人的宗教》。从史先生身上，我似乎见证到哲学可以像创作一样来表达。这与我一向的观点颇为契合。熊十力的书让我觉得哲学原来是和生命结合在一起的，而老一辈的像马一浮等，他们散发出一种通透的、完整的国学的深厚基础。我一直跟同学鼓励要多读一些老一辈学者的书，去体会与学习那样丰富的学问基础。

就在这样的过程中的我，慢慢地在发酵、激荡、生长，而我的写作风格受到了史先生、熊先生与牟先生的很大影响。又因为认识王邦雄先生与曾昭旭先生，我加入了《鹅湖》月刊，并作为执行编辑的一员。那时，《鹅湖》每周都有读书会，读书会对我的帮助很大。我们一起念书，一起讨论许多问题。大三的时候，我认识了另一批人，这之中有些是我的老同学钟乔的朋友，有些是翁志宗的朋友，还有我的学弟杨渡等人。这些人所接触的和我过去一直浸淫的中国哲学的东西是很不同的，这也触发我去思考我所学习的中国哲学与当代的许多议题如何联结起来，所以也促使后来我们组了一个“新少年中国学会”，但很快就因为某些意识形态（政治的）散掉了。到我大四的时候，我原来进入中国哲学是从宋明理学这里开始的，尤其是王阳明，再通过熊先生、牟先生，对自己的生命更进一步地思考。而那时所写的东西，操作的语言已经是很哲学性的语言，这多少是受到史先生的影响。

三、关于格义、翻译与融通、创造的一些断想

我之所以强调格义、翻译与融通、创造，是因为我一直觉得写作是要练习的，不要太急，不能要求马上完美，因为人是一个成长的历程，完美是不断累积、不断精确化的过程。我认为方法是“法无定法”，不能要求方法要与别人一样，因为方法不可以一概而论，但要懂方法、要磨炼它，因为方法不可能永远是完美的。我曾参加许多读书会，读书会是一个很好的学习方式，不过我并不赞成以辩论的方式，因为不成熟的辩论往往浪费很多时间，而且无谓的争论，意气激宕容易伤感情。我们应学习真实地倾听与交谈，只有“倾听”，真理才会彰显出来。

我当预官时，在中坜的那段时间，可称为我人生的黄金九个月，那时我读了文德尔班（Wilhelm Windelband）的西洋哲学史，

并边做摘抄与翻译，这使得我对于西方的话语脉络逐渐由陌生而变得熟悉。有关西方的哲学理解就在这样的过程中慢慢转为深入，对于过去我所读的逐渐更为通透地、更为宽广地串联起来，这对于我来说，是很重要的一步。1982 年，我考上台大哲研所，修了更多西洋哲学的课，也接触了更丰富的西方哲学的东西，例如历史哲学、社会哲学、马克思主义、批判理论等等，这些东西同时让我对后来在思考新儒学的问题时，有更全面性的观察与更开阔的看法。

四、新儒学的思想史意义及其限制

1972 年年初，我发表了《旧内圣的确开不出新外王》、《当代新儒家述评》等文章，后来考入台大哲研所，引发我更深入去思考新儒学的意义与限制。我的硕士论文选择了王夫之研究，一方面因为王夫之在新儒家学派受到的青睐是较少的，一方面是我受到曾昭旭先生对于王夫之的研究影响。船山的易学是我最深感兴趣的，像“乾坤并建”这样的思考也对我影响相当大，因为王船山的人性论思想，基本上与宋明理学，不管是程朱、陆王，乃至与当代新儒学都是有所差别，有所不同的。研究船山哲学的过程，确实让我学习到许多东西；如果要回溯我什么时候开始去反省整个中国哲学所要研究的方向，我很清楚我的思考是朝向历史哲学、文化哲学、政治哲学、知识社会学式的，我希望自己能批判地、继承地研究中国哲学。

Q：老师在学习中国哲学的过程中，是否有学习上的挫折？

A：我回想起来，学习的挫折好像没有，但生命的挫折是有的，这可以说没有什么外在的挫折，但内在的挫折是有的。但我觉得人有生命的挫折是好的，这可以让我们多去思考，当自己体会到一种痛切之感，才能真正地对痛切之感进行思考，提高了理论性的契入能力。我并没有受到什么考试的挫折，从某个角度来说，我其实很感恩，因为回想起来，我的学习历程都还算顺利。我们学人文的人，如果让自己献身于某个理想，是一件非常美好的事。

Q：有些人认为中国哲学缺乏西洋哲学的逻辑的严密性，这是中国哲学的缺点，这样的看法是对的吗？

A：我并不认为中国哲学没有逻辑的严密性。的确，中国哲学没有像西洋哲学建构出一整套的逻辑系统，并发展成一门专门的学问，但这并不表示说中国哲学没有逻辑。我们应该说西洋哲学的逻辑思考及其思辨的形式所形成的一大套话语论述系统，与中国哲学在类型和方法上是不同的。我认为作为一个中国哲学的研究者、参与者，哲学就是哲学，不必过于区分中国哲学或西洋哲学，哲学是一个思想的、智慧照明的、修行的、持续的活动，是一个经由思想照明而落实在人间世里修行实践而上通于道的路。只是在不同的文化传统、不同的思维样态中，有不同的实践方式，我们不必拘泥在这样的殊别上，应该回到生命的真存实感中，进到整个学问的脉络里，用我们最适合的表达方式将它表达出来。以哲学作为一个根源性的探索而言，中国哲学与西洋哲学并没有根本上的不同，中国哲学也有其知识论的，不是只是像老一辈的区分，认为中国哲学是心性哲学而已，相对的，西洋哲学也有谈心性问题的。返回最根源的地方，哲学就是哲学，中国哲学与西洋哲学只是以不同的视点去返回这个根源，不能说因为中国哲学不像西方哲学那样有一套逻辑的结构论述就比较差，或说它就缺少什么。

五、后新儒学的哲学向度：船山学两端而一致的启发，“本体发生学”的体认

从高中起，可以说我就和新儒学结下了不解之缘。我多次提到了我对儒学的一些反省，其实是从大学的时候，我就开始有所疑，这个疑就是“多闻阙疑”的“疑”。我一直觉得，儒学其实必须

放到一个宽广的生活世界里、放到整个历史社会总体里来理解。我想跟大家推荐一些历史古装剧，大家必须看一下，像现在正在演的乾隆王朝，看完后给我很大的启发与震撼，这对我思考原来儒学与整个中国传统社会总体的关系很有帮助。你可以看到知识分子是怎么被扭曲的一个人格；君权、父权跟圣人之教，居然完全结合在一块，造成了一种很严重的异化状态，而在这种状态里面，儒学被搅和进整个帝王专制与宗法封建的结构里。那当代新儒家在这里也有反省，譬如牟先生在《政道与治道》就作了一些反省，而徐复观在这方面的反省也很多，像他写的《儒家思想与自由民主人权》就很深刻，《学术与政治之间》、《徐复观杂文集》都可见出他在这方面的功力。我一直不满意中国文化传统的专制性与保守顽固，我总觉得有一些根深蒂固的东西，要进一步地去破除。

我在想这些问题的时候愈想愈多，感触比较大的是，在1982年我写《当代新儒家述评》的时候，就已经知道了当代新儒家非常重视意义的生发，而往往比较缺乏整个结构性的理解，比较注重形而上理由的追溯，而缺乏历史发生原因的考察。我后来写王夫之的时候，觉得王夫之所谓“两端而一致”的哲学思考，可以开启一个浑沦不分，体用一如的“本体的发生学”。他一方面既注重形而上理由的追溯，另一方面又注重历史发生原因的考察。特别是在王夫之的易学里面，把这个本体发生学发挥得很好，他通过“两端而一致”、“乾坤并建”的方式，彰显了他的哲学系统。

六、“理、心、气”的侧重取向，生活社会与历史社会总体的体现

如上所述，在这样的一个解释里，我自然而然地会去重新检讨宋明理学，谈理、谈心、谈气的不同侧重取向。“理”所注重的是一个客观的形式性原则；“心”所强调的是一个内在的主体能动性，并进一步说这里有一普遍性原则；“气”所强调的是实存的历

程性原则。王夫之所注重的便是一个实存的历程性原则，也就是注重实存性跟历史性这样的一个哲学思想，换言之，他注重的是生活世界，注重的是历史社会的总体。经由对此二者的深入理解，他再重新去安定人的“理”与“欲”的问题，也就是“天理”与“人欲”的问题。像这个“道”与“器”的问题、“理”与“气”的问题、“理”与“势”的问题，在王夫之的哲学里，充分地显现出所谓的“两端而一致”的理论。

一方面，他从历史发生原因的考察，注重“器”的优先性，所谓“无其器则无其道，无弓矢则无射之道”；另一方面，他从形而上理由的追溯，强调在还没有落实成为一个具体存在的事物以前，就有一个形而上、隐然未现之则，那就是“道”。所以，“器”与“道”是两端而一致的，“理”与“气”是两端而一致的，“理”与“欲”是两端而一致的。这么说来，我们要说“人性”与“历史、社会”是互动循环的关系。也就是说，我们要理解，人性不能离开“历史性”与“社会性”，“历史性”与“社会性”也不能离开人性。人性是“贞一之理”，而“历史性”与“社会性”则是这个“贞一之理”落实在人间的所谓“相乘之几”。在这样的发展过程里，两端而一致，既回归形而上，又展启崭新的未来，一步一步地开启。

我认为儒学发展到王夫之，已经相当丰厚而高明。他对整个宋明理学，不管是程朱还是陆王，都提出了相当多的批评。对于太强调客观的形式性原则，像程朱学派，提出了针砭，指出他们忽略了落实在人间世里的历史发展；王夫之强调落实在人间世这个总体的向度来理解，他对陆王学派也提出针砭，认为他们太强调内在主体性。王夫之是从理学、心学走向所谓的实学的，这个实学其实指的是一个道器不二、理气不二、理欲不二，而以“气”为核心性概念而展开的。王夫之说“六经责我开生面”，这样一个新的生面，更能把真正的儒学内涵给彰显出来。

七、从“圣王”到“王圣”，隐含着严重的“道的错置”的问题

我写完硕士论文《王船山人性史哲学之研究》之后，本来有意想从这里去思考有关“道之错置”(misplaced Tao)的问题。这个问题我一直都很关心，近来也常提及，我已经把这二十年来的文字作个结集，书名就叫《道的错置：中国政治思想的根本困结》。这本书的目的是伴随着《儒学与中国传统社会之哲学省察》的另一作品集。在这里，我讨论了帝王专制、父权高压，以及圣人之教之间的复杂关系。我认为它导致了“道的错置”的问题，以致原来儒学理想希望的“内圣—外王”，“圣者当为王”，结果却变成是在现实上握有权力的王，自称为圣，从“圣王”变成“王圣”，这是一件非常荒谬的事。

这影响中国两千多年，截至目前，仍可以看到这种传统“君父观念”的存在。当我们谈任何一种文化现象的时候，不可轻易说它完全是坏的，它是一种状态，这种状态需要我们去正视它，因为它的影响实在太大了。我在这样的一个思考里，本来是想将这个“道的错置”问题作为博士论文的发展，当时的论文计划是希望从先秦的儒家、道家、法家来检讨整个“道的错置”问题。可是后来我并没有做，因为我最感兴趣的还是当代新儒学如何发展的问题。

八、从王夫之的研究转向熊十力哲学的探索

当我写完王夫之的时候，对熊十力就更加关心了，因为熊十力的哲学思想跟王夫之，基本上可以说有一种承继的关系。熊十力先生是牟宗三先生的老师，对我而言，去好好地理解这几位先生的思想，与我自己的学问发展性有密切的关系。我在大四时所

编的《当代儒佛论争》这本书，又是一个难得的因缘。这本书其实是围绕着熊十力《新唯识论》展开的一些相关辩论的纂辑。当时，我对这个问题很有兴趣，整个当代儒家和佛教的这个争论，会牵涉到些什么基本问题呢？追根究底是儒、佛人生论、世界观与形而上学的异同。其实，佛教彻底地说并没有西方意义所谓的形而上学，但是它可以成就一套自己的形而上学，或者是存有论，所谓佛教的存有论（Buddhist ontology）。

大体来讲，当代的佛教发展中，支那内学院所代表的是唯识学，熊先生在那里学习过，后来到北京大学讲"唯识概论"，之后没多久就对这套唯识学提出质疑，因为他以一个思想者、创造者的态度，去重新审视这样一套唯识学本身，落到他要去理解、去诠释这个世界的时候所产生的问题。当然，熊先生去理解唯识论的时候，并不是很平心静气恰当地理解。他问的是究极性的哲学问题，而不是唯识学讲了些什么。唯识论原本讲的是一套"解构"之学，虽然它讲"三界唯心，万法唯识"，但这话的目的是要说明，一切的存在是空无的，它仍是缘起性空的脉络，不能违离这个基本立场。

九、"缘起性空论"是解构的，而"道德创生论"则是建构的

熊十力处理这些问题时，并不是作为一学究的客观研究，而是要去问"见体不见体"的问题。他一想就想到唯识论相关的"转识成智"问题，还有他要问的是：到底唯识学对整个宇宙之间的阐释，是否有些什么样的限制呢？毕竟，熊十力所持的还是《中庸》与《易传》的传统，他通过《中庸》与《易传》的思考，进到整个唯识学里面，透过唯识学的一些基本概念，作了一种"转化"跟"创造"。这个"转化"跟"创造"，老实说对佛教的唯识学是不公允的，熊十力对唯识学的理解，其实是有问题的。他理解唯识学的时

候,并没有很恰当而准确地理解,他急着将它“转化”、“创造”成自己哲学发展可能的系统。换言之,熊十力是一个哲学家,却不是一个很好的哲学史家,或是哲学学问的学究。熊十力在《新唯识论》里,对有宗唯识学或空宗般若学的批判,基本上是不中肯的。譬如他说空宗般若学是“破相显性”,这个说法是不中肯的,恰当地说应是“荡相显执”。他认为唯识学是构造论,有神我论的倾向,也不中肯。对熊十力而言,重要的问题不是它们到底讲了什么,而是空有二宗都没看到宇宙生生之德,都没有真切地见到造化之大源。

总的来讲,在《新唯识论》里,基本上是通过了他对于有宗唯识学、空宗般若学这“空、有”二宗的批判,建构了他自己一套崭新的体用哲学。这套哲学与中国传统中庸、易传是有深切血缘关系的。像他常提“即用显体,承体达用”、“即用而言,体在用;即体而言,用在体”,其实在王夫之哲学里已经说过了。他的体用概念,多少也继承了华严宗的一些语词,但他的基本思考与华严宗是不同的,华严宗在整个佛教系统里属于真常心系统。这样的一个佛学思考,并不适合把它理解成像《易经》那样的一个传统,因为《易经》接近“道德创生论”、“本体生起论”的立场,而佛教基本上是“缘起性空论”。“道德创生论”与“缘起性空论”的最大不同是,缘起性空论是“解构”的思考,为的是 struggle for non-Being,而道德创生论则是“建构”的思考,为的是 struggle for Being。熊十力重的是如何“从一个存在的根源,去生化这个世界”,当然我们要说这是一种道德价值的创生,并不是宇宙论中心的思考。

十、“存有三态论”:从“存有的根源”到“存有的彰显”到“存有的执定”

据实而言,对熊十力的理解与诠释是带有转化与创造的,我从他这套体用哲学上,慢慢地摸索出了一个新的发展可能,也就是这里我所说的“存有三态论”的构造。《存有三态论》不同于“两层存有论”之以“现象”与“物自身”来区分，而是强调由“存有的根源”到“存有的彰显”，进而到“存有的执定”这样的发展。所谓“存有的根源”所指的就是“道”，“道”指的就是那个“总体无分别的根源”。当我们用“根源”这个语词的时候，其实带有理想的意义、价值的意味。“道”，我们说它是“存有的根源”，这具有应然的价值义涵。“道”这个存有的根源，它之在其自己原是“境识俱泯”的，它是“寂然不动”的，它是“不可说”的；但它不能只停留“在其自己”的状态，它必然得彰显。“道”是可道的，但凡是可道之道，就已经不是常道了，所以“道”起先是隐于无名，处于一种无分别相、总体的密藏状态，相当于《易经》所说的“寂然不动”的状态。

“道”归本于“无”，这“无”并不是说没有，“无”只是一个没有分别的浑沦总体，这个总体是一个具有发生、创造可能性的总体，这样的一个总体是要有人参与在里面的，如果没有人参与在里面的话，就不能构成这样的一个总体。所以，我常解释“道为天地人我万物通而为一的不可分的总体”，或者再强调一下，“道”是人参赞于天地万物人我所构成的一个不可分的总体，这是“存有的根源”。存有的根源必然经由一个彰显的活动，而不断地开启自己，叫作“存有的开启”。

真理其实就是一个存有的开启，这一点海德格尔也这么说，这个说法我认为跟《易经》所说的“见乃谓之象，形乃谓之器”的说法基本上是相通的。存有的彰显本身是“智慧”、是“真理”，是aletheia，aletheia在海德格尔的说法中就是“把那个遮蔽去除掉”，也可以借用“揭谛”这个词来说它，可以说它是“揭开存有的奥秘”。“存有的彰显”就是“道”必然显为“象”，道之显为象，其实就是通过人的纯粹的意向性(intention)参与，这个“意”是很重要的，所以“道”必经由意而显为“象”之后，再经由人们运用“名以定形”或者“言以定形”的工夫，使得那个“象”真正落实转化成一个具体的存在对象物。“道显为象”是比较属于一个“本体宇宙论”的说法，但是“名以定形”就是一个“知识论”的说法。我认为存在事物的一个定象的过程，是先经由“纵向的开展”，再经由“横面的执定”，横面的执定就是从“存有的根源”而“存有的彰显”，再转而为“存有的执定”。这样的一个转折，我认为可以取代牟先生在《现象与物自身》这本书里所说的“两层存有论”的思考。它的主要的不同与特点在哪里？就是“存有三态论”并不是以主体为中心的，它并不是以本心来开出两个门。

十一、“两层存有论”的基本构造：一心开二门

牟先生有一个“一心开二门”的结构：心真如门，心生灭门。这是牟先生从佛教“大乘起信论”借过来的架构，有其胜义，但也有其限制。如牟先生说，心真如门纯只是“智的直觉”，是intellectual intuition，而心生灭门对应地说是“感触的直觉”，是sensible intuition，这是借用康德学而来的“两层存有论”思考。这个架构很容易落在以心性主体为核心的倾向——“上开”跟“下开”。而最后就在这“一心”，到底是一个向上的一念警惻，还是一个落实的曲折的表现？因为牟先生以道德本心为核心，这样一来，那也才会有所谓“良知的自我坎陷以开出知性主体，来涵摄民主跟科学”的思考。

牟先生在这儿肯定人作为一个道德的存在或者道德的存有(moral being)，而这个“moral being”会用所谓的“直觉”去观照这个世界，这个“直觉”所观照的世界，这时候的对象物是“无对象相”，这时候是纯智光之所照的一个对象。这个对象无对象相，它不是你的感触直觉之所能知的，当你用你的感触直觉之所能知，那是经过了一个主体的对象化活动，也就是经过了一个良知的自我坎陷活动，才有这样的可能。所以，牟先生的整个诠释系统，把整个儒学提到一个最高的高度，就是宇宙造化之源，并且把宇宙造化之源跟我们内在的心性之源等同起来。

基本上，这是陆王的传统，把你的“道体”跟“心体”等同起来，把宇宙造化的源头跟心性内在的根源等同起来，也就是“此心即

是天”、“心即理”。你这本心就是一个智的直觉之活动，它所开启的是一个道德的世界、道德的形而上理性。牟先生所诠释的 Human-being 人，是在一个道德的形而上学向度里，所谓的道德的形而上学所开启的是一个没有任何纷扰、没有杂多的纯净的世界，但是人毕竟不在这个世界，于是牟先生再用另一方面的一个词，来开启一个分别相的世界。这就是他所谓的“执相与无执相的对照”——“执的存有论”与“无执的存有论”的这样对照，通过“良知的自我坎陷”以开出“知性主体”并以此来涵摄民主跟科学。

十二、由“旧内圣”开“新外王”的结构及其限制

牟先生这样的系统结构，正好配合了“内圣”开向“新外王”。内圣指的就是宋明理学、心性学的传统，这是依“智的直觉”、“道德的创造”为主导而开启的，而落到整个人间世则经由一番新的转折。这样两层存有论的基本诠释的结构，既是主体主义的，也是本质主义的。这里所谓的转出，是强调你整个心灵、态度跟方向机制之转化，经由这个内在的、方向的机制之转化，才能开出一个知识之学来。这个由内圣开向新外王，其实跟宋明理学不同，但它有取于宋明理学。宋明理学也区别所谓的“见闻之知”与“德性之知”，但是，如何从“德性之知”开出“见闻之知”这个问题，宋明理学家是不太说的。

宋明理学家说的“见闻之知”，跟牟先生所了解的现代话语所谓的“民主”跟“科学”，是不太一样的。“见闻之知”是一般世俗人都可以有的“分别之知”，而“德性之知”是道德实践的一个动力，它是否果真如牟先生所谓的是一个无分别相的“智的直觉”的这个方式？在这里，当然可以往这边去治。但是，原来张载或是其他的宋明理学家并没有那么清楚地作这样一个区隔，也就是说它是一个大略的区隔。所以，我们可以看到从宋明理学的“见闻之知”、“德性之知”到牟先生“智的直觉”以及“感触直觉”这样的一个对比过程里，开启了他自己的“两层存有论”。这其实也是一个

进步,而这样的一个进步在牟先生的传统思想里面的安排,如何去开启一个具有新的结构的外王学。

如上所说,这样的一种开出说,其实是在理论上、诠释上开出的,它并不是一个实践的、学习的次序,因为在牟先生那个解释系统里,最后的关键点在于良知本心,在良知本心所隐含的辩证开展性可上通于道,下及于物。如何下及于物?就是良知的自我坎陷开出知性主体转下的。如何上通于道?就是以"智的直觉"直接上通于道,所谓的智光之所照,不论外照、内照,通通一样。这样的思考,其实形而上的意味很重,但是基本上他强调的形而上已经由一个转折过程落到人间,它仍然放在原来内圣外王的结构里。

十三、从"道德的形而上学"到"道德的人间学"的发展可能

再者,我想强调的是对儒学的理解不能外于整个历史社会总体,不能外于政治经济结构。内圣学有两个不同的理解方式,当你理解孔老夫子所说的"仁"、孟子所说的"义"时,"仁"是一个彼此的、生命真实的互动与感通,"义"则是人跟人之间的恰当的规范原则。这样的一个"仁义",其实是放在整个家庭人伦的孝悌中去理解的,其实它必须放到整个帝王专制、君父的传统里头去恰当理解。内圣学必须放到它的生活世界、它的历史社会总体里头去理解。

如此一来,我们会发现儒学有几个不同的向度:一个是帝王专制化的儒学,一个是批判性的儒学,一个是人伦教化、生活化的儒学。这几个不同的向度你去理解以后,才能够进一步去讲,内圣学之属于纯理的部分,就是工夫修养和如何落实。我的意思是,并不太适合直接把内圣学以一种道德的形而上学的建构方式,把它建构成作为整套儒学发展的本质基础,再从这里如何开

出民主跟科学，这基本上是理论的转化的意义。这样的一种开出，我认为并不太具有实践的、学习的次序的意义。所以，我曾经提出很多这样的质疑，也就是说当代新儒学在整个发展过程中，为何实践力变弱了，它的问题出在哪里，这值得我们深思。

在牟先生的理论系统里，良知本心是居于一个形而上的中枢来指挥天下，而不是落在人间，真正进到整个实践的场域里去参与。牟先生的这种思考，是通过一个形而上的保存，来稳立道德主体，从这里开出新的可能。其实，当代新儒学中的两个巨子——唐君毅先生与徐复观先生就持不一样的看法，徐先生更是说要去成就另一套“形而中学”。只是牟先生的影响太大，相对来说，其他新儒家的声音反而小了，这有点可惜。牟先生这样的提法，保住了种子，但是我觉得，接下去就要把这个种子接引到人间，扎实地生根，把泥土松动了，灌溉了水，所有养分……开始在这里栽育新的苗圃而发展新的儒学，这就是我所谓的“后新儒学”，儒学要好好发展出它的“人间性”来。当代新儒学应该由“道德的形而上学”转而成为一套“道德的人间学”。

十四、从“外王”到“内圣”的双向互动与调和

“后新儒学”是“道德的人间学”，这样的一种思考，“内圣”与“外王”这样的结构就变化了，它不再是“如何从‘内圣’开出‘外王’”，不再是如何从所谓“传统开出现代化”，而是在现代化的发展、现代化的学习历程里，把传统的智慧、经典的意义释放出来，参与到整个现代化这个大流里，彼此间有一种互动。在这个过程中，因为互动的调节，而有一个新的生息、新的发展。所以，我这几年有一个提法：“不是从内圣开出外王，而是在一个新外王的发展过程中，如何调节内圣。”当然，这样彼此互动的过程调节的“内圣”，又返照回来开出“新外王”，“外王”与“内圣”是一个互动循环的发展。我刻意地指出应该正视“外王”的重要性，从这里导出来了，也就是因为我认为随着整个社会结构的变化，人跟人之间的

关系也变化了,所以,我一个新的提法就是:"我们应该更正视社会的正义,不必太注意人的脾气与修养。"

我要呼吁:"道德是在公共领域面的,道德不是在你私下的、内在心灵的脾气如何修养的问题。"我这几年曾写过一篇文章,强调"社会正义"与"心性修养"的异同。我认为,心性修养未必能够走出恰当的出路,而社会正义所建立的一种伦理的基点,是一个最低点的伦理基点,心性修养则往往会被导上伦理最高点的思维。如果你把一个人内在修养的最高点拉到整个社会来,让有权力的人来要求,所有的老百姓都要往那边走,它就很可能会形成专制甚至暴力。也就是说,握有权力的人要求老百姓要达到最高的伦理,而他本身却躲掉了,把自己放在更超越的层次,用一种空洞而更抽象,让你以为那是一种普遍的理想的层次,来管控你。我认为这是非常不义的。社会正义就不同于这里所说的"心性修养",它强调的是"现实的优先性"。如果用王夫之"两端而一致"的话来讲,像"心者,物之心也;物者,心之物也"。我们要作心性的内在体悟,就要对它有深层的体验工夫,其实必须从一个外在的、客观的"心之物"去理解,当你要了解外在的、客观的"心之物"时,你必须先从你那个内在的、主体的"能动性"去理解。这样一来,在这个时代,你要谈儒学的道德实践,其实应该从整个生活世界、整个历史社会总体的、最根本的而且是最低点的社会正义开始做起,回头去才能够谈心性修养、谈更高层次的道德实践。

十五、从"本质主义的思考方式"到"唯名论式的方法论"的对比抉择

我这个说法,是反对本质主义(essentialism)式的思考方式,我在上节也提到过波普尔(Karl Popper)"唯名论式的方法论",或者说是方法论上的唯名论(Methodological nominalism),这也可以说是一种"约定主义"(conventionalism)式的方法论。这种反

实在论的思考，不认为有一个客观恒在的本质作为我们认识的基础，也不认为有一个恒定不变的道德规条，作为我们实践的标准，而认为道德实践该当如何，其实是在一个历史发展过程中，不断地调节、不断地由这个调节过程所生化出来的。当然，最后它是要上通于道的。但是，这个道，只作为一个最原初的开启点与作为最后的归依点，并不是某个人或某一群人，通过一套特定的话语系统可以把它彰显出来，一旦成了话语系统就不是“道”。老子《道德经》里说“道可道，非常道”，因为“道”，凡是“可道”，就已经不是常道了："道"虽“不可道”，但是“道”又必通过“可道”来彰显。

这样的一个“反本质主义”式的思考，其实对我的影响是很大的，也使我在对儒学的研究中重新看到很多东西。我以为，不要对儒学的话语系统，动辄认为是天经地义的。我常说："因为有性善论的传统，所以才让我能够了解叫性善。"也就是说，“性善”既然是种论点，它当然放在一个氛围里，放在一个生活世界，放在一个历史总体里，如果我们没有这样一套小农经济、家庭人伦、宗法封建的思考，所形成的那个总体，那可能性善论，孟子的人性论，就不是用这种方式来彰显，它们将会以不同的方式来彰显。我这样说的用意是：研究儒学，不能外于对它的整个历史发生原因的考察，不能外于对整个历史社会总体的深入理解，不能外于对整个生活世界的实存觉知，不能够只是你依据着圣贤的教言，把它当作教条般的，而且你误认你已经作了心性的体验了，其实未必，那只是你的一些向往、一些想象而已。在这样的思考中，我既反对了“本质主义的方法论”，也反对了“主体主义”式的思考。

十六、“实然”“应然”就“存有的根源”处是通而为一的

其实，我认为“理”、“心”、“气”这三个概念，“气”是优先的，也就是说，我特别注重到整个实存性、历史性的原则，而最后是上通

于道的。而我认为这个"道",不是你的道德主体,作为主客对立下的这个道德的主体,所要去开启的。"道"是天地人我万物通而为一的,是就人参赞天地万物通而为一的那个总体、根源而说的。自然而然地,我就不再是以牟先生的"两层存有论"作为我的思考结构,转而以"存有三态论"作为我的结构。这个"存有三态论"的理解,受到了很多前人的启发,这里头有一些现象学的思考,有一些解释学的思考,有一些获益于熊十力先生体用哲学的思考。

这样的一个发展,最后是通到那个存有的根源,所以我认为存有的根源跟价值的根源是通的。我并不认为,从休谟(David Hume,1711—1776)以后要去区别"实然"与"应然"是必要的,我不认为可以截然区分所谓"实然"是知识论者所要去讨论的问题,而"应然"是伦理学或道德哲学者所要讨论的问题。我以为,在某个向度上,可以作这样的区分,但是究其极、论其根源,那个"实然"跟"应然"是通的。这一点我有点柏拉图主义的倾向,认为最后的那个"观念的观念"(idea of idea)是纯粹善的。

我们去理解这些问题的时候,最好要深入地去理解,当我们说一个存在的对象物的时候,我们可不要误认为,完全可以纯只是客观的,完全不涉价值。其实,我们的价值指向是无法离开那个对象物的;尽管我们用的是一个描述性的语句,用的是一种描述性知识的表达方式,但任何描述性知识性的表达方式,其实都隐含了一个价值意涵与道德实践的指向。在华人文化传统里,任何一个"名以定形"的对象物,任何一个对象物如何成为对象物,这是经由主体的对象化活动、经由名言概念的介入,使得那个对象成为一个被决定的定象。一旦成为一个定象,用符号、用语言、用象征……去表述它,而在这个表述的过程中,人们的心灵所隐含的、所伴随而生的利益、趋向、爱好以及权力、占有、贪取……都已经附加在上面,因为这样的附加方式,将会使人间很多麻烦的问题,自然而然地全部生起。

十七、从传统的经典智慧开启的“治疗学”与实践批判

这也是我这几年来一直在进行的一项工作，就是我们哲学的研究，其实有一个很重要的工作，把它当成一门治疗学。我这个治疗学的一些启发，来自傅伟勋介绍弗兰克（Viktor E. Frankl），但是我自己在读《老子》、《庄子》、《金刚般若波罗蜜经》、《六祖坛经》等时也受到了很多的启发。在我的“存有三态论”的构造里，其实如何回归形而上、回归“道”与“存有的根源”，如何“尊道而贵德”，基本上还是道家的传统，就是以那个总体的根源，作为你尊崇的最后皈依；以你那内在的本性，而认为它是最重要的，你能够依据它恰当地去实践。哲学的实践活动，与其说是一种话语的批判，毋宁说是一种存在的真实回归；与其强调教条的遵守，毋宁强调回归到本有、自身，在那个总体的根源里，能够生化出一个恰当的向度，而给我们一个恰当的调节方式。

大体来讲，整个后新儒学的一个哲学向度，是反本质主义、反主体主义，而它是以“存有三态论”来取代“两层存有论”的。它在整个结构上，不再是以“内圣”开出“外王”的问题，不再是以一个“理论的逻辑次序”去决定一个“历史发展次序”，而是强调必须经由一个“实践的学习次序”，去重新调节。所以说，不是如何从传统开出现代，而是在现代化的学习过程中，重新让传统的意义释放出来。以这样的一种方向思考的时候，我觉得哲学可以是一门治疗学，哲学当然是实践的哲学。我也很欣赏马克思主义讲过的一句话，他说以前的哲学是要理解、诠释这个世界，而他的哲学是要改变这个世界。就整个中国哲学来讲的话，就是如同《易经》所说的，“参赞天地之化育”，“范围天地之化而不过，曲成万物而不遗”。整个造化之如此，而人参赞天地之造化，成就了一个人伦的世界，一个器物的世界，一个知识的世界，一个“充实之谓美”、“日

新之谓盛德,富有之谓大业”的世界。在这样的一个世界里,哲学其实有着重要的使命要去完成。那这样的思考就涉及底下我们要谈的对“存在”、“思维”、“话语”的一些不同理解的问题。

十八、“存在与思维的一致性原则”与“生命与价值的和合性原则”之对比

基本上,我一直认为,“存在”的定性,是经由“思维”与“话语”做成的。人们经由一主体的对象化活动,由于话语、名言概念的介入,才能使其真正成为一存在的决定了的定象这样的对象物,这也就是王弼所说的“名以定形”。在西方的哲学传统里,从巴曼尼德(Parmanides)到柏拉图(Plato)以来一个很重要的传统,叫作“思维与存在的一致性原则”,这标示了西方人一个很重要的哲学向度。它强调的是对于存在的客观认知,对象化思考下的认知,以这样的一种方式,来作为理解世界、把握真理的最重要向度。顺这理路来说,客观地去把握真理作为实践的基础,最早把这个问题谈得很清楚而且做成一个论式的,就是苏格拉底(Socrates)所说的“知即德”。这可以说是一种主知主义的道德学。

中国哲学传统不同于这种“思维与存在的一致性原则”,它强调的是一个“生命与价值的和合性原则”。就中国形而上学的传统来说,它问的问题是从“生”、“命”这样的角度去理解,谈“实存”、“生命”。不同于西方哲学传统之从“是”来讲“在”,从“to be”来讲“being”,中国哲学传统是从“生”来讲“存”。显然,前者指向对象化的思考,而后者则是回到生命总体自身的体会。借用马丁·布伯(Martin Buber)的论点,我们可以说前者偏在“我与它”(I and It)的思考方式,而后者则偏在“我与你”(I and You)的思考方式。

在“存在与思维的一致性原则”下,我们很容易理解亚里士多德(Aristotle)的“思想三律”:“同一律”、“矛盾律”、“排中律”,这是

将主体的对象化所成之执着的定象当成存在自身来理解的传统。相对而言，在“生命与价值的和合性原则”下，我们可以理解《易经传》中所谓“一阴一阳之谓道”的思考。我们将那矛盾对立的两端，化为对比、辨证的两端，再将这对比辨证的两端，通而为一，成为一个不可分割的全体。我以为西方的主流是将“思考”、“话语”、“认知”执定通同而代替了“存在”，这是一个“以言代知，以知代思，以思代在”的传统。中国哲学的主流则是认为“话语”之外有“认知”，“认知”之外有“思考”，“思考”之外有“存在”，这是一个“言外有知，知外有思，思外有在”的传统。

十九、文化类型学、哲学类型学的对比是必需的

如上所说，显然，亚里士多德说的“德”和儒道所说的“德”有所不同，我们应当展开对比的理解与诠释。这里就牵涉到方法论的根本问题，我个人以为应当将哲学放到整个文化、历史的传统里去看。我们理解一个存在的事物，都必须理解它整个存在的情境，这样才能有一个宏观的对比。西方也使用到类似“德”和“中庸”的概念，但彼此异同甚大。当然，彼此仍有其可共量性，可以对比地展开理解。

在“存有的连续观”与“存有的断裂观”的对比下，中国哲学重在“气的感通”，而西方哲学则重在“话语的论定”。就亚里士多德哲学来说，“中庸”并不是在“两端的中间”，而是往上提，作为两端的顶点。就中国哲学来说，“中庸”所强调的不是两端的顶点，而是要回到“脉络性的圆融”。我认为这些都必须经由哲学形态学、文化形态学，作一宏观的对比，才能豁显清楚。我们前面也说到，中西印形而上学追求的也各有不同，大体来说，西方是 struggle for being，印度是 struggle for non-being，中国则是 struggle for becoming。我一直以为比较哲学的方法论意识是必要的，否则很多问题会搅和在一起。

同样是“空无”，佛、道两家的思考就不同。佛教的“缘起性

亚式：至高无权。
（提到最高点）直线式。

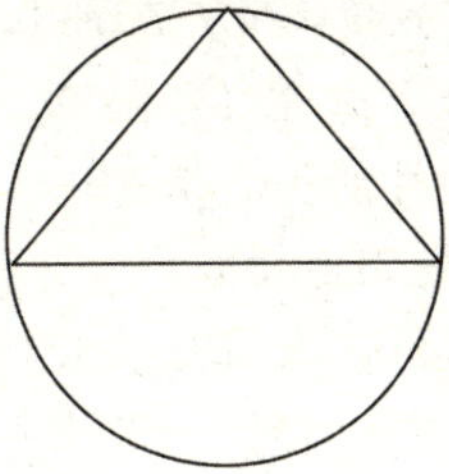

中庸：喜怒哀乐未发谓之中，多元而一统。圆环式。

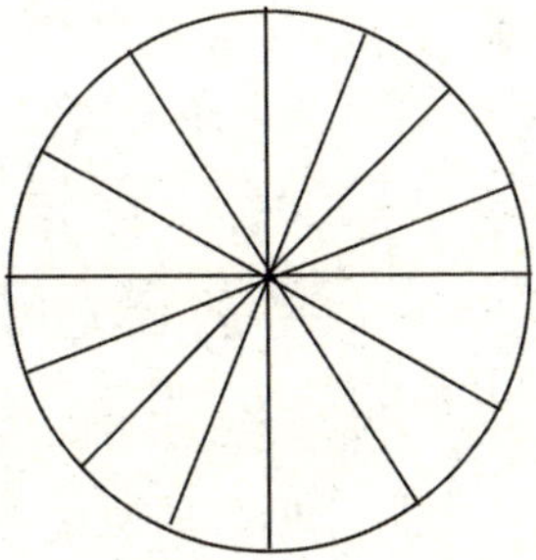

空”，是彻底解构；中国传统的道论，是“道生之，德蓄之，物形之，势成之”的本体生起论传统。

“解构”对道家来说，为的是要解构语言。而回到道之自身，道之作为一本然之体的存在是被肯定的；相对来说，佛家于此则是要回到一“我法二空”的境地。就哲学的理境来说，语言上即使类似甚至同一，也不能说就是本质的相同。一般人都说孔子说“仁”和孟子论“义”，其实孔子也讲义，孟子也讲仁。但他们的方法不同，而人们的粗略印象，孔子是说“仁”，孟子论“义”，而荀子则重“礼”。这样粗略地说，乍看虽然可以，却是没有细究。因为如此看来，“仁”到“义”到“礼”甚至到“法”，好像就一步步往下跌，这样简单地看，实在是太粗略了！做文学史、哲学史的研究，不能如此粗略。

比喻来说，儒家就好像人必须吃饭一样；有点小病痛时，就由道家来安抚；病痛多一点，就需要佛教来慰藉；真到了无药可救，就由上帝来救赎你。这种说法看似有道理，实际上很有问题，因为它只从表象来看！好像台湾人管不好台湾问题，所以让外省人来管，外省人也管不好，就由外国人来管，好像也很有道理。这是街谈巷议、捕风捉影，像电视脱口秀。好像人说，西方是霸道，中国是王道。西方没有王法，因为他们要经过大家决议来做事。要对付这类以偏概全的偏见，就要有一个结构性的类型学对比。要有一种结构性的类比、诠释，才不会流入一种印象式的“是怎样就怎样”。街谈巷议，只能在闲嗑牙的时候说说可以，但其基本上不能成为学问。

二十、话语系统的接枝与融通，要看它是否能调适而上遂于道

当然，学问性的层次仍是可以清谈的。如我们用“筷子传统”和“叉子传统”来作中西的对比。“筷子传统”是主体经由一个中介者，而连接到一个客体，构成一个总体，并因之而取得均衡点，才能举起客体：“叉子传统”则是主体经由一个中介者，强力侵入客体，因之而去控制客体。这拿来作对比，的确还能看出中西对“主客关系”的不同看法。这是从方法论上的结构层面所作的阐释。再说，讨论任何东西，须将其语词回归到类似这样的本体来看。如此回归，能不能继续讨论下去呢？可以的，只要话语的“接枝”能够成功即可。如生物学上苹果和芒果的接枝，能产生新的品种，即可。所以，我们要看其能不能回到哲学智慧的彰显和探讨。

哲学为的是要彰显真理，我以为诸多话语表达系统应多元而开放。这就好像各类人种在一处，不论基因有多少差异，但就人之为人来说，便可以交配而生养出下一代，且下一代混血儿，还有能力再产下一代。但要是不同种，那就有困难，如驴子和马生出的骡子，就没有生殖能力。哲学话语系统也是一样。因此，我以为不同的哲学有不同的做法，但只要它能够借一种话语能力，能

通到智慧之“源”并“延伸”出去，则对该学问都该予以尊重。比如说，现代很多大哲学家，常被人拿来和古人相比。如熊十力，除了被拿来跟今人比，也被拿来跟现代道家比。熊十力也不算任何一类，他的哲学观念也没有全对，但他搞出了一套系统，一套武功。虽然他的哲学看来有不少错误，但他已经构成了新的系统！如围棋、象棋、西洋棋，每种观察有每种不同的下法。熊十力今天发明一种棋，将前三种合一，看得你眼花缭乱。这时，你看看他的棋，首先，能不能构成一个棋局，就是有没有一种可以玩的方式，如果有，就可以说是新的棋类了。而从此棋类再延伸出去的，又是一种方式，一种新的生命体。但如果它是不能玩的，是一塌糊涂的，就不算成棋。哲学亦是如此，看一种哲学能否成立，要看它能不能融贯，有没有上通下达，能够，就表示它有延伸能力，它就是被允许了。

举例说，马克思主义，它一开始只是学说，后来被人学习、利用，也产生了些恶果。但是，人们发现马克思在1844年青年时代对人的异化的批判的文件后，又以这个东西来检讨、批判资本主义，则此再形成了“新马克思主义”，又称“青年马克思主义”。这样一套马克思思想与正统的中年马克思有些不同，但也有一种延续的思想在里头。另外，美国学者运用马克思主义里的重要概念、范畴去分析资本主义社会的种种问题，而发展出另一类型的“分析型的马克思主义”，这又和新马克思主义与原马克思主义都不同。老实说，我觉得它已与马克思本人的理念不合了，但它居然能形成一套自己的系统，这就是“话语的接枝法”。这是话语的系统脉络之上，有更强大的社会资源、精神资源（美国实用基本主义）撑起，而发展出它的新生命。以是之故，我们应该包容多元的、具生命力的哲学系统，只要它能包含一个话语系统，并辗转而上，调适于道，则通通是可以作为一套哲学来被理解的。但这不是意味着其中没有高下长短的分别。你还是可以判断它的立论基础、论证程序够不够，有没有问题，它本身的效用如何，这是可以比较的。我个人较少用此类“接枝法”，而是主张从宏观的角度去理解、接受原本哲学的内涵。

廿一、释放传统的经典话语到现代话语、学术话语中交谈、验证

这些年来，我一直致力于一项工作，就是将传统经典的话语系统，经由现代的生活话语，以及现代的学术话语将它转译出来，进到我们的生活世界中，成为我们公共的论述。唯有如此，我们才可能经由经典意义的释放，参与交谈，进一步而有新的融通、转化与创造。举个例子来说，像老子《道德经》第三十八章里提到“失道而后德，失德而后仁，失仁而后义，失义而后礼，礼者，忠信之薄而乱之首也”。大体来说，“道”就是总体的根源，“德”就是内在的本性，“仁”就是彼此的感通，“义”就是客观的法则；“礼”就是具体的规范。这是我经过二十年左右的琢磨过程，慢慢地确立的。我们将这些理解连着上述的老子《道德经》中的经典，我们可以这么说，“当那总体的根源失掉了，我们就强调内在的本性；当内在的本性有所缺失了，我们就强调彼此的感通；当彼此的感通失去了，我们就强调客观的法则；当客观的法则失去了，我们就强调具体的规范；当人们努力强调具体的规范的时候，就是人们的忠诚信实已经薄弱，而乱世已经开始了”。我认为这么解是通的。不敢说是老媪能解，但是一般人似乎也能依稀地了解。所以，中国哲学，如何回到真正的生活，让它能继续长下去，这一点是我非常关心的。

古典话语，是要好好活用的。如孔子六艺之教“礼乐射御书数”，国中生就会背了，但背到现在还不知它代表什么，其实它将人间最重要的通才教育都包括了。大体来说，可作这样的诠释。“礼”是分寸节度，“乐”是和合统一，“射”是对象的准确，“御”乃主体的掌握，“书”乃文化的教养传统，“数”指的是“逻辑的思辨”。我想这样来理解六艺之教，比起原先所说的会生动些活化些。我

以为，这些话语文字，必须通过上述所谓的转化过程，才能够深入其内涵。

又如老子《道德经》有“人法地，地法天，天法道，道法自然”的句子，这里的“地”象征博厚，指的是“具体的生长”，“天”象征高明，指的是“普遍的理想”，“道”象征着“整全”，指的是“总体的根源”，而“自然”则强调“自发的和谐的调节性力量”。如前所说，我们不同于西洋哲学强调“存在与思维的一致性原则”，我们强调的是“生命与价值的和合性原则”：这样的一段话指的就是“人学习地的深厚、具体而生长，并从这具体的成长达到普遍高明的理想，而理想必须回到总体的根源，总体的根源，就是一种自发的和谐”。这样读，可以将原先的“人法地，地法天，天法道，道法自然”掌握得准确一点。我们去理解一个语汇时，会关联到我们平常最熟悉的言辞。像中文我们读得很熟，写起中文来也就会方便得多。中文有很多语种，广东话、四川话、客家话、闽南话各有特色，它们彼此有其界面，也有感通。如我虽是台湾人，但求学的环境都是用“国语”，因此习惯用“国语”来表达个人的意念，用台湾话就不那么顺当了。怎么叫顺当？就是不断地使用，让它“生者使熟”了，“国语”和台湾话之间的界面就融开了，水就会通过去。这像长江三峡上的水闸一般，经由上下的转换，而让船能够行得顺畅。

廿二、“道、意、象、构、言”的诠释层次问题

我个人很在意如何将古典话语和现代话语两相融入，而学术话语也必须将生活的觉知结合在一块。我总认为学哲学不能离开文学艺术，须知：关于人的生命总体的表现往往通过戏剧来表现，所以没事可以多看一些历史剧。目前大陆有不少影视剧考据讲究，演得很不错，值得一看。历史剧虽然有时会不符史实，但人物塑形、剧情描写却很深入。如《薛仁贵征东》，写的虽是唐太宗，但正史上却是唐高宗，主要是想借此去烘托唐太宗。我们要看

的，就是年代、气氛、君臣关系等等，及其中所包含的伦理学、道德学在儒家里怎么存在，扭曲的不怕死哲学又为何。像谏官的“悲愤”，就是在我所说宰制性的政治联结独大的背景下产生的。再者，我们中文系要看戏剧，也要看文本，看清里头戏剧所在，人性表达如何。语言的活用，以今天来说，就是要如何培养出新的学问性系统，我们不只是要开发新学问，而且要懂得怎么应用、活用。其实，中文系、哲学系的研究生，研究像“八点档连续剧中‘人伦’的诠释”这样的题目，也是不错的。

文化传统和自我同一性(self-identity)，要“因而通之，调适而上遂于道”，这样才不会成为流俗。必须认同自己，了解自我一代和上一代的问题并好好沟通，这应作为哲学研究的重心所在。像“八点档”成了一种话语霸权，因为太过长久，便成了抹黑，使得观众陷入存在的困境。面对这种情况，我们必须回到存在的根源，重新厘清它的存在。在这个过程中，我们必须通过了解、转译与创造的过程，以前融摄佛学如此，现在融摄西方哲学更应如此。

以我们所能觉知到的生活世界来说，我们的古典话语一直在流失中，我们的学术话语没能好好地生根，生活话语一直在俗化中。像现在写点文章有深度，编辑就会说你的文章太深，其实不是你的文章太深，而是一般人浅了。不过，正因他拥有权力可以决定用不用这篇文章，久而久之，他也形成一种话语霸权，人们的胃口也就变了。如以前有“避讳”的传统，现在却是太强调“公平”，所以就有些东西垮了、紊乱了。这种新的方法是错的，可是它越来越多，到后来不做的人反而错了。原来这是约定俗成，却也因此逐渐滑转、异化，成了“鄙俗”、“流俗”，最糟的是他们还不知自己俗了。从“话语”到“结构”，到“象征”，进而上契于“意向”，最后则归本还原于“道”。这在我那本《人文学方法论：诠释的存有学探源》一书的第五章有较详细的述说。其他阐析，或者可从像王夫之《老子衍》、《庄子通》、《庄子解》里引出。这类诠释方法，我个人觉得，可以和王弼的“得意忘象，得象忘言”连续起来理解，关联密切。

廿三、“多元而一统”的文明对话与交谈

我认为,中国哲学的研究,要在省察中延续、在批判中瓦解、在承继中创造。理想,就是要多元而一统,对话而交谈。交谈便须容纳各种声音。中国哲学和西方哲学应该互通,中国文化要是全球多元文化中的其中一员。身为其中一员,不要认为自己就可以统领这个世界,所以我不爱说什么“21 世纪是中国人的世纪”,这类话其实没什么意义。应该说,“21 世纪是中国文化努力地参与到世界文化的世纪”。这些年来,我认为该以低调式的伦理来思考,而不是整体论式地思考,不是本质主义式的思考,而是点滴的工程思考方式。

Q:在您自己所学得的各类中国哲学中,有没有因其涵养,而在人生大事上有能够加以决断的力量?

A:个人认为,康德所言“穷知见德”,转化来说,就是能通过我们的理智、能力清楚认知的部分,我们要清楚认知;除此之外,还有一大片天地无法通过理智去认知,这片天地,对我们的人生会很有影响力。所以,人对“存在的奥秘”都要有“敬畏”之心。什么是存在的奥秘,个人认为,一切事物在还没彰显出来时,都是奥秘的。在个人的生命经验、习惯里,必有此敬畏之心。像考试,即使考得好,也要一直保持着敬畏之心,必到放榜才能轻松。我们华人的生命力是强韧的,正如同父权、父道、父亲是连在一起的,那天命、天道、天心也是关联为一体的。对我来说,从高中起,就已决定对中国文化的阐释与发扬注定会是我一辈子的活动、实践性的活动。我很喜欢“素其位而行”这句古典话语。遇到该做的事,就去做,像师大的老树保护活动就是这样。这里牵涉到传统的问题,也有老一辈和年轻一辈的争执。我参与的事情,是一定要能够有点改善的。我希望在能改变时,努力改变;不能分辨时,祈求智慧来照亮我们;如果真不行,只有“尽人事听天命”了,我总以为

未来的历史是可以见证的。

（这是2003年六月间在“国立中央大学”中文所与哲学所的讲稿，由沈宝潆、许嘉村、赖悦珊、金英子等记录，并经删修完成）

礼法体系的回归与礼法学的呼吁

□宋大琦[1]

一、理论与事实的错位

法律史学科在中国被这样定位：它既是法学的基础学科，也是史学的分支学科。中国法律史学作为法学基础学科的作用远远没有体现出来，而作为史学的分支学科却越来越琐碎，越来越边缘。这种尴尬由来已久，痛苦的是，近几年来法律史学者似乎对这种尴尬已经麻木了，懒得再去思考，甘心于讲讲"法治"故事，满足一下大众猎奇。中国古代最典型的法哲学或政治哲学是在经学之上建立起来的汉儒法哲学，它实质上也是一种史学，而且是法史学：从历史中抽绎出政治的一般原理，以为后世之法。"中国封建正统法律思想"就这样形成了。从这个范式上讲，法律史学作为"法学的基础学科"应当是能够胜任的，有成功的先例。今天的法律史学没有体现出汉儒那种在历史中重建礼法的气魄，主

① 作者简介：宋大琦，网刊《新诸子论坛》执行编委。

要还不在于学者的勇气，而在于事实和理论的错位：中国历史事实与西学法理的错位。

在中国现代，对法律定义的话语权不在法律史学而在西式的现代法理学，现代法理学是从西方的法律模式中抽绎出来的，以此来衡量中国古代法扞格不入，中国古代法本身的合法性成了问题，只有律令部分能够勉强对号入座，因此法律史学也就成了律令史学。中国法律史学是建立在中国的历史事实上的，然而却不是全面的历史事实，而是用现代法学理论裁剪了的事实。面对现代法理(西方法理)与古代事实的错位，坚持事实则入于史学之末，坚持理论则裁割历史于零碎，法律史学不能不陷于左支右绌、丢东忘西的尴尬，为史学拾遗补缺大概也是难以摆脱的命运。

面对这样的尴尬，十几年前法律史学者进行了一段时间"面对事实本身"的思考，如朱勇等中政背景的学者对明清乡规民约在事实、细节处的研究，朱苏力、梁治平等学者对民间法与国家法的理论思考等，这些研究一度使法律史学科产生了某种中兴之势。按说局部的创新和回归，可能会逐步发展到全方位的突破，但不幸的是这股创新却后劲不足，快速沉寂了下去。越是具体的东西越容易过时，而那些有较为永恒的价值的东西总是比较抽象的。冯友兰先生曾提出对于古代文化要"抽象继承"正鉴于此。面对时移世易的今天，古代法的五刑十恶、以亲伦关系定罪量刑不可能仍然适用，而法学的生命正在于经世致用而非爬梳故纸，一种毫无用处的法学很难说还有法学价值，更罔说基础性价值。面对全部历史，回到事实本身，是对中国文化强大生命力的承认和尊重，也是中国法律史学再次繁荣的光明大道。

二、礼法体系的回归和重建

律令不是中国古代法的全部。律令体系对中国古代法囊括、概括能力的局限性，绝大多数法律史学者恐怕都有所认识，然而学科性的不自信造成了他们在宏观方面不能打破律令体系。按照学科划分，法理学或者法哲学是规定法学学科基本问题的上级学科，而法律史和其他本门法学科只能服从整体的学科划分和角色安排。学科划分是一种霸权性知识，它模仿行政体系中的科层制，通过教育科研体系给每一学科规定以固定的任务和职能，当事实与理论不符的时候，强大的知识权威压力使学者不敢指出理论错了，而是裁剪事实以适应理论，后学者更是一开始就在这种知识话语中长大，既成思维如终生难以摆脱的梦魇，法律史学的一些成见也在其中。以律令体系为标准的法律史研究模式曾经对中国法学作出过巨大贡献，使法律史在上世纪八九十年代一度成为显学，然而很长时间以来也成为制约学科进一步发展的樊笼。一些学者在研究对象和视野上有不少局部创新，但对长时间形成的传统并无实质性挑战，只能对律令体系形成拾遗补缺的作用。除了细节上的面对事实之外，我们还需要有观念上的一个整体的转变，这种转变决定了视角、视域、研究范围和重点的扩大和转变，也决定了更高层次的新观念、新理论的产生，它就是从律令体系到礼法体系。

对于中国古代法的“礼法”特征，学者们早已经认识到，已有很多论述。俞荣根先生与其高弟龙大轩、吕志兴编著的《中国传统法学述论——基于国学视角》一书第一次明确提出了“礼法学”的概念，该书将中国法律史学分为礼法学、刑名学、律学等七个部分[①]，在第二部分对“礼法学”的历史进行了全面的梳理，指出“中国古代法学在一定意义上就是礼法学，而礼法学也可以称为儒家

① 俞荣根、龙大轩、吕志兴：《中国传统法学述论——基于国学视角》，北京：北京大学出版社，2005年。

法学”[①],1840年鸦片战争之后,中国社会面临三千年未有之巨变,清末修律接受了西方法律体系,“遂使延续了数千年的礼法体系宣告终结,长期处于主流地位的儒家伦理法思想从此瓦解。至此,礼法学不但从政治法制的实践中退出,也从学术舞台上淡出”。现实制度和指导理论随着历史条件变化是正常的,然而因此裁剪削割已经存在过的历史,就不正常了。一百多年来以西释中、以西律中的法律史研究是“力图把自己涵化到西方今天的法文化话语体系中去”,其结果“使中国法律史丧失自我,几成西方法律史的一个分支”。[②] 中国古代法学多大程度上是礼法学且存而不论,该章节对现代中国法律背景下学者们对礼法关系反思的重要文献做了一个较为全面的梳理,故本文不必再行罗列,我们看到,中国古代法的“礼法”特征不是一个独出之见,而是引起了学者们普遍反思的、萦绕在大家心间的一个念头,只是一直没人大胆说破:中国古代法就是“礼法”,中国古代法的完整体系是礼法体系而不是律令体系。另外,该书将中国法律史学分为礼法学、刑名学、律学等七个部分,也使礼法学与律令、刑名等区分了开来,礼法学更注重思想史,注重基础性学说,而技术细节问题归入律令、刑名之说,如当今基础法学与部门法学之分工。显然,从思想史与制度史的比较来看,礼法体系的观念比律令体系更加显而易见。

《中国传统法学述论——基于国学视角》一书侧重于对礼法学的学术史的梳理,而对礼法关系做最全面思辨的,无疑是马小

① 俞荣根、龙大轩、吕志兴:《中国传统法学述论——基于国学视角》,第43页。

② 俞荣根、龙大轩、吕志兴:《中国传统法学述论——基于国学视角》,前言、第7页。

红的《礼与法:法的历史连接》一书。[1] 马小红认为,中国传统法是礼与法的共同体,一百年来法律史研究的最大失误是过于强调礼与法的对立和矛盾,把礼排斥于法律体系之外,以至于研究对象失去了真实性而不知[2];礼的主要内容就是阐述中国传统法的价值追求,兼有神权法、自然法、习惯法的特点,在整个法律体系中,礼规定一些基本原则,有类似宪法的作用[3]。以该书逻辑,对中国传统法的研究应以礼法为对象而不是局限于律令是应有之义,涵括广泛的"礼法"才应该是法律史学真实和全面的对象,之后,该书直接以礼法的视角研究了传统法的一系列问题。

俞荣根、马小红两位教授的思考和总结有里程碑作用,此后,近些年从文章数量来看,有关礼法关系、中国法律史研究对象究竟应该是礼法体系还是律令体系的思考热明显降低。一方面,新作者大都是法律史学初涉者,其内容半数是对荀子礼法思想的考察,其思考范围和深度不出前人;另一方面,成熟学者继续对礼法体系进行的深入思考集中于几个人,这期间,史广全于 2006 年出版了《礼法融合与中国传统法律文化的历史演进》,曾宪义、马小红于 2012 年出版了《礼与法:中国传统法律文化总论》,张仁善于 2013 年重新修订出版了《礼 法 社会——清代法律转型与社会变迁》一书。这说明,对于礼法学的建设问题,学者已经从对礼法关系的思考走向了以体系重建的"实干"阶段。这期间还值得注意的一本书是杜文忠教授的《法律与法俗:对法的民俗学解释》,该书对中国古代法律体系涉及范围的思考广度进一步加大,提出,作为中国古代法主导文化的儒家有社会本位主义而不是国家

① 马小红:《礼与法:法的历史连接》,北京:北京大学出版社,2004 年。

② 马小红:《礼与法:法的历史连接》,自序第 4 页、正文第 66 页。

③ 马小红:《礼与法:法的历史连接》,自序第 4 页、正文第 77 页—第 81 页。

本位主义的倾向，在“天下”治理的问题上，其最终目的在于“一同于俗”而不是“一同于法”，故历代王朝大多以风俗而论法议治，“法俗”遂为中国古代王朝法制的基本属性，“法俗”包含俗、礼、律、例这些要素，它们共同成为中华法系的构成形式。[①]

第一本直接以“礼法学”命名的专著是宋大琦的《程朱礼法学研究》[②]，该书与以往的研究不同的是，它不再对礼法关系进行过多的辩驳，而是直接以“中国古代的法律体系是礼法体系”为前提，进行了古代法价值和基本原理层面的研究。这是一本偏向于法哲学的思想史专著，以程朱理学为基础材料，从理学家对“理”、“礼”的论述中发现一套系统的法哲学。作者在研究过程中发现，如果仅以律令体系为依据，对中国古代法进行价值基础、天道依据、基本原理方面的研究几乎是不可能的；换言之，之所以学者长久不能从中国古代法中概括出一套价值原理、超验基础，是因为以往的研究是以律令体系为标准的，而古人向来以礼法为一体，基础层面的论述大都在论“礼”中而不是论“律”中。律被视为申韩小道，而礼才是秩序基础。同一发现在俞荣根先生主持编撰《中华大典·法律典·法律理论分典》时也被反复提及。[③] 俞先生发现，“中华法系的特色与精义在于‘礼法体系’，‘律令’生于‘礼法’，合于‘礼法’，‘礼法’统摄‘律令’。《法律理论分典》数据的搜集范围，如果囿于‘律令’体制，那就相当有限，甚至会使人感觉有

① 杜文忠：《法律与法俗：对法的民俗学解释》，北京：人民出版社，2013年。

② 宋大琦：《程朱礼法学研究》，济南：山东人民出版社，2009年。

③ 俞荣根主编：《中华大典·法律典·法律理论分典》，成都：西南师范大学出版社、巴蜀书社，2011年。

些‘贫乏’”[①]。后来，他“按照‘礼法体系’，第一阶段就汇集了1500万字的原始资料，经不断筛选调整、去芜存优、去粗补精，最后完成790万字的编撰任务，成为一部四大卷的巨帙”[②]。当然，这个改变绝不是为了多出字数，而是礼法体系的水到渠成，俞先生在事后总结说：“这是一个古籍整理项目。编纂者满怀对中国传统法律文化的守望之责于传承之殷，在资料收集范围上突破‘律令体系’的框范，回归‘礼法体系’的本貌。”[③]《中华大典》是以《永乐大典》为标杆的文化项目，其地位和意义不言而喻，《法律理论分典》的成书对于中国法律史学的意义十分重大，这么重大的项目采用了礼法体系，意味着起码在中国法律思想史领域，礼法体系已经正式登场，礼法与律令之争已经告一段落，今后中国法律思想史的研究应当整体转型以礼法体系为对象了。但是，我们也应该看到，上面的突破主要是在思想史领域，而在制度史上，重要的突破尚未出现，礼法学的繁荣，还有待于大量的自觉以礼法体系为指导的制度史研究成果出现。

与法律史学界踏实而艰难的步伐相比，哲学界、史学界的一些学者不在庐山之中，往往更容易看清庐山真面目。在他们很多

① 俞荣根：《在谨守中变通　在整理中创新——编撰〈法律理论分典〉的二三事》，徐永康、高珣主编，中国儒学与法律文化研究会2012年学术年会论文集：《儒学与法律价值观》，长春：吉林人民出版社，2013年，第317页。

② 俞荣根：《在谨守中变通　在整理中创新——编撰〈法律理论分典〉的二三事》，徐永康、高珣主编，中国儒学与法律文化研究会2012年学术年会论文集：《儒学与法律价值观》，长春：吉林人民出版社，2013年，第322页。

③ 俞荣根：《在谨守中变通　在整理中创新——编撰〈法律理论分典〉的二三事》，徐永康、高珣主编，中国儒学与法律文化研究会2012年学术年会论文集：《儒学与法律价值观》，长春：吉林人民出版社，2013年，第322页。

人看来，中国古代法是“礼法”似乎不成问题，汤一介先生2012年在北大学报上发表了《儒家的“礼法合治”》一文，以高屋建瓴的哲学视角分析了中国古代法的礼法特质，并指出回归礼法的认识对当代法哲学和中国现代社会的秩序建设有重大意义。中青年学者对此持有明显见解的也不乏其人。

三、礼法学的前途和意义

回归礼法体系将极大地扩展中国法律史学的研究领域。既往的中国法律史学局限于律令体系，主要是律令在显性层面更符合现代西法标准，这使法律史的研究范围受到很大限制，大量“不合标准”的礼俗典章及相关思想被排除在外。近些年，律令体系的研究早就进入了精耕细作的年代，想取得一点点创新都很难，每年的博士论文选题对学生都是严重的折磨，能说的都被前人说了，够分量的新材料、新问题很难发现；为了出新、出奇，导致出偏、出怪，大量的才华和精力浪费在非常琐碎的枝节上，比如研究清末法律修订馆有几把椅子、厕所的门朝哪边开等等。回归礼法体系会使法律史的研究视域豁然开朗，很多被各个学科分割或者按现在学科分别无法归类、每个学科都拒绝的宝贵传统文化会涌入我们的视野，法律史研究很可能会迎来一次喷发。俞荣根先生在多个场合表示过，以礼法体系的视野来看，我们的法律史连一半还没研究到呢！回归礼法体系，将为法史学的繁荣以及为整个中国法学的繁荣开辟天地，打下基础。

回归礼法体系对“汉语法学”的创造和繁荣有重要意义。此处的“汉语法学”并不是精准指向许章润教授所倡之“汉语法学”，它是指，中国作为一个过去的文明古国、当今的世界大国，应该有自己的一套法律说辞，包括术语、价值原理、文化特质等等，无此，无以树立自己的文化主体性。百年以来似乎我们已经有了一套用汉语表达的法律术语等等,但中国特色并未显出,说到底,还是要“尽力把自己涵化到西方今天的法文化话语体系中去”[①]。律令体系的大行其道与“涵化”互为因果,律令最符合西法标准,因此便于涵化;以律令为标准,把不能、不便“涵化”的更重要的特质排除于法学之外,则“整个儿法律文化”便也被涵化了进去,客观效果上,这几乎是一场抹杀、消灭中国传统法律文化的合谋。将西法标准的文化片段切割下来,以此为基础建立法学,只能是一种西方法学的附庸、西方标准普世性的证明,不可能树立起自身的主体性。只有回到真实的、全面的传统,才能解释我们这个民族的生命力,也才能从中发掘出继续生存下去的能力。法律文化是民族生命的极其重要的组成部分,法律文化的现代化走局部切割、削足适履的道路教训深刻,返本开新,全方位的、内生的现代化才是健康的、自然的。现代的“汉语法学”应该从传统法律文化土壤里合乎逻辑地生长出来,礼法体系的回归和深入将为其提供丰厚土壤。

回归礼法体系可能还有重大的现实政治意义。学术总是要回归于现实问题的,尤其是法学,如果对现实政治毫无作用,它就应该归入考古学等其他学科门类了。改革开放三十多年以来,中国政治日益面临合法性危机,执政党十几年前就力图重建一种新型政治哲学,但一直收效甚微,自由主义者亦一直追求现代的政治制度及政治哲学,然而其政治哲学一直是拾西人牙慧,没能在本土扎根。如果现代性追求不能用自己民族的、古典话语述说出来,那么它与传统之间就是断裂的,是外来的入侵者,不能获得传统文化的认可,即使动用武力大力摧毁和改变传统,也不能把吾土吾民全变成一张白纸,可以任意作画——如果那样真的成为现

① 俞荣根、龙大轩、吕志兴:《中国传统法学述论——基于国学视角》,前言第7页。

实，历史就变成另一群人的历史，亦不可再谓中国人的历史。出于学科分工的自卑，法律史学者没有普遍自觉地把重建政治哲学当作自己的任务，现在看来，它正是礼法学的任务，法律史学者在这方面有天然的优势，当然，前提是法律史研究得回到礼法体系，而不是继承把自己定位为从历史中总结一些零星经验或者讲讲至今仍能引起一些人的好奇心的案例故事。近些年来，一些儒家学者建构、提出了自己的政治哲学或法哲学形态，他们所借助的资源恰恰是我们法律史学者所熟悉的那一部分，只要换个角度，同样的材料将发挥不同的作用。回归礼法体系，重建礼法学，不但法律史学可能以此提高自己的学科地位，而且中国本土的法哲学和政治哲学可能也会借此产生。

当代儒家学派评介

儒学展开的新向度：略评彭永捷的“体制儒教”

□周良发[①]

【内容摘要】与此前学界局限于“儒教是不是宗教”的学术争论不同，新世纪以来的儒教研究路径转向儒教体系的重构。作为极具现实感的学者，彭永捷将学术视角从学术史的考察转向当下的现实关怀，以儒教体制化与儒教的革新来构建儒教新的理论体系。“体制儒教”是当前儒教重构思潮的一种，它的出现很大程度上标志着儒学复兴路向的新展开。

【关键词】儒学；彭永捷；体制儒教

1978年12月，在南京大学中国无神论学会成立的大会上，任继愈先生推翻“五四”以来的定论，提出“儒教是宗教”的观点。此论一出，一石激起千层浪，引起学界激烈的探讨与争鸣：认为儒教是宗教者有之，认为儒教非宗教者有之，认为儒学具有宗教性者有之。但令人遗憾的是，20多年的儒教激辩并未产生一个让人普

---

① 作者简介：周良发，安徽理工大学思政部讲师。

遍接受的答案,反而呈现出更大的歧异。有鉴于此,彭永捷将学术视角从学术史的省察转向当下的现实关怀,以儒教的体制化与儒教的革新为基底,提出“体制儒教”的理论构想。笔者不揣冒昧,通过研读彭永捷的相关论著,拟对他的“体制儒教”作一系统的梳理与分析,以此统窥其基本内涵和脉络趣旨,并提出一些尚不成熟的浅薄之见。不妥之处定当难免,恳请彭永捷先生及学界专家批评指正。

一、“体制儒教”的背景论略

历史多次证明,任何一种学术思潮的出现或学术流派的兴起均不是凭空产生的,而是有着深远的思想渊源和厚重的时代背景。彭永捷的“体制儒教”亦不例外。总体而言,“体制儒教”的泛起与当前儒教重构思潮的勃兴密切相关。进入新世纪以来,儒教问题依然是儒学研究领域的一个热门话题。但是,与1978—2000年学界局限于“儒教是不是宗教”的学术争论不同,新世纪以来的儒教研究以构建儒教新的理论体系为核心议题。正如董琳利所言:此次儒教重构是“对20世纪初康有为开启的以宗教方式寻求儒家组织化存在方向的接续,以及对近代制度化儒家解体后儒家文化‘魂不附体’困境的重新思考”[①]。

事实上,新世纪的儒教重构思潮发端于大陆新儒家的“儒教国教说”。关于新世纪以来儒教重构的提出历程,我们可以作一扼要概述:2003年,康晓光发表《文化民族主义论纲》(《战略与管理》2003年第2期)一文,拉开了当前儒教重构的序幕。该文正式提出要接续康有为的孔教事业,通过建立一种渗透到人们日常生活之中的、与现代社会相适应的民族宗教来重构儒教。此后,康晓光陆续发表《仁政:权威主义国家的合法性理论》(《战略与管

① 董琳利:《理论方案、组织实践与未来趋势——儒教重建十年扫描》,《社会科学》,2011年12期,第135—141页。

理》2004年第2期)、《我为什么主张“儒化”——关于中国未来政治的保守主义思考》(2004年11月在中国社会科学院研究生院的演讲)两篇文章,系统阐述他的“儒教复兴”论。2004年3月,在中国社会科学院哲学所举办的“儒教与东亚的近代”学术研讨会上,彭永捷提交《论儒教的体制化和儒教的改新》一文,明确提出“儒教体制化”的主张,并接连发表《当代文化建设中的儒教问题》(《中国人民大学学报》2007年第1期)、《认识儒教》(《社会科学》2011年第11期)等文,进一步阐述他的“体制儒教”论。与彭氏同时,蒋庆提出“儒教重建”说(《关于重建中国儒教的构想》,《中国儒教研究通讯》2005年第1期),张祥龙提出“儒家文化保护区”说(《重建儒教的危险、必要及其中行路线》,《现代哲学》2007年第1期),陈明提出“公民宗教”说(《对话或独白:儒教的公民宗教说札记》,《原道》第十辑,首都师范大学出版社2007年)。这些学术现象充分表明:儒教重构思潮已经强势登场,在大陆学界逐渐推展开来。

作为当前儒学复兴运动的一种,儒教重构思潮不能不引起社会各界的广泛关注。2005年9月,在武汉召开的“第七届当代新儒学国际学术会议”上,方克立先生因故未能出席,但在贺信中提出了“现代新儒学第四阶段——大陆新儒学”的新课题,并以《甲申之年的文化反思——评大陆新儒学“浮出水面”和保守主义“儒化”论》(《中山大学学报》2005年第6期)发表,从马克思主义学术立场出发,对大陆新儒学的“儒教”祈盼和保守主义“儒化”思潮作出了颇为详尽的论析。作为现代新儒学研究的权威专家,方先生认为大陆新儒家的一个重要特点就是把现代新儒家心性化、形上化的儒学重新政治化、宗教化,强调要从“心性儒学”走向“政治儒学”,从“复兴儒学”走向“复兴儒教”。[①]

① 方克立:《甲申之年的文化反思——评大陆新儒学“浮出水面”和保守主义“儒化”论》,《中山大学学报》,2005年第6期,第1—5页。

二、"体制儒教"的基本义旨

何谓"体制儒教"？彭永捷并未给出一个十分精确的定义，只对"作为制度化的儒教"与"作为体制化的儒教"略作区分：前者是指作为政治权力结构组成部分的存在方式，后者是指作为民间社会结构组成部分的存在方式，直白地说，前者属于上行路线，后者则是下行道路。在"体制儒教"的理论构建上，彭永捷从儒教重构的必要、面临的困境以及重构的路径三个层面加以阐释。

（一）儒教重构的必要

自汉武帝"罢黜百家，独尊儒术"以来，儒学就从诸子百家之一种跃升为"唯我独尊"的制度化儒家。两千多年以来，在以儒取士的科举制度、与政治结合的儒教体系、以儒家伦理组织的宗族制度的共同维护下，儒家牢牢占据着国家主流意识形态的地位。但是，随着中国社会由前现代向现代转变，儒家思想在现代社会被连根铲除，制度化儒学彻底瓦解。面对儒家价值系统的崩溃、意义结构的解体、自我意识的丧失的社会现实，康有为积极为它探寻一条重建之路。他参照西方政教结合的模式，力图将孔教国教化重构制度化儒家。在彭永捷看来，康有为孔教国教化的努力注定要失败，因为在现代化历程中，佛、道二教均能够顺利地延续其体制化存在，唯独制度化儒家走向末路，这深刻说明制度化儒学已经成为历史，体制化才是当前儒教重构的基本方向。

与康有为孔教国教化的"上行路线"不同，当代中国的国民教化（也就是"下行路线"）是彭永捷儒教重构的出发点和最终归宿。他认为，世界上任何一个民族都拥有为其成员提供基本生活价值观的主流宗教。对于大多数中国人来说，尤其是对汉民族而言，为我们讲述父慈子孝、兄友弟恭与仁义礼智信这些日常生活之道的主流宗教，正是儒教。经过多年的历史分析与逻辑推演，他坚信当前的重构儒教是重塑国民信仰的必要形式："儒教的教义把成贤成圣的自我超越和洒扫应对、居家处日的日常伦理结合得很是圆融，在中国历史上承担着国民教化的责任，是过去国民教化的最主要方式。在当代，儒教与吃斋念佛的佛教、养生登仙的道家也大为不同，更适合承担起国民孵化器的作用。”[①]他进而认为，儒教的价值观与大陆及港台海外的中国人的价值观具有一致性，因而有利于提升整个中华民族的认同感和凝聚力。由此看来，彭永捷从体制化角度重构儒教并非标新立异，亦非哗众取宠，而是回归儒家本身的原本形态，使其“是其所是”。换句话说，透过儒教视角我们可以清晰地发现，它可以提供和传播最基本的生活价值观，教化国民正是儒家文化的主要功能。基于此，他认为不再依附于国家政治的、直接扎根民间社会的、教育国民生活常道的“体制儒教”乃是当前儒家文化最有可能的发展前途。

（二）儒教重构的困境

虽然儒教重构成为当前儒教研究的前沿话题和热门话题，但对于大多数中国人来说，重构儒教依然面临多重困境，主要有观念的、宗教的、政治的、情感的、社会的，甚至可以说涉及当代社会的各个层面。在如此众多的困境之中，彭永捷认为反传统、反儒学与反宗教是“体制儒教”重构面临的最大难题。

1.**反传统**　所谓“反传统”，就是蔑视传统、鄙视传统甚至敌视传统，它是一种根深蒂固的新文化思维模式，自五四运动兴起至“文化大革命”达到顶峰。略懂一点中国历史的人便知，近代以来所遭受的空前的挫折与显赫的历史之间的巨大反差促成了国人强烈的反传统的文化心态。事实上，这种文化心态已经烙在整个民族的心理深处，积淀成百余年来中国人的深层文化心理。这种反传统思维首先表现在清末民初之际的中国知识分子身上，从而造成他们对待传统文化的态度显得极其幼稚与浅薄，不仅影响了

① 彭永捷：《当代文化建设中的儒教问题》，《中国人民大学学报》，2007年第1期，第28—32页。

国人对传统文化的理性认知,还阻碍了儒教重构的新展开。令人欣慰的是,随着中国综合国力的逐步提升,国民自信力的不断增强,人们开始以平和的文化心态对待民族文化。循此思路,彭永捷坚定地说:"在儒教体制化问题上,可以想见这种反传统的新文化传统仍是顽强的障碍,但也有理由相信,情况会变得越来越好。"[①]

2.**反儒学**　儒学作为中国传统文化的主干,对中华民族性格和民族精神的形成具有不可替代的作用,对中国社会的影响力也最大,居于中国思想文化的核心地位。所以,近代以来形成的反传统思潮中,反儒学自然成为其主要基调,时至今日依然如此。这样的例子俯拾皆是,兹举两例以表一般。其一,中国人民大学接受社会捐赠在校内竖立孔子铜像,还要顶住个别受某种思想影响较深的人士"为什么不为马克思竖像"的诘难。据说校方的答复是:并非不为马克思竖像,只要社会上有捐赠,我们同样会在校园为马克思竖像。其二,中国人民大学成立孔子研究院竟然还会受到"你们要改变人民大学颜色"的政治性质问。学校领导的回答是:我们并未改变人民大学的颜色,成立孔子研究院只能说中国人民大学的颜色更丰富了。由此可见,儒家在一些中国人的心目中依然是"封建残余"、"社会毒瘤"的同义词,是中国腐朽落后的总根源。在整个社会对儒家思想缺乏同情了解,反儒学情绪尚未完全消解的前提下,重构儒教面临多大的压力是不难想象的。

3.**反宗教**　由于有着"落后就要挨打"的历史记忆,近代以来的中国人把科学当成拯救苦难中国的两大方式之一(另一个是民主,这几乎成了"五四"一代知识分子的共识)。而宗教则被视为科学的对立面,是愚昧、落后、野蛮、迷信与蒙昧的代名词,甚至被认为是"精神的鸦片",麻痹人们的心灵。长期以来,对科学的疯狂迷恋和对宗教的狭隘曲解左右了人们对宗教的态度,更遑论对

① 彭永捷:《论儒教的体制化与儒教的革新》,选自王青主编《儒教与东亚的近代》,石家庄:河北大学出版社,2007年,第144页。

宗教文化、宗教功能与宗教意义进行系统和深湛的研究了。不可否认,近年来学界充分肯定宗教在解决人们终极关怀方面、传播民族文化价值观方面、维护社会稳定方面、加强民族凝聚力方面发挥的积极作用。但是,若要改变全体国民对宗教的固有偏见,将儒教变成让人们普遍认同的宗教依然困难重重、前途茫茫。

应当指出的是,虽然当前儒教重构存在种种困境,但彭永捷似乎对"体制儒教"的远景信心十足:儒家文化是一个源远流长的文明体系,经过先秦、两汉、魏晋、宋明直至近现代的数次大起大落和大的变革,经历了与现代社会的洗礼和磨合,因而具有重新以体制化方式来满足正在兴起的大众宗教需求的可能性。①

(三)儒教重构的路向

作为"体制儒教"的倡导者,彭永捷不再关注"儒教是不是宗教"的传统论域,而将学术视阈转向当下的现实社会,并尝试从体制化儒教与儒教的革新两个方面来重构儒教新的理论体系。

1.**体制化儒教** 如前所述,体制化儒教是儒教落实于民间社会的一种方式。作为一种民间化、生活化、大众化的宗教理论,体制化儒教是以儒术、儒学与儒教三者互动呈现的,三者虽然互相影响、互相制约,但不能互相替代。详而言之,儒术是儒学落实于社会的方式,儒教是儒学落实于人心的方式。如果离开儒学落实于社会的儒术,离开儒学落实于人心的儒教,儒学便成为无法着落的学问、四处飘散的游魂。② 在彭永捷看来,体制化儒教正是通过此三者的互动而落实到人们的日常生活之中。在儒家思想与政治权力脱钩的今天,儒术自然成为审视、理解和诠释儒学与现实的最佳方式;儒学虽然不再是官方意识形态,但它对当代政治生活的制度安排仍有积极意义;至于收拾人心、安身立命等凡个

---

① 彭永捷:《论儒教的体制化与儒教的革新》。

② 彭永捷:《认识儒教》,《社会科学》,2011年第11期,第104—111页。

人精神生活之种种乃由儒教统摄，可作为个人解决宗教信仰的一个选择。在“体制儒教”理论体系的构建上，彭永捷不仅周详论析了儒教如何落实于现实层面，还对其如何落实作了历史钩沉。从历史上看，儒学在先秦时期并未登上政治舞台，只是一套寻求影响政治的学说。到了汉代，儒学一变而为儒术，跃升为治国的意识形态。正是经历了儒学向儒术的转变，儒学的“外王”才得以落实，即儒学的核心义理落实于社会治理方面。及至宋代，儒学一变而为儒教，在存续“外王”的同时回归儒家之“内圣”，强调儒学是发明本心、切己修身的“为己之学”。有鉴于此，彭永捷认为宋代儒者以“道体”方式为儒家人生观安置了一个新的出发点，从而得以与佛、道二教一样应对人生问题。

2.**儒教之革新**　肯定儒教的作用、重建儒教的祈盼和呼吁儒教的入场，并不意味着儒教可以直接亮相，它仍然需要大刀阔斧的自我革新与自我完善。在彭永捷看来，宗教仪式和教义是儒教改革最核心的内容：(1)儒教仪式的革新。作为一种历史宗教，儒教不仅仪式十分繁琐，而且内容以祭祀为主，主要包括祭天、祭地、祭社稷、祭日月山川，与人们的日常生活关系不大。当前的儒教建设应当具有与人们的日常生活相近的宗教仪式，拉近与人民群众的距离，便于人们接受儒家教化。也就是说，在当代文化中“在场”的儒教，应当从以皇权政治为中心的国家宗教彻底向切乎百姓安身立命和人伦日用的民间化宗教转变，应该具备恰当的宗教仪式，把它与普通民众直接联系起来。(2)儒教教义的革新。作为一种国家宗教，儒教曾经与皇权、族权、夫权相结合，和儒家伦理纲常相关联，其中有的内容已被现代生活完全抛弃，有的内容必须创造性转化才能发挥作用。当今之世，人们如何利用儒教资源修身养性、应对生死，涉及儒教教义如何与当下生活相契相融的问题。在彭永捷看来，儒教重构必须关注人的精神焦虑，人的社会关系，人的信仰层面与人的终极关怀。就学理思路而言，“内圣”开“外王”是传统儒家的践履方式与人生纲维，现代儒者应反其道行之，由“外王”而“内圣”，即在现代“外王”带来的现实困境中反观“内圣”之道。

不可否认，彭永捷体制化儒教的致思路向确有独到创见，将儒家传统“为学”与“学道”的双重维度结合起来。但由于“体制儒教”理论构建尚处于探索阶段，因此大体看来略显空洞乏力，缺乏有效的力度。如何充实、丰盈这一形上体系，我们只能企盼彭永捷作出更具卓识的理论阐释。

三、“体制儒教”的粗浅评判

作为一个正在发展和不断完善的宗教现象，新世纪以来的儒教重构思潮已经获得多向度、多侧面展开，及时梳理与总结近年来儒教研究成果对当代中国文化建设具有不可忽视的参考价值。从现有的资料来看，彭永捷尚未写出一部学思兼重、体系宏阔的“体制儒教”论著，只有几篇学术论文。尽管只是寥寥数篇文章，却不可等闲视之，在简洁明了的语言中豁显了“体制儒教”的基本构架，展扬了“体制儒教”的未来前景，深化了人们对当前儒教研究的理性认知，很大程度上标志着儒学复兴运动的新展开。不过，当前儒教重构应当格外注重其发展路向，尤其是在理论构建与社会实践两个层面，这是儒教重构过程中最容易出现问题的地方。

1.**在理论构建上，不能重走历史旧路。**“体制儒教”是否会重走制度化儒教的旧路，从而再次出现一个与国家政治紧密结合的儒教？这是许多反对重构儒教论者最担心的问题，他们认为此举对于儒家可能造成某种灾难。平心而论，这种担心不是杞人忧天，而是有着深刻的历史教训。百余年前，康有为孔教会运动不仅未能实现孔教国教化，还将儒家置于极其危险的境地，致使“五四”新文化派对儒家传统进行了极其惨烈的批判。“体制儒教”是否会重蹈覆辙，它果真能够成为民间化的普通宗教吗？虽然彭永捷多次声称体制化儒教与制度化儒教是两种不同的致思路向，可是学术思潮的发展趋势不是某个人能够轻易左右的。即使彭永捷“体制儒教”的理论构建不会滑向历史旧路,但谁又能确保实践过程中不会再现康有为的闹剧,不会沦为某些别有企图之人牟取利益的工具?这是彭永捷重构儒教理论体系必须面对的现实问题。

2.**在实践过程中,不能违背宗教政策。**作为社会意识形态之一种,宗教与社会的经济、政治、文化问题交织在一起,对社会发展与稳定产生重大影响。从社会发展现状来看,宗教会长期存在并发挥作用。对彭永捷而言,“体制儒教”若要走良性发展道路,必须时刻检视其教义教规和机构组织,避免在民间社会无序发展,防止出现儒教异端组织或邪教组织利用儒教进行违法犯罪的现象。与此同时,应当高度警惕和抵制境外敌对势力利用“体制儒教”进行渗透与破坏活动,确保其发展的自主性与纯洁性。从发展前景来看,“体制儒教”必须认真贯彻国家的宗教政策,始终与中国的政治制度相适应,不能走到中国政治制度的对立面。尤其是在“体制儒教”的实践过程中,绝对不能违背国家的宗教政策。

儒道融通
——《内道外儒:鞠曦哲学思想述要》序

□黄玉顺[1]

孙铁骑博士撰成新著《内道外儒——鞠曦哲学思想述要》,要我做序,我很高兴地接受了,盖因两层缘由:一是因为此书的主角鞠曦先生,不仅是我信赖的朋友与敬重的兄长,而且作为海内知名的民间学者,其思想学术堪称别具一格;二是因为此书的作者孙铁骑博士,不仅在他跟我做博士后工作期间,我们合作愉快,其思想学术水平给我留下了颇深的印象,而且这部书稿再次加深了这种印象。

我与鞠曦先生的结识,渊源于1997年夏季,四川人民出版社委托我主编"追寻中国精神丛书"。该丛书设计为一套四种著作:《中国之自由精神》、《中国之民主精神》、《中国之科学精神》与《中国之伦理精神》。到1998年夏季,其中三种著作的作者均已确定,唯有《中国之科学精神》的作者尚无着落。当年9月,我应邀出席在河南安阳举行的第九届"周易与现代化"国际学术研讨会。

① 作者简介:黄玉顺,四川成都人,现任山东大学教授、博士生导师。

我做大会发言的时候,鞠曦先生担任评议人。起初,我发现旁边坐着一位道士装束、目光炯炯的先生,当时虽觉诧异,但也没太留意。及至我发言完毕,轮到他评议时,我才大感惊异:这位道长竟然如此学识广博、见解独特!当晚,我到他下榻的客房登门拜访,结果更令我刮目:这位并非道士的"道长"不仅谙于中西哲学,而且精于科学技术!于是,我当即邀请他撰写《中国之科学精神》。此后便是频繁的信件交流。1999年夏季,我上了鞠曦先生的隐居地长白山,再次登门拜访。2000年,鞠曦先生的第一部著作《中国之科学精神》作为"追寻中国精神丛书"之一正式出版。[①]

这套"追寻中国精神丛书",著名学者邓伟志先生曾评论道:"这四本书很厉害。如果允许我概括的话,这四本书可谓:'自由颂'。"[②]我不知道邓先生为什么这样概括,我的理解,其言下之意,不仅中国的"民主精神"和"伦理精神"可以归结为"自由精神",而且中国的"科学精神"同样可以归结为"自由精神"。我认为,这个概括是精准而深刻的。这就是说,鞠曦先生所著《中国之科学精神》其实也是"中国之自由精神"的一种体现。这是因为:没有思想自由,就不可能有包括科学昌明在内的理论原创。这正是当代中国的根本问题之一。我当时主编这套丛书,是我正式提出"生活儒学"(2004年)[③]、"中国正义论"(2009年)[④]之前在政治哲学层

---

① 黄玉顺主编:"追寻中国精神丛书",成都:四川人民出版社,2000年。丛书包括四种:《中国之自由精神》(黄德昌主编)、《中国之民主精神》(张小平著)、《中国之科学精神》(鞠曦著)、《中国之伦理精神》(林存阳著)。

② 邓伟志:《新千年日记:思想之旅》,上海:华东师范大学出版社,2001年,第258页。

③ 黄玉顺:《关于"生活儒学"的一场讨论》(2004),见《面向生活本身的儒学——黄玉顺"生活儒学"自选集》,成都:四川大学出版社,2006年。

④ 黄玉顺:《中国正义论纲要》,《四川大学学报》,2009年第5期,人大复印资料《伦理学》2010年第1期全文转载。

级上的一些初步思考的结果，其核心是“中国的自由精神”。所以，有学者称我为“自由主义儒家”，我是比较认同的，尽管我未必认同“自由主义”这个标签。我所说的“自由”远非西方自由主义政治哲学所谓“自由”的含义，并且不仅仅是政治哲学层级上的含义。

鞠曦先生的思想学术之所以别开生面、别具一格，正是这种自由精神的结果；而且，进一步说，在我看来，这是儒家的自由精神。在该丛书的总导言《追寻“现代性”之根》里，我写过这样的话：

> 在自由的追求上，儒家追求“入世的自由”，道家追求“忘世的自由”，释家追求“出世的自由”……儒家是要在在世的人伦常态中实现其价值，道家是要在避世的自然状态中实现其价值，释家是要在超世的智慧境地中实现其价值。①

显然，鞠曦先生的思想和实践，并不是“忘世”或“出世”的，而是“入世”而“在世”的；换句话说，在我看来，他的思想是儒家的。所以，我在十年之后的 2009 年 7 月第二次上长白山时，赋诗《长白山书院》，其用意之一，就是说鞠曦先生不是道家，并非什么道长或者道士：

> 今朝再度出雄关，携侣吟诗长白山。
> 露水河滨品村酒，松花江畔濯清泉。
> 人间只欲求仙佛，海内焉知乐孔颜？
> 幸赖诸生能讲习，居仁由义赋新篇！

因此，将鞠曦先生的思想概括为“内道外儒”，我觉得是可以

---

① 黄德昌主编：《中国之自由精神》，总导论“追寻‘现代性’之根”，第 7—8 页。

商榷的。

当然,我的意思并不是说"内道外儒"这样的概括是毫无来由的。确实,鞠曦先生身上有许多似乎可以被视为道家乃至道教的东西。例如,最显著的一点,就是他长年隐居于长白山。然而,隐居未必就是"忘世"或者"出世",毕竟"隐"并不等于"遁"。又如,他下山出席学术会议时,往往是道士装束。我曾就此问过他,但他的回答并不是道士的一套说法,而是"方便"。又如,鞠曦先生的修炼功法是许多人所钦佩和向往的。他当年遭受迫害,几乎瘫痪,正是靠了这种修炼,才得以恢复健康,乃至老而益壮、穷而弥坚;他的日常生活也极为简朴,类似颜子之"陋",近乎"一箪食,一瓢饮",凌晨打坐练功,在常人看来是严重睡眠不足,然而至今年过六旬,愈发矍铄健朗。但据我所知,鞠曦先生的功法并不是出于《道藏》,莫知所出,当属自创。又如,鞠曦先生还有一点令我印象深刻,就是医术。当年我第一次上长白山时,住在露水河,夏季湿热,下车伊始就发湿疹,他见状后,出门扯了几把草药来煎熬,叫我服下,一小时内,我满身湿疹顿消,确见神效。如此等等。

鞠曦先生还有许多如此这般的近乎传奇的故事,都容易使人们以为他是道家甚至是道士,但我觉得这只是"知其然,不知其所以然"。至于"内道外儒"的概括,大约是说鞠曦先生内在心性修炼方面是道家,外在思想学术方面是儒家。但我个人认为,即便是从内在心性修养方面来看,儒家的"心法"也是最高的,可以如孔子讲的"从心所欲"[①],随物而应,"无适无莫"[②],唯变所适。

当然,这取决于如何理解所谓"道家"、"儒家"。"内道外儒"这样的概括,在儒道对立的范式下是不无道理的,但在儒道融通的范式下则未必成立。在我看来,儒、道的思想在本源层级上或

---

① 《论语·为政》。

② 《论语·里仁》。

最高境界上其实是相融相通的，我在自己的著述中多次表达过这样的看法，并且经常引证老庄。

至于思想学术方面，鞠曦先生更显然是属于儒家的。当然，这也是在儒道对立的范式下讲的。在儒道融通的范式下，则很难说鞠曦先生的思想究竟是儒家的还是道家的。他是“自由”的。

例如，鞠曦先生思想中最重要的一个方面——易学思想，就不能简单说是道家的或是儒家的。中国哲学之“道”，包括《周易》的“易道”，乃是诸子百家通用的“共名”。所以，作为儒家的韩愈在《原道》中就说：“‘道’与‘德’为虚位。”“其所谓‘道’，道其所道，非吾所谓‘道’也。”鞠曦先生之所谓“道”、“易道”，未必意味着道家之“道”。鞠曦易学思想，可一言以蔽之：“形而中论。”这个思想出自《易传》之中两个维度的观念的综合：一方面是“形而上者谓之道，形而下者谓之器”[①]；另一方面则是“《易》之为书也，广大悉备：有天道焉，有人道焉，有地道焉”[②]。综合起来，其结果是“形而中者谓之人”，即易道的核心宗旨乃是人道。儒家当然是讲人道的，但并非不讲天道，如《中庸》开宗明义就讲“天命之谓性，率性之谓道”；但道家也有其人道，“人法地，地法天，天法道，道法自然”[③]，这里就包含了人道。

由易学思想出发，鞠曦先生建构了一个宏大的思想系统，大致可以从两个方面来看。一方面是宇宙观，他从易道“生生”的本体论承诺（不同于 Willard V. O. Quine 的“本体论承诺”），讲到“时空统一”的宇宙论、“中道”的认识论、“穷理尽性以至于命”的价值论，一直讲到个体生命安顿之道乃至医道，展现出一套“生命存在论”（迥异于现代新儒家的生命存在论）。与此相应，另一方

① 《周易·系辞上传》。
② 《周易·系辞下传》。
③ 《老子》第二十五章。

面则是方法论，他提出了极为独特的“承诺推定法”，具体为“逻辑推定”（本体论承诺与逻辑推定的统一）、“范畴推定”（价值论承诺与范畴推定的统一）、“形式推定”（主体论承诺与形式推定的统一）。这两个方面，无论是其宇宙论，还是其方法论，我们都不能简单说是道家的还是儒家的（甚至也不能说是中国的还是西方的）。[①] 他要追寻某种“恒道”。[②]

所以，在我看来，鞠曦先生的思想可以说是超越了儒道对立。这是鞠曦思想的一个非常根本的特征。

其实，儒道对立的观念本来就是汉儒的一种“发明”。春秋战国时期，伴随着中国社会第一次大转型的观念转型，其重要表现之一就是对过去学术进行一次承前启后、继往开来的总结，这体现为“辨章学术，考镜源流”的学术分类。但在汉代之前，并无“儒—道”的对立分类。例如荀子的《非十二子》，就并不是“儒—道”对立的格局。《庄子·天下》甚至将庄子和老子区分为不同的学术派别。到了汉代，“儒—道”对立的观念才逐渐形成。司马谈《论六家要旨》区分了道、儒、阴阳、墨、名、法等六家。直到刘向、刘歆父子的《七略》，乃至于班固的《汉书·艺文志》，才最终形成了儒、道等“十家九流”的格局。所以，“儒—道”对立与其说是思想史的史实，毋宁说是汉儒的一种观念建构。

所以，在我看来，鞠曦先生超越“儒—道”对立的传统观念模式，是其思想中最卓越的地方。在这个意义上，作者在书中对鞠曦哲学思想的这样一种概括，我认为是准确的：“儒道会通。”这是自由精神的一种体现：没有思想自由，就没有理论原创；没有理论原创，就没有儒道融通。

---

① 鞠曦先生的著述，可参看孔子2000网站（www.confucius2000.com）《鞠曦文集》；其代表作是《易道元贞》，北京：中国文联出版社，2001年。

② 鞠曦先生主编了辑刊《恒道》。

最后，且用我于2005年9月29日所作的一首诗《贺长白山书院挂牌并致鞠曦先生》来结束这篇序言：

闻君不畏世情艰，设帐授徒长白山。
欲把玄真导天下，要令仁爱满人间。
老庄奥妙须重订，孔孟微言当另删。
且待松江春色好，吾将再度出雄关！

2014年3月序于山东大学

共同的责任：不同的信仰呼唤人类共同伦理

——第三届“尼山世界文明论坛”学术巡礼

2014年5月23日，为期四天的第三届“尼山世界文明论坛”圆满地落下了帷幕。“尼山论坛”作为一个在海内外产生了广泛且重大影响的世界文明对话、国际文化交流的平台，除坚持民间性、国际性与开放性的本色外，更始终坚持学术性的特色，意在催生关乎世界文明共存共荣的新思想、新理论。因此，在第三届尼山论坛举行的各种各样丰富多彩的活动中，凸显学术性的三场“明湖高端对话”、两场“大会主题讲演”和八个“圆桌对话”会议是其主体，围绕本届论坛“不同信仰下的人类共同伦理”这个主题，展开了儒家与基督教的对话、儒家与犹太教的对话、儒家与印度文化的对话、儒家与巴哈伊教的对话，取得了丰硕的思想学术成果。

全球性危机中的人类共同伦理关切

本届尼山论坛的最大思想学术成果，应是提出了“人类共同伦理”(human common ethic)新概念、新理念。与会思想家、哲学家、宗教领袖和学者们深入探讨了人类共同伦理的内涵与本质，仔细分辨了“人类共同伦理”与“全球伦理”(global ethic)概念的区别,详尽讨论了多元文化背景下建构人类共同伦理的可能性与现实性,特别是深刻揭示了儒家伦理对于建构人类共同伦理的重大意义。

许嘉璐先生在首场大会演讲中率先发表的重要讲话《危机、期盼、伦理、责任:构建人类共同新伦理》,为本届论坛奠定了基调。他认为,当前人类陷入了前所未有的广泛而深刻的危机,地球上的每个地区和国家几乎都无法幸免,所有的人都将是危机的牺牲品。危机的根本原因在于无法制止道德和价值的扭曲,忽视了伦理道德的重要性。应该引起不同信仰对伦理重建这一最紧迫、最核心、最易取得共识的问题的重视,形成一个面向当下、面向世界、面向未来、寻求不同信仰下的伦理之“同”的遍及五大洲的潮流。信仰是自由的,任何时候、任何人都不能对人们的信仰横加干涉或强逼他人皈依某种信仰,更不应该因为信仰不同或以信仰为借口而对他者动用野蛮手段。不同信仰间应该并可以避免发生冲突,其关键是需要理解彼此,应该通过对话协商促进相互了解,寻找共性,消除隔阂和误解。研究人类危机的种种问题,需重新思考如何解开人类关于终极关怀的困惑。面对在危机中寻找人类出路这样一个极其复杂、艰难的问题,世界的规范就变得越必要。世界的规范,就是人类的共同伦理。伦理原始和终极的指向都是为了协调身心关系、社会关系、人和自然的关系,目的是使自己和其他社会成员生活稳定、安全和幸福,使种族可以延续下去——这是人类的宿命。今后我们可否聚焦于如何建构人类共同新伦理进行对话?核心的问题是:人类共同新伦理包含的内容和标志性概念是什么?还可以由此再逐步深入到解答衡量一个国家或地区“进步”、“发达”和一个个体、家庭和族群“安全”、“幸福”的内容、标准和指数应该是怎样的。在构建人类共同新伦理的伟大事业中,中华文化将会扮演重要角色。

美国世界地缘政治学家威廉·恩道尔(William Engdahl)认为,我们现在已经来到了人类历史的一个纪元结束的时候了,这个纪元是从14世纪15世纪的文艺复兴开始的。工业革命特别是两次世界大战以后，美国取代英国成了世界的重心。苏联解体后，美国更是成为世界上唯一的超级大国，从而开启了寡头帝国时代。然而这种一国独尊的情况逐渐受到一个有活力的、崛起的欧亚经济体的挑战，尤其是中国和俄罗斯以及某些中亚经济包括伊朗的基于公正和公平而形成的紧密同盟将为世界秩序的多极化调整带来一个新的机会，人类可以一个跟以前不同的方式创造未来。恩道尔先生对于创造一个更加安全的世界充满信心，因为他坚信，我们这个星球上绝大多数的人都希望过一种和平与和谐、体面的生活，对此世界人民之间不缺乏共性，即都希望给我们的孩子、我们的孙子、我们的后代留下一个更加安全、更加美丽的世界。而改善这个世界的有效力量是爱。对于爱来说，我们在这里并不是要强调我们之间的区别，而是希望能够在不同中寻找更多的共同伦理，尤其是创造出这样一种伦理方面的和谐。

人类共同伦理的必要与可能

法国希拉里基金会秘书长瓦莱丽·戴哈诺娃(Valérie Terranova)指出，当前的世界困难重重，环境危机迫在眉睫，民族、种族冲突此起彼伏。甚至可以说，这种自然危机和文化危机使得整个人类都面临一种前所未有的危险和冲突。以往我们大多靠资源、科技进步来解决危机，维持生存，然而这绝不是长久之计，只有从文化上、从整个人类历史的发展过程中去反思、去回顾，来重新考虑整个人类的经济、自然环境以及民族国家之间的关系，进而寻求根本的、可持续的解决之道。但是，仅仅通过文化的多元性是不可能完全解决这些问题的。每一个文化都有自己的特点，每一个国家都有自己的历史和传承，这是人类长期以来发展和演进过程中不可避免的结果。因而，在未来我们必须通过开展不同文化、文明之间的对话，进而形成合力来确保我们以一种和平的方式建立起一个更加团结、更加有凝聚力的世界，以负责任的方式处理我们之间的很多问题,包括我们的认知,我们的信仰等等。

中华文化学院第一副院长、山东大学跨文明对话研究中心主任叶小文强调,当前人类危机的根本性原因在于无法制止道德和价值的扭曲,在于忽视了伦理道德的重要性。现代性最糟糕的部分就是基于物质主义的一己私利的道德疾病,对消费主义的过度迷恋。以市场经济发展为主要方式来促进现代化,使我们的物质生活水平普遍提高,但在精神世界缺少关照,导致欲望吞噬理想,多变动摇信念。解决道德危机问题,我们不妨在市场经济发展中发挥我们中华民族的精神基因,结合资本的冲动与诚信的构建,建立和践行适应社会主义市场经济的道德和行为规范,为解决市场经济中的人类道德危机、为不同信仰的共同伦理建设作出孔夫子的后人中华民族应有的贡献。

新加坡南洋理工大学教授李晨阳指出,价值观并不是人们获得的特定所有物,而是支持人们追求到这些所有物的原因。一般来说,不同文化间的人类基本价值是相似的。在今天的世界,文化间的道德分歧经常是有关"核心价值"的,即最重要的价值,而非价值本身。因为社会和文化处于变化之中,而且价值的文化组合配置也会发生变化,就存在有跨社会及文化的不同核心价值组合配置。跨文化道德分歧通常是由于不同价值体系中各种价值的优先性存在差异而造成的。

中国人民大学孔子研究院院长张立文认为,由于有有限与无限的主体能力与愿望的冲突,生与死的此岸世界与彼岸世界的冲突,命与运的必然性与偶然性的冲突,科学与宗教的实验理性与超验理性的冲突,在此种种冲突的威胁面前,人们迷惑而不能化解,而产生恐惧,而祈求某一神灵化解威胁和恐惧,以求得解脱,于是便有宗教信仰的缘起。当前人类面临的是对于自然、社会、人际、心灵、文明危机灾难威胁的恐惧,和合学的和生、和处、和立、和达、和爱五大原则为其提供了化解的方式,也为各宗教价值理念互相对话、交流以及互相借鉴、吸收提供了一种可能。和合学融冲突而和合的价值理念可以丰富、发展各宗教的价值理念。各宗教可以在融突和合中各想其想,想人所想,想想与共,从而通达天人共和乐的价值理想的和合世界。

美国迈阿密大学教授迈克尔·斯洛特(Michael Slote)试图寻找人类共同伦理的人性基础,由此来描绘一幅人类生活图景。人的本性既不是单纯利他动机的,也不是单纯利己动机的,而应该是一种"中立动机"。有关人类道德发展的心理学著作表明,儿童天生就具有"感情移入"的能力。因此,不论我们曾经历过什么,最终我们还是会认为自身之外的其他人或其他东西本身非常重要。因此,整体的人类生活或者每个人的生活不可避免且或从本质上来说包含并表现出一种将自身向着自身之外的东西或实体进行延伸并将这些东西包含到我们生活之中的本质欲望。在对人类生活的描述中,这种"延伸性包含"是最基本也是最普遍的特征。非利已的"延伸性包含"将情感置于人类生活的中心位置。这种对整体人类生活和个人生活的描述更加全面:比弗洛伊德和霍布斯的悲观主义更加乐观,同时比感伤主义者的观点更加悲观或者说没有那么乐观。这种描述既不支持荀子对人类本性的悲观看法,也不认同孟子对人类本性的乐观态度,不倾向于任何一方,而这一立场与孔子对这些问题的认识不谋而合。这种对"延伸性包含"以及它视之为生活中心的情感所作的论述意在将我们对人类生活的理解视角从某些西方理论(例如柏拉图和康德的学说)转向中国的许多经典思想著作中所表达的观点。

香港大学教授、新加坡国立大学亚洲研究院客座高级研究员宗树人(David Palmer)认为,当前世界上的文明冲突异常严峻,而只有对话才能超越文明冲突。但是,对话还是一个不同文明之间的比较与对立,两个很不一样的实体去进行对话,但是它们还是一直会保持它们的本质性的不一样。另外一种再进一步是全球性的话语构建,就是说我们全世界在逐步走向全球性的社会和全球性的文明。在全球性的文明里面有很多组成部分,其中就会有中国儒家思想作为全球文明的一个重要的组成部分,同时西方、阿拉伯、印度也是全球文明的组成部分,共同影响着整个世界。

儒家伦理与基督教伦理

清华大学教授田薇以基督教的神爱观念为对照,探讨了儒家仁爱的普遍性与次第性,认为无论在本质上还是在施行上,儒家仁爱都不缺乏普遍性和超越性的维度,而仁爱的次第之序也因合着生生之道的大仁而成为天伦之序。儒家仁爱既包含着仁爱是什么的本质看法,也包含着怎样体现仁爱的方式和路径的理解。儒家仁爱兼具人文性与宗教性,与基督教的神爱并非隔绝。但儒家仁爱与基督教神爱也具有明显差异:神爱凸显神性,以爱神为根基,由爱神到爱人,从而实现普遍的神爱;而仁爱则凸显人性,以爱人为轴心,由亲及疏、由内及外、由己及人、由人及物,最终确立的是普遍仁爱。

芬兰赫尔辛基大学教授黄保罗(Paulos Huang)通过儒家与基督教中的饶恕概念比较儒学与基督教,分别论述了儒学中的饶恕、基督教中的饶恕、儒学与基督教中与饶恕相关的“赦免”以及儒家文化圈里面对宽恕的挑战与问题。他认为,儒家传统中对罪的饶恕没有成为主流元素,如何借鉴基督教的“宽恕”与“悔改”概念而使之成为主流的价值观念,以至于可以在儒家文化圈里达到和解,将是美好的理想。

山东大学教授谢文郁分析了亚里士多德与儒家对于德性的不同叙述,他说:“亚里士多德把德性界定为‘习惯的养成’,并认为‘道德意义上的德性并非来自自己的本性。对于儒家来说,德性之养成乃是礼教的结果,而且是在修身养性中来自天命之性”。比较基督教和儒家关于道德问题的处理可以帮助我们在一般意义上理解道德。

中国基督教协会副会长阚保平探讨了中国文化与中国基督教的问题,认为,中国基督教的文化任务是:如何根据中国国情和教情,使神学思维和信仰实践符合于中国的民族传承,适合于中国社会的进步和发展。他认为,中国基督教必须融入中国文化才能产生新的生命,继续发展前进。

山东省基督教两会主席高明就如何发挥基督教伦理在当代中国和谐社会建设中的积极作用发表见解。他认为,宗教融合的思想源流为基督教伦理在构建和谐社会中发挥作用奠定历史基础,发挥基督教伦理在当代中国经济社会发展、伦理关系调整中的积极作用是时代的现实要求,发挥基督教伦理思想在中国和谐社会建设中的正能量是我国基督教界的社会责任和担当。

儒家伦理与犹太教伦理

宗座格列高列大学教授、犹太教拉比大卫·梅尔(David Meyer)通过对最近欧洲理事会提议禁止割礼仪式所造成的犹太教与西方世界之间因对割礼的伦理问题观点不同而形成的紧张关系的分析来探讨在多元文化共存的社会中建立公共伦理观的可能性、可行性以及限制条件,进而希望以欧洲人和犹太教之间的争议为基础,在更大更广的范围内探索不同的伦理观之间如何才能求同存异、兼容并举。他认为,从很多方面来说,减小"伦理观差异"比起减小扎根于民间的"宗教仪式上的差异"要简单得多。对于那些试图缩小不同种族、不同国家、不同宗教之间的伦理差异,建立共同伦理规范的人来说,首先必须确保这样的分歧和差异源于伦理观或信仰的不同,而非打着伦理观的旗号,但其实是由历史上的对峙以及身份认同而造成的。缩小伦理观的分歧,建立共同伦理观,这一尝试面临的挑战其实比克服历史上的对峙和身份认同面临的挑战要小得多。

山东大学教授傅有德从最基本的家庭伦理"孝道"说起,他认为,"孝道"在犹太教和儒家中都有体现。在孝的基本内容上,儒家与犹太教的相同点在于:儒家提出孝敬父母,犹太教也有同样的诫命;儒家最基本的孝道是指赡养父母以及尊敬、敬畏父母,犹太教的孝道亦然;儒家提倡对于父亲的过失劝谏而不失敬,犹太教亦同。但二者也存在差异,在行孝的程度、范围以及孝道地位上的差异最为明显。当代人一方面要珍惜人的血缘亲情和报恩情感,发扬孝道根本精神,另一方面要对产生于农耕时代、男权主导、宗法社会、君主专制下的孝道伦理采取批评的继承态度,充分顾及社会历史条件,理性地、因地因时制宜地奉行孝敬父母的传统美德。探讨古代犹太教的孝道对于今天儒家孝伦理建设是有意义的。

美国波士顿大学犹太哲学教授史蒂文·卡兹(Steven T. Katz)讨论了这样一个问题,即在文化多样性背景下是否存在共同的人类伦理,或者说跨文化的道德准则在面对文化多样性时是否有其依据?通过逻辑、形而上学以及实证的研究,他认为基于理性和证据,我们至少可以断定以下两个主张:其一,人类在本质上,不一定是道德虚无主义者或"道德怪物";其二,我们有理由认为,在来自不同民族、种族、宗教和民族背景的男女之间进行富有成效的道德对话,是有可能的。

儒家文化与印度文化

中国佛教协会副会长学诚认为,佛教是包容的,佛教在发展过程中不断吸收儒家、道教文化,逐渐完善与进步,儒道两家在佛教影响下也不断发展。佛教讲究以佛释心和缘起性空,身心是相互影响的,自己对待他人与他人对待自己是一样的,所有要讲究包容与互相理解这一道德伦理。佛教传入中国几千年来一直在努力不断中国化,逐渐地出现中国文化元素,这是过去也是未来的趋势。

山东大学副校长陈炎教授根据马克思关于人类古代社会的三种"儿童"比喻比较了古中国、古印度、古希腊三大文明传统,揭示"正常的儿童"古希腊社会、"粗野的儿童"古印度社会和"早熟的儿童"古中国社会在进入文明时代时的不同路径,并由此阐述了这种路径对于文化传统的塑造作用。传统中国人的基本单位是家族，每个人都不是独立存在的单子，而是像树枝或网络一样，存在于错综复杂的人际关系之中。他们不仅没有向父母保留隐私的权利，而且也没有夫妻间分割财产的习惯。他们坚信，由于血缘上的枝脉相连，每个人都不是孤立的；由于年龄、辈分、级别、地位上的种种差异，人与人之间也不可能是完全平等的。而保留适度的差异，并不妨碍彼此之间的沟通。在这种信念的指导下，人与人之间在物质层面上的基本关系应该是互惠的而非交换的，是有别的而非对等的，是情愿的而非契约的；人与人在精神层面的基本关系则应是“仁爱”的而非“博爱”的，也就是爱有差等而非一视同仁的。在这种“相互依赖”的人际关系中，中国人既不喜欢用抽象的博爱来对待亲疏不等的各类人物，也不喜欢用抽象的法律来对待贵贱有别的各类事务。他们不仅用世俗的伦理来约束自己的行为，而且用人间的道德来凝聚人家的思想，从而在“家—国”一体化的社会结构中形成了巨大的凝聚力。

印度社科院执行院长阿什·纳拉因·罗伊（Ash Narain Roy）指出：印度的文化多样性不仅仅体现在民族和种族上。从地理特征、气候条件、广阔的区域和内部区域差异到宗教、习俗、态度、行为、语言、饮食习惯、服饰、艺术、音乐、戏剧，没有两个地区是完全一样的。每一个群体、每一个子群体都有其自身的特点。那么，是什么把印度连接在一起的呢？有一种印度品质和一种印度精神，它们是生活在这片土地数个世纪的许多种族和群体相互交流交往的产物。有一种印度传统，它战胜所有可能影响团结统一的各种细微差别。印度的优势在于对世界的开放精神、对生活的多元态度以及对多重身份的驾驭能力。印度的复合文化，尽管面临诸多挑战，但仍是其最强有力的优势。它是不同文化、不同地区、不同世界观每天不断地对话和交流的结果。印度的弱点在于其相对严格的社会秩序和其被动的宽容，这种被动的宽容允许不同文化和平共处，但缺乏重要的约束。但印度的优势远远大于其弱点。印度的多元民族主义决定了没有一个群体可以独自拥有这个国家。印度的文化多元化是不可逆转的。印度的例子告诉我们，与我们自身文化相异的文化可以教会我们一些有益的东西。文化多样性具有一种内在价值，它促使人们重新评估自身文化和生活方式的优势和弱点。

山东大学教授陈坚对比中国佛教和印度佛教的异同，并从天台宗角度，重新阐释“己所不欲，勿施于人”的概念。“天台宗是第一个中国化的佛教，它奠定了中国佛教理论的基础。”“己所不欲，勿施于人”实际上有四种模式：己所不欲，勿施于人；己所不欲，施于人；己所欲，勿施于人；己所欲，施于人。佛教讲求自行与化他，从这个角度讲，“己所不欲，勿施于人”这句话在一定程度上限制了文化多样性。

山东大学教授张淑兰从印度伦理的历史性变迁与结构特征阐述印度伦理观，认为印度伦理观将古代的多元共存、近现代的东西方交融和当代的多元统一聚合在一起，呈现出承前启后的系统性、日益完善的整体性以及根深蒂固的多元性特征。经过历史的洗礼，印度保留了其民族独特性的多元共存和非暴力的发展模式，可资全球伦理构建借鉴。

儒家伦理与人类共同伦理建构

美国夏威夷大学教授安乐哲(Roger T. Ames)教授指出，当今世界面临巨大的问题，包括全球气候变化、食品危机、人口膨胀、国际恐怖主义、收入分配不公、收入差距、消费方面的浪费、能源缺乏等等。首先，这些问题是国际性的，即全人类都要共同面对的问题，比如疾病就不会分美国人或中国人；其次，这些问题是一体化的，即要解决一个问题必须解决所有的问题。严格来说，我们需要面对的是“困境”而不仅仅是“问题”，“问题”可以得到当下的解决，而“困境”意味着我们要改变我们的生活方式、价值观，必须改变我们自己才能应对这样的挑战。所幸的是我们拥有足够的文化资源来应对这些挑战。重要的是，要应对这些挑战，全人类应采取“无限游戏”的态度。在“有限游戏”里有赢家，有输家；然而在“无限游戏”里，却没有胜者或者输者，双方要么一起胜，要么一起输。这意味着我们要共同解决问题，要做的就是要加强我们的联系、关系，从优先考虑个体转变到优先考虑整体性、联系性、关系性，以便应对越来越复杂的问题。而儒家思想正好拥有这方面的独特资源，可以为解决这些困境提供启示：“儒学对于人类经验有其独立的视野，儒学最重要的贡献是提供了西方伦理学传统之外的另一选择。西方绝大部分伦理学建立在个人主义的基础之上，而儒学中的‘个人’是处于关系中的‘个人’，强调人的关系性、共生性。”

美国纽约城市大学教授理查德·沃林(Richard Wolin)以一个西方人的眼光来观察儒学的复兴，认为中国成功实现向现代化的过渡之后，如今正在寻求与其珍贵的历史根基与传统重新联系在一起。中国的知识分子与意见领袖越来越多地借鉴儒家的学说，希望从中获得解决中国当代社会弊病的对策。同时，他指出了当今儒学复兴面临的问题，他认为儒家思想应作为一种生活传统得以复兴，而不是变成陈词滥调、官方和谐标语或者与之背道而驰。

英国伦敦大学教授姚新中从传统与现代化的辩证关系角度入手，对儒家伦理在传统中国的过去及其在全球化中的未来进行了分析和展望。他指出，我们总是用“从传统到现代”这句话来定义前者和后者的关系，但这正是我们解读变化的精髓最容易犯的错误。传统与现代并不是彼此断裂、骤然转变的，而是互相包含、互相影响和互相改变的。一方面，传统不断被现代化改变，不断被创造和再创造，因此，我们所说的传统并不真的是“传统”。另一方面，由于现代化的程序和过程会带有某种文化和文明的标志，因此现代在一定程度上被传统化和本土化。同样，儒家伦理作为中国传统的一部分，不仅对于补充当前的政治意识形态来支持治理的合法性以及弥补现代性和现代化建设的不足具有重大作用，而且在全球化的时代里，儒家伦理对民族认同感和文化归属感的建立以及全球化内在维度的丰富也具有重要意义。

山东大学教授王新春从理学的角度讨论了张载《西铭》对人类共同伦理构建的启示。他说："《西铭》构设了一种基于天道性命相贯通、基于终极宇宙亲缘的宇宙大家庭并且浸润着礼、仁、孝的生命人文价值语境。"并提出：这种语境也昭示了士人当仁不让于圣贤的生命主体意识自觉，宣示了士人致君泽民利物舍我其谁的强烈家国天下和宇宙承当。儒家这样宏大的伦理观当然对人类共同伦理构建有着深刻意义。

山东大学教授苗润田提出人类共同伦理的规范是可以变的，但是其精神内涵是不变的。他说："儒家伦理的精神指挥是'和'，这具有超越一般伦理规范的意义。"他认为，在伦理系统的深层，儒家伦理提供了一个典范。

日本法政大学教授王敏从当代东亚文化出发，对现今依然作为民间信仰、民风民俗、传统教养、汉字文化而存续的生活现象进行了考察，提示链接中日韩当代思潮中不可或缺的共识之"点"。东亚各国在自发和自然的生活需求中所形成的数千年的文化融合，是我们今天要探讨的东亚各国间的共识底蕴。而且，从历史文化角度、社会生活的切入点审视和分析东亚地区的相互关系和相互认识，在某种程度似乎隐约可见一条小径，至少它可以促进民众生活层面的交流，促进重新认识东亚历史文化 DNA 的牵连，以通向跨越国境和民族的通道。

女性在文明对话中的姿态

联合国国际劳工组织性别平等局首任局长张幼云认为，今日在尼山论坛的平台上，在文明交流对话中首次从社会学的视角提出女性问题很有意义，对建立健康、新型的社会关系至关重要，并且讲文明对话就必须有社会性别文化的参与。同时，社会性别文化也要与时俱进，从以前刻板固执的男女关系印象中解脱出来，打破性别偏见、打破行业界限，追求平等的发展，要有选择性的自由，而非单一性的顺从。此次会议将作为一个开始，将来会有更多更好的探讨和发展。

关于对话模式本身的反思

世界公众论坛主席弗雷德·达梅尔(Fred R. Dallmayr)提出：当前我们生活在一个充满争端和敌视的冷酷社会，叙利亚的现状、中东和伊朗的问题就是最好的例子，在这些地区，冲突随时有可能发生，并最终导致战争的爆发。另外，环境污染尤其是核毁灭等问题也让我们面临巨大的生命威胁。而对话是解决这些危险的一种行之有效的方式。对话成为时代的重大命题。对话的目的不是控制其他人，不是将某种意识形态或者世界观强加给其他人，而是促进相互理解。在相互理解的基础上，我们也许能够做到和谐共处，能够促进世界的公正与和平。是否存在将人类联系在一起的普遍道德枢纽，或者说我们是否一定要局限于当地、国家或区域的习俗和信仰？对于这一问题，达梅尔教授的答案是肯定的。在他看来，存在不同信仰下的人类共同伦理而且“黄金法则”是其核心。同时，黄金法则不应该仅仅是写在一张纸上的论断，它必须变得活生生的，必须被注入活力，真正在人类的实践和社会中得以践行。为了实现这一点，我们需要建立公平和和平的全球伦理联盟。

山东大学教授黄玉顺从对哈贝马斯“对话伦理学”的批评切入，认为当今世界仍然面临着“人的解放”的启蒙任务，但哈贝马斯的“主体间性”对话范式存在着不足之处。他认为，只有在存在论视域和“前主体性”层级上的对话，才能够产生“新的主体性”；也只有产生“新的主体性”，才能够真正兑现启蒙承诺。《论语》对话模式可分为两种：主体间性对话—角色性对话；前主体性对话—非角色性对话。后者是孔子的一种基本的生活方式，换句话说，对于孔子来说，对话是一个“生存论”或“存在论”问题。对于建构人类共同伦理来说，孔子的非角色性对话模式是可行的。

当代名儒访谈录

从“生活儒学”到“中国正义论”
——黄玉顺先生访谈录

□黄玉顺　宋大琦[1]

【黄玉顺先生简介】黄玉顺，四川成都人，当代儒学复兴运动重要代表人物，“生活儒学”的创立者，“中国正义论”的提出者。现为山东大学儒学高等研究院教授、博士生导师。兼任：国际儒学联合会理事、中国哲学史学会理事、中华孔子学会理事；中国社会科学院儒教研究中心学术委员、中国人民大学孔子研究院学术委员、四川大学国际儒学研究院学术委员会副主任等。

1.黄先生好！好久不见您的消息和动态，你的“生活儒学”研究状况怎么样了？

答：您好！呵呵！您说的好久不见我的消息和动态，大概是指我在网络上的活动吧？确实，我已经有较长一段时间没有参与网络上的活动了。例如，由“原道”网站和“孔子2000”网站合办的著名的“儒学联合论坛”，在网络上影响很大，我以前经常在上面

① 访谈人：宋大琦，网刊《新诸子论坛》执行编委。

发表言论，发帖或者跟帖，现在已经好久没有登录过了。主要是因为太忙。我2010年从四川大学哲学系调到山东大学儒学高等研究院，这几年行政事务性的工作太多。不过，我本人的学术研究虽然受到了一定的影响，但还是在进行。呵呵！我的消息和动态还是经常出现的，但主要是以正式的期刊论文发表和著作出版的形式，所以喜欢网络活动的朋友可能不怎么了解。比如您所提到的“生活儒学”研究状况，到目前为止，冠以“生活儒学”之名的著作已经出版了5本：一本是专著《爱与思——生活儒学的观念》（这本书即将在美国出版英文版，译者已经申报成功了国家外译项目）；另外四本是论文集《面向生活本身的儒学——黄玉顺“生活儒学”自选集》、《儒家思想与当代生活——“生活儒学”论集》、《儒学与生活——“生活儒学”论稿》、《生活儒学讲录》。[①] 此外，还出版了一本文集《儒教问题研究》。[②] 另外，我的一本旧著《易经古歌考释》也要出修订版了。[③]

2.我的看法，您的“生活儒学”理论是目前最深刻的思想体系之一，但人们还不太能够理解。您能给《新诸子论坛》的读者梳理一下“生活儒学”的基本思路和理论吗？

答：呵呵！好大的题目！刚才我说到，我的一系列论文，在结集出版的时候，都冠以“生活儒学”之名。事实上，这些论文以及最近两年发表的一些尚未结集的论文，所涉及的问题范围是非常

① 黄玉顺：《爱与思——生活儒学的观念》，成都：四川人民出版社，2006年；《面向生活本身的儒学——黄玉顺“生活儒学”自选集》，成都：四川人民出版社，2006年；《儒家思想与当代生活——“生活儒学”论集》，北京：光明日报出版社，2009年；《儒学与生活——“生活儒学”论稿》，成都：四川大学出版社，2009年；《生活儒学讲录》，合肥：安徽人民出版社，2012年。

② 黄玉顺：《儒教问题研究》，北京：人民出版社，2012年。

③ 黄玉顺：《易经古歌考释》：成都：巴蜀书社，1995年3月第1版；修订版，上海古籍出版社2014年即将出版。

广泛的，并不仅仅是所谓“儒学研究”。这就意味着，在某种意义上，“生活儒学”是一种方法论，或者用我的话来说，是一种“思想视域”，许多问题都可以放到“生活儒学”的思想视域下来审视。有一种老套的说法：哲学是世界观和方法论。我的理解，所谓“方法论”，说的是看待世界的一种方式；用这种方式看待世界的结果，就是所谓“世界观”。我有一种说法：世界如何，取决于世界观如何；而世界观如何，取决于如何观世界。在我看来，哲学与科学的最大区别是：科学是有自己的特定研究对象领域的，而哲学则没有固定对象。哲学无所不思。哲学就是给出一个可能世界，人们由此获得一种可能生活。生活儒学的宗旨也在这里。

3.我注意到，您不断地提到“哲学”这个词语。确实，当今儒学的几个流派，您的生活儒学是最有哲学特色的。但也正因为如此，据我所知，有人批评“生活儒学”不是儒学，而是一种哲学。这就涉及这样的问题：儒家的基本学问形态是不是一种哲学？或者说，哲学在儒学中具有怎样的地位和意义？甚至，“生活儒学”还是儒学吗？

答：我知道有这样的批评。最典型的是陈明曾经批评我是“哲学帝国主义”，呵呵！这涉及怎样理解和使用“哲学”这个词语的问题。十多年前，发生过一场关于“中国哲学的合法性”问题的大讨论，其中一派观点就认为中国根本没有哲学，没有所谓“中国哲学”，只有“（西方）哲学在中国”。我后来写过一篇文章，也是讨论这个问题的。[①]

我这篇文章使用的是狭义的“哲学”概念，指的是以本体论为核心内容的形而上学。说到“形而上学”，关于中国有没有哲学的问题，与我曾经谈过的中国有没有形而上学的问题是一致的。那是中国人民大学的张志伟教授和我之间的一场争论。他认为，形而上学是西方特有的东西，即 metaphysics，出自以亚里士多德为

① 黄玉顺：《追溯哲学的源头活水——“中国哲学的合法性”问题再讨论》，《四川大学学报》，2011年第4期。

代表的西方哲学传统；中国没有形而上学。我当时曾打过一个比方：中国当然没有“vitamin”（维他命）这个词语，但怎么能由此证明中国从来没有维生素呢？当我们用《易传》关于“形而上者”之“学”去翻译“metaphysics”并且大家认同这个翻译的时候，就意味着大家承认中国从来就有自己的形而上学。[①] “哲学”的问题也是一样的道理。当然，这是狭义的“哲学”概念。

广义的“哲学”概念更是如此。例如，海德格尔宣称“哲学的终结”，但人们仍然可以称他的思想为“海德格尔哲学”；后现代主义致力于解构哲学，但人们仍然可以称之为“后现代主义哲学”；如此等等。我比较倾向于胡适的“哲学”定义：“凡研究人生切要的问题从根本上着想，要寻一个根本的解决：这种学问叫做哲学。”[②]古今中外的哲学都是如此，儒学亦不外乎如此：研究人生切要的问题从根本上着想，要寻一个根本的解决。儒家这种“从根本上着想”、“根本解决”，就是用仁爱来阐明一切。生活儒学亦然：用最原初、最本真的仁爱情感来阐明一切；这种仁爱情感作为生活情感，乃是生活的最原初、最本真的显现。所以，生活儒学的一个最基本的命题是：生活即是存在，生活之外别无存在。

我将“生活”视为本源的视域，有人因此认为“生活儒学”其实并非儒学。这又涉及怎样理解儒学的问题。这不禁使我想到程颢的话：“吾学虽有所受，‘天理’二字却是自家体贴出来。”[③]程子当年拈出“天理”，建构“理学”，但后来一直有人质疑：这还是不是

---

① 张志伟：《关于海德格尔与中国哲学之间关系的几点思考——对黄玉顺〈生活儒学导论〉的批评》，《四川大学学报》，2005 年第 4 期；黄玉顺：《论生活儒学与海德格尔思想——答张志伟教授》，《四川大学学报》，2005 年第 4 期。两文均由人大复印资料《外国哲学》2005 年第 12 期全文转载。

② 胡适：《中国哲学史大纲》卷上，上海：商务印书馆，1919 年，第 1 页。

③ 《二程外书》卷十二。

儒学？孔子那里根本没有“天理”概念啊。不少人甚至认为，理学其实是一种佛学。其实，这类质疑都是由于不懂得一个道理，我经常说：儒家没有新的，儒学是常新的。汉代经学、宋明理学以至于现代新儒学，无非儒学的不同理论形态。我们也经常看到有人批评现代新儒学不是儒学，例如批评牟宗三的思想不是儒学，因为他牵涉了康德哲学；批评梁漱溟的思想不是儒学，因为他牵涉了佛学甚至柏格森哲学；这就犹如有人批评我的思想不是儒学，因为我牵涉了海德格尔哲学。

4.您刚才两次提到海德格尔。据我所知，对您的“生活儒学”还有一种批评，认为您是借助海德格尔现象学引入问题意识，这并不是儒家的思想传统。

答：呵呵！确有这种批评。也有人这样批评张祥龙。我刚才说了，这就正如不断有人批评宋明理学不是儒学而是佛学，批评现代新儒学不是儒学而是西学。说到“西学”，我经常向我的学生强调：儒学在历史上的两次复兴，都与“西学”有关。一次是宋明理学的兴起，与“西天取经”意义上的“西学”——佛学有关；另一次是现代新儒学的兴起，与“西学东渐”意义上的“西学”——欧美学术有关。不仅“西学”，儒学在历史上一次又一次的复兴，都与道家等诸子百家思想有关。例如董仲舒的儒学，就与名家、阴阳家等学术密切相关。儒家从来不是故步自封的，而是开放的。我当年师从蒙培元先生攻读博士学位，他给我上的第一课，就是谆谆教诲我：保持一颗开放的心。从康有为开始，近代、现代、当代的儒学，无不与西学有深度关涉。

当然，这还只是表面的现象观察，问题的实质还是“思想视域”问题。我注意到，今天的某些儒者有一种常见的思维模式：中西对立。在这种思维模式下，他们的问题意识只是“中国问题”，而不是“人的问题”。他们有一种很常见的心态：你西学无论怎么好，也只能解决西方的问题，不能解决中国的问题；解决中国的问题还得靠儒学，或者说，儒学是解决中国问题的。大路朝天，各走半边。这种思维模式的结果，我概括为“中国文化特殊论”、“儒学特殊论”,儒学被理解为一种地域性的、特殊性的知识,没有普遍性、普适性。但这绝不是哲学家的问题意识,也不是儒家应有的问题意识。哲学的问题意识是人的问题。正如西方哲学的问题意识不是西方的问题,而是人类的问题,中国哲学、儒学的问题意识同样不是中国的问题,而是人类的问题。孟子说:“仁也者,人也。”[①]孔子的问题意识绝非“鲁国问题”,而是“人”的问题,是“天下”的问题。在全球化的今天,这一点尤为重要。

为此,儒学的发展需要综合的思想资源。今日儒学的发展,急需走出中西对立的思维模式,走出“中国文化特殊论”、“儒学特殊论”。中西思想之间需要对话,需要互相诠释。这种对话、诠释不是主体性的,甚至不是“主体间”的,因为:通过对话、诠释,中学、西学双方都会获得某种新的主体性,都会在某种程度上改变自身。对话与诠释生成了某种主体性,在这种意义上,对话与诠释是前主体性的,具有存在论的意义。因此,哲学家思考问题的方式,不会以任何学派的立场作为判断真理的尺度,无论那是西学的还是中学的,是现象学的还是儒学的。生活儒学也是在与现象学的对话中生成的,正如宋明理学是在与佛家和道家的对话中生成的,现代新儒学是在与西方哲学的对话中生成的。对于生活儒学来说,儒学不是对话、思考的前提,而是对话、思考的结果。

但是,生活儒学仍然还是儒学。这是因为,通过对话与诠释所生成的思想,恰恰根本上与儒学一致。这种“根本一致”尤其体现在“仁”或者“仁爱”观念上。一种彻底的哲学、彻底的思想系统,在于孔子所说的“吾道一以贯之”[②],就是用唯一的观念来阐明一切,这个唯一的观念就是其本体或本源,它不仅为真善美买单,而且也为假恶丑买单,这就犹如上帝在创造世界的同时也创造了原罪。儒学的根本特征,就是用仁爱观念来阐明一切。正如程颢所说:“学者须先识仁。仁者浑然与物同体,义、礼、智、信皆仁

① 《孟子·尽心下》。
② 《论语·里仁》。

也。""此道与物无对,'大'不足以明之。"[1]所谓"与物无对"就是"绝对",意思是说,一切都是相对的,唯有仁爱才是绝对的。我注意到,今天的"儒家原教旨主义"有一个特点:在他们的心目中,儒学的根本不是"仁",而是"礼",亦即儒家在历史上曾经建构过的某种社会规范、制度及其礼仪,有人甚至为"三纲"辩护,表现出一种"君臣"情结。这些年所谓"儒家礼仪"很时髦,不少人在倡导恢复"古礼"。但他们从来没有透彻地思考过:哪些礼仪应该恢复?为什么?取舍的标准是什么?例如,三叩九跪的礼仪是不是应该恢复?为什么?标准何在?他们完全忘记了孔子"礼有损益"的教导:任何具体的社会规范及其制度、任何特定的伦理道德体系,都只具有历史的相对的意义。他们不懂得孟子所讲的"仁义而已"[2],唯有"仁"才是儒家坚持的大本大源。而生活儒学正是将仁爱情感视为所有一切的大本大源,将仁爱理解为生活或者存在的原初本真的情感显现。

5.那么,生活儒学究竟属于狭义的"哲学"还是广义的"哲学"?我的理解,您的生活儒学意在重建儒家哲学,为此寻找儒家哲学的基础。

答:如果把"哲学"理解为广义的,即胡适讲的"研究人生切要的问题从根本上着想,要寻一个根本的解决",那么,整个生活儒学都可以被视为一套哲学思想。但如果狭义地理解"哲学",即指那种以本体论为核心的形而上学,那么,生活儒学尽管包含了哲学的层级,但并不等于哲学。生活儒学的一个基本意图,恰恰是要突破传统哲学的形而上学思维方式。

两千年来,古今中外的所有哲学具有一个共同的思维模式,就是"形而上者—形而下者"的观念架构,这就是说,哲学就是用唯一绝对的存在者来说明众多相对的存在者何以可能。一个经典的表达就是《易传》的"形而上者谓之道,形而下者谓之器"。但

① 程颢:《识仁篇》。
② 《孟子·梁惠王上》。

在今天，这种思维模式受到了质疑：不论是形而上者，还是形而下者，毕竟都是存在者，那么，存在者是何以可能的？面对这样的发问，任何传统的回答方式都是不可能的，无论那是上帝、理念、物质，还是天理、心性、元气，因为这些东西仍然都是存在者。唯一可能的回答只有一个：存在。存在不是存在者，不是任何意义的“物”，不是任何“东西”。生活儒学秉持的就是这样的观念：生活即是存在，生活之外别无存在。仁爱情感也不是任何意义的存在者。“情为何物？”情不是物，不是一个“东西”。唯其如此，仁爱生成了一切“物”、一切“东西”、一切存在者。这也就是《中庸》所说的“不诚无物”、“诚者非自成己而已也，所以成物也”。在“不是存在者”这个意义上，存在即“无”。

这样一来，生活儒学不同于两千年来哲学的“形上—形下”架构，而形成了三个层级的观念架构：生活或者存在→形而上者→形而下者。在观念形态上，也可以表达为：生活感悟→形而上学→形而下学（伦理学、知识论）。《老子》也是这样的观念架构：“天下万物生于有，有生于无。”[①]这个架构就是：无→有→万物。其实，孔孟的原典儒学都有这样的三级观念，只不过被两千年来的哲学形而上学的儒学遮蔽了，生活儒学意在对此重新加以揭示。

到目前为止，在三个观念层级中，我用力最多的是揭示和阐明最本源的观念层级，即“存在”或“生活”本源、“仁爱”或“爱”的情感、“无”等观念，这些都是前哲学、前形而上学、前存在者、前主体性的观念。我一开始提到的冠名“生活儒学”的五本书，都是在贯彻这样的本源观念。这也是人们在阅读生活儒学的时候感到最难懂的观念，因为人们已经习惯了汉代以后两千年来的哲学形而上学的思维方式。形而上学层级、形而下学层级的观念，人们可能容易理解一些。比如我近年来所建构的“中国正义论”，作为伦理学和政治哲学层级的理论，就不太难理解。

6.“生活儒学”这样的思路确实是很独特的，但是，这有什么意

---

① 《老子》第四十章。

义？在您看来，这样一种重建儒家哲学基础的理论，到底能够解决儒学什么样的问题？换句话说，经过某种哲学重建，到底能够给儒家和中国文化带来什么样的前景？

答：学界确有这样的疑虑。比如干春松就表达过这样的质疑，他说：当今儒学确实正在发生实践化、生活化的转向，所以，生活儒学标举“生活”，这是非常敏锐、很有意义的；但是，生活儒学本身却是“理论化”、“抽象化”甚至深奥难懂的东西，这是不是恰恰与上述转向背道而驰？[①] 还有一种很典型的说法：“生活儒学不生活。”呵呵！现在我就来回应一下“生活儒学到底能够解决儒学什么样的问题”这个问题。

确实，当今儒学正在发生实践化、生活化的转向。这里所谓“实践化、生活化”，说的是把既有的、现成的传统儒学运用到当今的现实生活实践中去；更直白地说，就是传播儒学，特别是向民间传播儒学，所以又有“民间儒学”的说法。这方面最典型的一种现象，就是“读经运动”，尤其是“少儿读经运动”，很多人都在从事这样的活动，倡导诵习儒家经典乃至于《三字经》、《弟子规》、种种《家训》等等。我对此是深感忧虑的。这样的“实践化、生活化”，实在堪忧！这里存在着很大的问题。我并不是一概反对读经，我自己就读经；但问题是：应该怎样读经？

举个例子，这几年出现了“《孝经》热”。但是，众所周知，《孝经》及其注疏的主题，乃是“移孝作忠”。什么叫“移孝作忠”？通俗地说就是：每一个人都应该对政治领导人怀有对自己的父母那样的情感态度。我的天哪！对政治领导人孝顺、忠诚，这是怎样的一种观念？这种观念在前现代的生活方式下是有其道理的，在宗族王权时代、家族皇权时代是可以理解的，但在现代生活方式下就没有道理了：难道公民应该对自己的公仆怀有对父母那样的孝顺情感、忠诚态度？盲目地诵习《孝经》及其注疏，会有怎样的

① 干春松：《儒学复兴声浪里的“生活儒学”——评黄玉顺重建儒学的构想》，载2007年11月9日《文汇读书周报》。

社会效应？这样把既有的、现成的传统儒学运用到现实生活实践中去，会有怎样的后果？这样的读经运动，会将中国带向何处？

类似的问题非常之多，"是吾忧也"。这涉及"怎样读经"的问题，涉及"传播什么样的儒学"的问题。我刚才说，儒家没有新的，然而儒学是常新的。一部儒学史已经表明，每一时代有每一时代的儒学，儒学总是在回应当下的问题，为此而建构起新的儒学理论。换句话说，儒学一直在不断地重建。重建儒学意味着：不仅重建儒学的形而下学——伦理学、知识论，而且重建儒学的形而上学、哲学。而重建哲学形而上学则意味着：必须找到比哲学形而上学更本源的观念，找到哲学形而上学的"大本大源"、"源头活水"。这在逻辑上是显而易见的。我的一个比喻是：如果说形而下学是建筑，形而上学是基础（基石础石），那么，它们都需要牢靠的地基，不能建立在沙滩上。对于生活儒学来说，地基就是生活存在及其仁爱情感显现。所以，我才打破传统的"形上—形下"思维模式，提出三个层级的观念架构，由此重建儒学的形而上学、形而下学。如果不能重建形而上学、形而下学，儒学就不能适应和回应当下的生活方式，也就不可能有导向正确的读经运动。

生活儒学当然是"抽象"的"理论"。但如果因此以为生活儒学没有意义，那我只好"无语"了。我自己倒是觉得，借用一种套话，生活儒学不仅具有"重要的理论价值"，而且具有"重大的现实意义"，呵呵！再者说，你不能质问一个哲学家的抽象理论有什么实际用处，正如你不能质问一个基础数学家的研究成果有什么实际用处。哥德巴赫猜想有什么用？对于一个哲学家、思想家来说，思想就是他最基本的实践方式、生活方式、存在方式。在我看来，哲学家的任务，就是为其时代找到一种观念平台。这就是冯友兰先生所说的"无用之大用"。

7.您刚才提到"中国正义论"。据我的了解，您的学术主要是两块，一块是生活儒学，另一块是中国正义论。那么，这两者之间是什么关系？我的理解，中国正义论其实是生活儒学的某个方面的展开。很多人认识不到生活儒学对于政治社会秩序建构的意

义，认为它是哲学家的纯学问、空谈，而您的中国正义论充分显示了对于秩序重建的巨大现实意义。

答：您说的没错！生活儒学涵盖了生活感悟、形而上学、形而下学三个层级，这是人类所可能有的全部观念的基本层级；而“中国正义论”是形而下学层级当中的伦理学维度的展开，所以，我又称之为“中国古典制度伦理学”。所以，“生活儒学”和“中国正义论”并不是并列的两块。我的意思是：中国正义论其实是一种独特角度的伦理学，这个角度就是制度问题，或者更确切地说，是社会规范建构及其制度安排问题；在儒学、中华文化的话语中，这就是“礼”的问题，包含了您所说的“政治社会秩序”的问题。

所谓“礼”并不仅仅指“礼仪”。你看一部《周礼》，其内容就是一整套社会规范及其制度的设计，而统称为“礼”。① 我的基本看法是：“礼”涉及三个层面，即礼义→礼制→礼仪。礼仪只是礼制的外在表现形式；而礼制也就是我所说的社会规范及其制度；礼义则是这套制度规范赖以成立的价值尺度，也就是“义”，正义论中叫做“正义原则”。这就是孔子讲的“义以为质，礼以行之”②，也就是“义→礼”的结构。所以，“礼”与“义”、制度规范与正义原则并不在一个层面上。

中国正义论的现实意义在于：我们今天面临着社会转型，这是新一轮“礼坏乐崩”的局面，传统社会的伦理道德、社会规范及其制度瓦解坍塌，只可能有两种选择：假如我们不愿意“原教旨”地复古，不愿意再回到宗族王权社会、家族皇权社会，那就只有唯一的出路，即根据正义原则来建构一套新的社会规范及其制度、一套新的伦理道德。这首先就需要透彻地研究正义原则以及以正义原则为核心的整个正义论体系。

根据正义原则进行制度安排，这在中国和西方之间是一致

---

① 黄玉顺：《“周礼”现代价值究竟何在——〈周礼〉社会正义观念诠释》，《学术界》，2011 年第 6 期。

② 《论语·卫灵公》。

的，只不过双方对正义原则的理解不同。我前不久发表了一篇文章，副标题是《罗尔斯正义论批判》[①]，指出：罗尔斯其实并没有提出任何正义原则，因为他的两条所谓"正义原则"其实是"初始契约"，而不论初始契约还是更进一步的作为制度规范的契约，都是契约，亦即都已经是规范，而非作为规范背后的价值尺度的正义原则。

8.您针对罗尔斯的这篇文章我看过。这种抄底太精彩了！罗尔斯以及很多现代政治哲学家的一个通病就是"从半截腰"开始，一大堆复杂的推理，对于法学者、政治学者是很有迷惑力的，然而经不起哲学家的追问。我觉得您对罗尔斯的追问特别体现了生活儒学的底蕴。

答：我是从"义"的语义中归纳出中国正义论的两条正义原则的：一条是作为动机论原则的"正当性原则"，义者正也，就是要求制度规范的建构体现仁爱的动机，亦即超越差等之爱追求一体之仁；另一条则是作为效果论原则的"适宜性原则"，义者宜也，就是要求制度规范的建构具有切合实际情况的效果，亦即适应某共同体的当下的生活方式。按照这种"义"的原则，不同时代的生活方式要求不同的"礼"的建构，这也就是孔子"礼有损益"思想的体现。这两条原则归根到底都是生活儒学的生活存在及其仁爱情感显现的体现。这就有了"仁→义→礼"的结构，这是中国正义论的核心理论结构。

9.我看您最近的进展，与您前几年的正义论研究有了很大区别的发展。您以前的正义论，我觉得是通过对经典的诠释抽绎出一套原则，这是史学的路子。如果仅作为学术史，经典的原义训诂无疑是重要的，但作为哲学基础的重建，经典不应该有那么大的优先权，生活本身才是可靠的和合法的出发点。

答：我的中国正义论研究，"史"与"论"两方面的进路都是存

---

① 黄玉顺：《作为基础伦理学的正义论——罗尔斯正义论批判》，《社会科学战线》，2013 年第 8 期。

在的。实际上，我的研究计划是分三步走的：

第一步是作为专题研究的系列论文，涉及古今中外，不仅有周公、孔子、孟子、荀子的社会正义思想，还广泛涉及《周易》、《商君书》、《周礼》和《白虎通义》乃至当今《全球伦理宣言》，以及关于中国"大一统"观念、"民本"观念、五四运动、当今国际金融危机等问题的正义论思考。这些研究成果都已经以学术论文的形式发表出来，并结集为《中国正义论的重建——儒家制度伦理学的当代阐释》，中文版已由安徽人民出版社出版发行[①]，英文版即将由帕斯国际有限公司(Paths International Ltd.)出版发行。

第二步是纵向历时研究的专著，也就是"史"的维度，侧重于中国正义论传统的形成过程，历史地叙述周公、孔子、孟子、荀子的社会正义思想及其继承发展关系。这是我承担的教育部人文社会科学研究规划项目"中国正义论传统的现代性研究"课题，其最终成果是一部专著《中国正义论的形成——周孔孟荀的制度伦理学传统》，已经结项，即将出版。

第三步是横向共时研究的专著，也就是"论"的维度，不做历史的叙述，而是意在揭示中国正义论——中国古典制度伦理学的理论系统的若干基本方面及其相互之间的系统结构关系。这是我承担的国家社会科学基金项目"中国古典制度伦理学研究"课题，其最终成果是一部专著《中国正义论——中国古典制度伦理学》，正在进行。

10.**我感觉，您的正义论研究不是出于具体的现实目的，而是要"为万世开太平"，提出一种普适的、基础性的政治哲学。是这样吗？**

答：呵呵！有朋友问我：你怎么不直接针对今天的社会现实呢？比如说，为什么不像蒋庆的"三院制"那样，设计一套针对现实的制度呢？

---

① 黄玉顺：《中国正义论的重建——儒家制度伦理学的当代阐释》，合肥：安徽人民出版社，2014年。

进行现实的具体的制度设计，这确实不是我的目的所在。我进行中国正义论的研究，意图是重建儒家的伦理学和政治哲学，这种伦理学和政治哲学不仅仅是针对当下的现实生活的，而更是一种“一般原理”；换句话说，中国正义论应当能够解释古今中外一切社会规范建构及其制度安排。我不敢说中国正义论的研究能够“为万世开太平”，只是“非曰能之，愿学焉”[①]。哲学家不是政治家，也不是社会活动家。他当然可以参与社会活动乃至干预政治，但这时候他并非作为一个哲学家在活动。哲学家的工作是观念性的、思想性的、理论性的、普遍性的。这就是我个人的自我定位。

不过，这并不意味着哲学家的工作是没有现实意义的。真正的哲学，总是通过一系列观念性的中介转换而对现实发生作用。我举一个例子，从宋明理学家那种高度抽象化的“天理”讨论，到至今依然如此的老百姓口头动辄称引“天理良心”，这中间有一套复杂的观念转换机制。再者，从一般的哲学原理到具体的制度设计，这不过是一种演绎而已。例如，中国现实的社会制度是否正义，是否具有正当性、适宜性，我们是不难按照儒家的正义原则来判定的。我这里可以做一种简要的判定：对于中国社会来说，在夏商周的宗族社会的生活方式下，王权制度是正义的；在秦代至清代的家族社会的生活方式下，皇权制度是正义的；而在公民社会的生活方式下，民权制度才是正义的。关键在于生活、生活方式。不同的生活方式生成不同的社会主体、政治主体，从而建构不同的社会制度。近年来，居然有一些“儒家”重新论证“三纲”的合法性、反对民主制度，我感到很可悲！

11.谢谢黄先生的解答！生活儒学博大精深，尽管您尽量通俗化地阐述了，可能还是有些朋友会感到难以完全理解。我想表达一下我的理解，您看是否适当？生活儒学用回归生活大本大源的方式，破斥了一切既有的政治教条的先验合法性，重估一切价值，

① 《论语·先进》。

也就是从生活的最原初状态出发来重建秩序。这样看起来，它更接近后现代主义，而非汉儒、宋儒和一切现有的形而上学笼罩下的观念；但它恰恰由此返回到了前形而上学时代的孔子。这种由仁爱之根源重建起来的政治哲学，与以往的儒家政治哲学大异其趣，然而，它才是今天这个时代应有的新儒学形态。

答：非常感谢您的理解！

我的思路和后现代主义之间确实有相通之处，但也不同。我一向认为，后现代主义具有两面：其积极一面是，它“解构”旧的形而上学、伦理、政治，这就为建构新的形而上学、伦理、政治扫清了道路；其消极一面是，它对正面的建构没有兴趣，有解构，无建构。后现代主义接近于道家的态度，道家通常拒斥“仁”、“义”、“礼”、“智”这样的积极价值，因而负面解构有余，正面建构不足。我的思路是一种“中道”：先解构，再建构。

您提到汉儒和宋儒，我的判断是，从总体上来看，他们的哲学都是家族社会、皇权社会的理论建构。但两者又有所不同。汉儒的思想是伴随着中国社会第一次大转型的那种观念大转型的完成，承前启后，顺应了历史的潮流，开启了从汉代到清代的帝国时代，在这两千年里，以汉族为主体的中华民族是世界上最先进、最繁荣富强的族群。所以，我对具有类似“宪法”地位的汉代《白虎通义》的评价很高。[①] 中华帝国在唐代达到鼎盛状态，从宋代开始发生历史转折，后来大清帝国康乾之治的繁盛，可以说是回光返照。古有“文必秦汉，诗必盛唐”的说法，不是没有缘由的。在这个意义上，宋儒是无法与汉儒相比的。在我看来，宋儒、宋明理学尽管博大精深，但其工作大致上可以概括为：用一种更为精致的哲学形而上学来维护既有的帝国制度及其社会规范。所以，对于宋明理学，我的评价并不高。

---

① 黄玉顺：《大汉帝国的正义观念及其现代启示——〈白虎通义〉之“义”的诠释》，《齐鲁学刊》，2008年第6期，人大复印资料《中国哲学》2009年第1期全文转载。

我们看到，到明清之际，出现了黄宗羲、戴震那样的极具现代启蒙精神的儒学，那绝不是偶然的。这其实还可以上溯，而不仅是明清之际。我今年打算举办一个会议，主题是"重写儒学史"与"儒学现代化版本"问题，我的基本思考是：到宋元时，中国的城市已经非常发达，都市的生活方式必定产生市民社会，这一切必定会在观念形态上反映出来；然而，在既有的宋明理学之类的研究中，却看不到市民社会观念形态的影子，岂非咄咄怪事！

12.您提到的黄宗羲，是属于心学的，那么，您对儒家的心学是怎么看的？我个人对心学的"良知"范畴非常重视，我的理解，良知与天理、上帝不同：天理、上帝是先验性的，可以是形而上学的起点，但不能为形而上学奠基；而良知更像是存在本身，而不是存在者，它不是先验性的东西，而是可以为形而上学奠基的。您对此有何看法？

答：我同意您的看法。我对心学、"良知"范畴也非常重视。

所谓"心学"，其实需要加以分别，历史上有不同的心学。心学传统是由思孟学派特别是孟子建立起来的。但孟子的心学与后世的心学是颇为不同的，他还没有"茅塞其心"[①]，按我的说法，他还没有遮蔽生活本源。孟子所说的"心"，其实有不同的用法：有时说的是本真的生活情感，例如"恻隐之心"[②]；有时指的是形而上者，例如"良心"[③]；有时甚至指的是作为形而下者的伦理道德，例如"权然后知轻重，度然后知长短，物皆然，心为甚"[④]。中国古代文本的词语是不能简单化地给予一个固定僵化的定义的，这是中国训诂"字不离句"、"随文赋义"的原则，体现出中国思想的灵动性。到了宋明时期，区分"理学"和"心学"，那其实是相对而言的。我的看法，理学和心学的区分是"功夫"上的，而不是"本体"

① 《孟子·尽心下》。
② 《孟子·公孙丑上》。
③ 《孟子·告子上》。
④ 《孟子·梁惠王上》。

上的；在本体上，两派都是继承孟子的心学传统。蒙培元先生早就指出，朱熹的哲学其实也是一种心学。[①] 但宋明心学与孟子的心学又有根本的不同，就是形成了形而上学的"性本情末"、"性体情用"的观念架构，这里的"情"已经不再是本真的原初的生活情感了。王阳明讲的"无善无恶心之体"[②]，显然是一个先验的形而上者。到了戴震的《孟子字义疏证》，才重新揭示了孟子心学之"心"的生活情感性质及其原初意义，然而比起孟子来又增添了现代性观念的色彩。至于黄宗羲，其心学的现代性创新主要是在形而下的伦理政治层级上。所以，所谓"心学"不能一概而论。

至于"良知"范畴，也是需要加以分别的。"良知"范畴也是孟子提出的，他说："人之所不学而能者，其良能也；所不虑而知者，其良知也。孩提之童，无不知爱其亲者；及其长也，无不知敬其兄也。"[③]这里的"良知"包含两层意思：首先是"爱""敬"之情，然后是对于此情之"知"。两层意思合起来，在我看来，这就是生活儒学所说的原初本真的生活感悟——生活情感、生活领悟。而到了王阳明"致良知"，良知就成了一个形而上的存在者——本体。这显然是先验的。这与孟子之"良知"是大不相同的。当然，如您所说，它也是与"天理"、"上帝"大不相同的，尽管都是形而上者。

13.**您下一步打算如何展开你的研究？**

答：我刚才谈到，生活儒学涵盖了人类观念的三个基本层级，即生活或者存在的观念、形而上存在者的观念、形而下存在者的观念。到目前为止，我阐述得最多的，是生活或者存在这个层级的观念；眼下正在做的中国正义论的研究，则是属于形而下学层级的伦理学维度。所以，接下来，我有一种考虑，就是重建形而上学的问题。

---

① 蒙培元：《朱熹心说再辨析》，《杭州师范大学学报》，2008年第6期。

② 王守仁：《传习录》下。

③ 《孟子·尽心上》。

当今世界的思想界有一种思潮，就是拒斥形而上学，宣称“后形而上学”时代的到来，似乎人类从今以后不再需要形而上学了。我对此是深表怀疑的。我已经多次讨论过这个问题。所谓形而上学，就是关于“形而上者”的观念，亚里士多德所谓“存在者之为存在者”，海德格尔所谓“存在者整体”，《老子》称之为作为“万物”同一性的“道之为物”[①]，通俗地说，就是关于宇宙、世界、社会、人生的一种总体性的、根本性的观念。我们不可能没有这样的观念，否则，关于“形而下者”领域的自然界的知识论和科学就是不可能的，关于社会界的伦理学和道德也是不可能的。反过来说，只要人还要过一种有知识、有道德的生活，形而上学就是不可逃逸的。

所以，问题在于我们今天需要一种什么样的形而上学。传统哲学的形而上学已经被“解构”了，它们确实不能适应当下生活方式及其观念。我们需要一种新的形而上学。所以，我想写一本书《形而上学的黎明》。举例来说，在我看来，传统关于“性善”、“性恶”的争论，今天已经没有什么意义。我更喜欢王船山的人性论观念“性日生而日成”[②]，这更加切近于孔子的思想“性相近，习相远”[③]。所谓“性”是说人类确实具有某种“生之谓性”的东西，而所谓“习”则是说实际的人性乃是在当下的生活方式中生成的。

14.好的，谢谢您的回答。

答：谢谢您！谢谢《新诸子论坛》的同仁！祝《新诸子论坛》越办越好！

---

① 《老子》第二十一章。

② 王夫之：《尚书引义・太甲二》。

③ 《论语・阳货》。

辑刊《当代儒学》征稿启事

本刊《当代儒学》是“四川思想家研究中心”主办的儒家思想理论辑刊，每年出版两辑。

近些年来，儒学研究的刊物纷纷涌现。但是，这些刊物的内容，往往是对传统“儒学史”的某种对象化的所谓“客观”研究，在这种研究中，儒家儒学成为“历史上的”东西，即“故纸堆里的”、“博物馆里的”东西，而与当代社会现实生活无关。

有别于此，本刊所谓“当代儒学”，指的是改革开放以来尤其是21世纪以来的中国儒学复兴中所出现的新的儒家思想创造、新的儒学理论形态，这些思想理论的探索，旨在回应当今时代的呼唤、解决当今社会的问题。

本刊的宗旨在于：通过对当代儒学的研究与评介，推动儒学复兴、中华文化复兴的伟大事业。因此，本刊的着眼之点，乃在于儒家的“活的思想”，意在推进当代儒学的思想原创、理论建构，推出当代儒学的重要学派、代表人物。

为此，我们设置了以下固定栏目：

●**当代儒家思想探索**：具有原创性的当代儒家思想者，可在这里推出他们的最新的思想创获。

●**当代儒家理论建构**：研究与评介当代儒家具有影响力的理论学说。

●**当代儒家学派评介**：组织有关稿件，对当代儒家的学派进行研究或评介。

●**当代儒家文献研究**：遴选与评介当代儒家著述中有可能在将来成为经典文献的重要作品。

●**当代儒学观察家**：观察与评介当代儒学复兴中的最新活动、动向。

●**当代名儒访谈录**：组织对当代儒家中的名儒、大儒的访谈。

此外，本刊每辑还随时开辟一个临时栏目，针对当代儒学中的热点问题、重大问题，给予及时的反映。

凡在本刊发表的文章，并不代表本刊的立场、观点，作者文责自负，本刊只是提供一个研究、讨论、交流的平台。

凡在本刊发表的文章，本刊将按通行稿费标准支付稿酬。

本刊已被《中国学术期刊网络出版总库》及 CNKI 系列数据库收录，其作者文章著作权使用费与本刊稿酬一次性给付。如作者不同意文章被收录，请在来稿时向本刊声明，本刊将做适当处理。

热忱欢迎广大作者惠赐稿件！

投稿要求：

1.文章篇幅一般为 1 万字左右，最长勿超过 1.5 万字。

2.来稿请用 A4 纸张、Word 文件格式。

3.文章标题用 2 号黑体字，副标题用 4 号仿宋体字；作者署名用 4 号楷体字；正文用 5 号宋体字；独立段落的引文用 5 号仿宋体字；一级标题用 4 号楷体字，二级标题用小 4 号黑体字。

4.注释一律采用脚注形式。

5.参考文献：古籍采用随文夹注形式（《书名·篇名》），在文中第一次出现时以脚注形式注明该书的版本信息；其余文献采用脚注形式，格式如下：

（1）图书：作者/编者：《书名》，出版地：出版社，出版年份，版次，页码。

（2）期刊：作者：《文章标题》，《刊名》，××××年第×期。

（3）报纸：作者：《文章标题》《报纸名称》出版年月日。

（4）网络文章：作者：《文章标题》，网名，英文网址。

投稿邮箱：dangdairuxue@163.com

《当代儒学》编辑部